U0453135

中国人民大学科学研究基金
（中央高校基本科研业务费专项资金资助）
项目成果

"新阶段，新认知"系列

戴稳胜 著

# 全球化的中国方案

The Chinese Solution to Globalization

中国社会科学出版社

# 图书在版编目（CIP）数据

全球化的中国方案 / 戴稳胜著 . —北京：中国社会科学出版社，2021.11（2022.4 重印）

ISBN 978 - 7 - 5203 - 9081 - 1

Ⅰ.①全… Ⅱ.①戴… Ⅲ.①中国特色社会主义—社会主义建设模式—研究 Ⅳ.①D616

中国版本图书馆 CIP 数据核字（2021）第 217508 号

| | |
|---|---|
| 出 版 人 | 赵剑英 |
| 项目统筹 | 王 茵 |
| 责任编辑 | 马 明　孙砚文 |
| 责任校对 | 任晓晓 |
| 责任印制 | 王 超 |

| | |
|---|---|
| 出　　版 | 中国社会科学出版社 |
| 社　　址 | 北京鼓楼西大街甲 158 号 |
| 邮　　编 | 100720 |
| 网　　址 | http://www.csspw.cn |
| 发 行 部 | 010 - 84083685 |
| 门 市 部 | 010 - 84029450 |
| 经　　销 | 新华书店及其他书店 |
| 印　　刷 | 北京明恒达印务有限公司 |
| 装　　订 | 廊坊市广阳区广增装订厂 |
| 版　　次 | 2021 年 11 月第 1 版 |
| 印　　次 | 2022 年 4 月第 2 次印刷 |
| 开　　本 | 710×1000　1/16 |
| 印　　张 | 17.25 |
| 插　　页 | 2 |
| 字　　数 | 203 千字 |
| 定　　价 | 78.00 元 |

凡购买中国社会科学出版社图书，如有质量问题请与本社营销中心联系调换
电话：010 - 84083683
**版权所有　侵权必究**

# 总　　序

2020年伊始，百年不遇的新冠肺炎疫情开始席卷全球。疫情暴发后，以习近平同志为核心的党中央充分发挥社会主义集中力量办大事的制度优越性，采取各种坚决有力的措施，成功地遏制了疫情蔓延，以人民至上、生命至上的抗疫精神写就了伟大的抗疫史诗。中国在统筹疫情防控和经济社会发展取得重大成果、决战脱贫攻坚取得决定性胜利的同时，面对世界百年未有之大变局，明确主张各国应当走团结合作、共克时艰之路。新冠肺炎疫情给世界各国人民生命、财产造成巨大损失，也暴露出当前全球治理体系的一系列问题：强权政治、冷战思维沉渣泛起，单边主义、保护主义逆流横行，以联合国为核心的国际秩序遭受冲击与挫折；个别国家领导层不是设法出台有效政策加强防控，而是竭力向外推卸责任；民粹主义、排外主义和反智主义思潮甚嚣尘上；等等。面对少部分国家将疫情政治化、病毒标签化的错误行径，中国坚定回击任何对中国制度与中国道路的造谣抹黑，坚定推动构建人类命运共同体。

今天，我们强调要讲好"中国故事"，既不能仅仅满足于以中国共产党一次又一次的成功、一个又一个的成就来讲述"中国就是能"，也不能脱离中国实践空谈不切实际的学术理论。要讲好中国故事，既要从理论上逻辑严谨地回答"中国道路为什么行"，又要讲清中国实践操作与理论的一致性及其细节细微之处蕴含的道理学理哲理。只有这样，才能阐述清楚"中国共产党为什么'能'""马克思主义为什么'行'""中国特色社会主义为什么'好'"，中国发展模式与发展道路才能成为有志于建立国际政治经济新秩序的国家心甘情愿学习与借鉴的对象。

回顾历史，我们认为抗击疫情是对中国特色社会主义制度的总体检阅，体现出中国特色社会主义道路、新型举国体制有着其他国家不可比拟的制度优势。基于历史发展规律与中国的探索，深入总结中国抗疫经验，有助于我们不断增强"四个意识"，坚定"四个自信"，做到"两个维护"。

第一，坚持马克思主义理论的科学指引，坚持中国共产党的正确领导。习近平总书记在纪念马克思诞辰200周年大会上的讲话中指出，"马克思主义不仅深刻改变了世界，也深刻改变了中国"[①]。马克思主义深刻阐释了人类社会发展的普遍规律和必然趋势，指明了无产阶级实现自由和解放的道路。百年来，中国共产党正是坚持马克思主义的指导，坚定马克思主义的信仰，不断推进马克思主义基本原理同中国实际相结合，成就了百年伟业。信仰信念任何时候都至关重要，在习近平新时代中国特色社会主义思想的指引下，中国取得抗疫的伟大胜利，取得了全面脱贫攻坚的伟大胜利，取得了全面建设小康社会的伟大胜利。习近平新时代中国特色社会主义思想是马克思主义中国化的最新成果，不仅丰富和发展了马克思主义，实现了理论和实践的良性互动，展现了马克思主义的科学属性和真理力量，也诠释了马克思主义理论

---

[①] 习近平：《在纪念马克思诞辰200周年大会上的讲话》（2018年5月4日），人民出版社2018年版，第11页。

强大的引领力和阐释力,并成为中国人民能够战胜疫情的精神力量。

第二,坚持以人民为中心,坚持生命至上。中国共产党一直把坚持群众路线,一切为了群众,一切依靠群众,从群众中来,到群众中去作为干事创业的基本准则。中国政府的所有决策,都是为了人民的长远利益,为了引导、促进、发挥群众追求解放的主观能动性。中国共产党始终将人民利益放在第一位,将增进人民福祉作为治国理政的目标。中国共产党来自于人民,党的根基和血脉在人民,为人民而生,因人民而兴,始终同人民在一起,为人民利益而奋斗,是我们党立党兴党强党的根本出发点和落脚点。① "人民立场是中国共产党的根本政治立场,是马克思主义政党区别于其他政党的显著标志"②,大疫面前,习近平总书记坚定地指出,"人民至上、生命至上,保护人民生命安全和身体健康可以不惜一切代价"③,"人民至上"也成为中国成功控制疫情,快速恢复社会、经济秩序的制胜法宝。

第三,坚持走中国特色社会主义道路,发挥社会主义制度优越性。中国特色社会主义道路是历史的选择、人民的选择,适应了中国的实际情况。中国特色社会主义制度和国家治理体系始终把整体利益置于首位,集中力量办大事的新型举国体制让中国在面临如新冠肺炎疫情的危机时临危不乱,渡过难关。历史经验告诉我们,在相似的生产力水平之下,人类组织的竞争力就体现为其组织水平,在人类面临如同新冠肺炎疫情这样的危机或要解决

---

① 参见习近平《在党史学习教育动员大会上的讲话》,《求是》2021年第7期。
② 习近平:《在庆祝中国共产党成立95周年大会上的讲话》,人民出版社2016年版,第18页。
③ 《习近平在参加内蒙古代表团审议时强调:坚持人民至上,不断造福人民,把以人民为中心的发展思想落实到各项决策部署和实际工作之中》,《党建》2020年第6期。

的生产力问题比较明确时，中国特色社会主义制度就有其必然的优越性。中国特色社会主义制度是新中国成立后数十年取得西方发达国家几百年成就的内在动因，也是中国抗疫行动取得战略性胜利的原因。在中国特色社会主义指引下，需要以正确的方式方法、执行手段，将这种制度优势落实到具体问题的解决进程之中。中国制度的优越性体现在政策制定导向的方方面面，教育与科技以人为本、基建与科研以发展为目标、金融支持实体经济、充分调动市场、发挥有为政府与有效市场作用等都是中国政策导向的体现。

同时，新冠肺炎疫情的溯源是一个科学问题，要由科学家群体按科学规律进行相关科研工作。新冠肺炎疫情给人类社会造成重大伤害——经济停滞乃至倒退、人口减少、国际社会交流冻结等，这是对各国制度体制进行总体检验的大事件。疫情暴发后，各国基于本国社会制度、文化心理、经济与科技发展水平等现实条件，出台了相应的财政金融政策、各项应急法律制度，开发与综合运用大数据技术、算法，基于生物医药技术开发疫苗，制定并实施了多项疫情防控模式。对各国疫情防控模式进行比较，对各项政策措施、科技运用体制进行对比分析，从中发掘面对重大外部冲击与危机时不同应对方式的优势劣势，有助于人类未雨绸缪，在和平年代做好应对危机的准备，这就是本套丛书出版的基本出发点。

2021年是中华民族伟大复兴进程中具有历史性意义的一年，既是中国共产党成立100周年，也是中国"十四五"规划的开局之年。当前，全球大国进入科技与体制全面竞争的年代，人类命运共同体是人类文明璀璨的未来。本套丛书的出版，有助于人们从根本上理解中国道路、理解中国共产党的执政历程及方针政策，也为回答"为什么中国能、为什么中国共产党能""为什么中国、中国共产党过去能，而且将来仍然能"等问题提供了相应的解释。以中国实践为指南构筑人类命运共同体，必将给世界各国带来一种真正以人为本、追求人类全方位发展与解放的全新的全球化道路。

编委会
2021 年 9 月 10 日

# 前　　言

2020年，一场百年不遇的疫情席卷全球。疫情暴发之初，中国经历了几乎全世界尤其是发达国家的歧视。中国采取各种措施成功遏制了疫情，海外的疫情却越来越严重。更加令很多中国人错愕的是西方国家在整个疫情防控期间的各种表现。他们国家领导层抗击疫情不力不说，反而置种种事实于不顾，不断将疫情暴发的原因甩锅中国。其普通百姓也有不小比例丝毫不讲科学，连戴口罩都能成为与自由民主对立的问题在全社会讨论，暴露出种种匪夷所思的自私、不讲科学的面目。他们的种种表现与部分人所谓"西方民众素质高、讲科学"的说辞大相径庭。因此，中国民众空前团结、取得空前共识，中国的社会制度、中国共产党的领导，得到了民众空前的认同。

但是，今天我们强调要讲好"中国故事"，不应该满足于讲"中国就是能"，也不能满足于以历史成就讲述"只有共产党才能救中国"之类的故事——虽然这是历史的必然，历史事实也充分证明了这一点，但是我党历史上也遭遇过各种挫折，如果只有中国共产党才能救中国、中国的社会主义制度必然优于资本主义制度不是一种逻辑必然，那么在遭遇这种挫折时就难免会有人对党的领导、对社会主义制度产生动摇。因此，我们需要讲清楚：

"中国为什么能？""为什么中国共产党的领导是中国特色社会主义最本质的特征？"我们应该基于特定的可接受的理论基础，以严谨的推演讲清"中国故事"的内在逻辑。事实也正是如此。笔者认为，抗击疫情只是对中国特色社会主义制度的总体检阅，新中国成立以来，中国共产党领导的中国一直坚持的是一条正确的道路。70多年来，中国一直没有放弃自己的道路，中国共产党对自己的道路充分自信，本质上是认为自己的道路优越于西方道路，只不过基于生产力发展的现实暂时对一些话题不加争论，埋头发展自己而已。这才是在2008年世界经济遭遇国际金融危机、2020年大疫情考验时中国共产党领导的中国能交出令人民满意答卷的根本原因。

笔者认为，基于历史发展规律与中国的探索，可以提出以下命题。

第一，人性的根本是追求解放与自由，它既包括人对人的人身依附关系的解放，也包括人对自然力约束的解放。而人类求解放的方法与路径，只能是发展生产力，即不断推动与提高人类对自然规律的理解、掌握和运用能力。

既然求解放与自由作为人性的统一，中外就没有什么不同。中国领导层与欧美领导层最大的区别就是，中国领导层坚持群众史观，相信群众，认为只要条件允许，所有人都有追求解放的内在需求。同时笔者认为，随着对自然规律把握得越来越娴熟，知识体系越来越庞大复杂，只有依靠有组织的人民群众，才有可能基于前人成就推动生产力继续发展。因此，中国共产党将自己定位为人民群众的先锋队，是人民群众的先进分子组成的队伍，为人民服务，就是为自己的最终目标服务，为人民服务成为共产党的最高价值取向，坚持群众路线，一切为了群众，一切依靠群众，从群众中来，到群众中去。这不仅是新中国成立后数十年取得西方发达国家几百年成就的内在动因，也是2020年以来取得抗疫战略性胜利的原因。而西方精英从不相信底层群众，他们坚持精英史观，认为求解放是精英才可能具有的人性，普通百姓既无资格也无能力追求这种人的本性。因此，在西方资本主义社会发展的数百年间，他们坚持以人的经济活动的行为动机作为人性的代表，从这个理念出发，发展出一整套基于"理性经济人假说"的经济学、一整套个人英雄主义的文化舆论宣传体系，愚民成为其政策的必然导向，疫情中百姓的表现，只是这些政策的必然结果。

第二，中国近几十年的发展取得了西方发达国家200年的成就，接受了全面教育的具有主人翁意识的劳动人民、符合工业化发展需要的人的努力奋斗，才是中国成就的根本原因。2020年以来防疫抗疫中中美民众表现的不同，也是中美不同史观指导下教育成就长期积累的必然结果。中国相信群众、依靠群众，因此必然实行民主化教育，坚持以人民为中心，激发人的主人翁意识，实施科学精神导向的全民教育。而精英史观的欧美则不相信人民群众有人性的追求，因此只将人视为资本获利的"人力资源"，以人的生物本能为基础，以"理性经济人假说"为导向实施教育，从而大多数民众作为提供劳动的工具是合格的、高素质的，但以全面发展的人的标准衡量则是不合格、不讲科学的。这是抗疫过程中中西方不同表现的根源，也是中国以几十年努力实现欧美数百年成就的原因之一。

第三，中国经济飞速发展、社会全面进步的基础之一就是长期坚持基础设施建设。中国基础设施建设从来就是以人为本、宏观视野、发展导向，而不是项目视野、利润导向的。由此决定了中国数十年来持之以恒的基建过程，以及当前积累下来的发达的基础设施。这些基础设施有力地支持了中国经济，是中国经济成就的最重要原因之一。基础设施也有力支持了2020年以来抗疫期间的物资调配，保障了抗疫物资与隔离期间人民生活必需品的供应，支持了抗疫胜利。

第四，中国因为相信人民群众，相信发展才是实现解放的唯一途径、发展才是硬道理，因此生产不仅仅为探索无穷自然未知奠定物质基础，更为高素质人才提供培训的基础，所以金融必须服务于实体。实体经济发展是科技发展、人性实现的有形推动力，坚持金融服务实体经济不动摇是中国经济发展、科技进步的政策因素。实体经济也是中国抗疫胜利的最坚实的物质基础。在实体经济与完善的产业链支持下，中国不仅为本国生产了充足的抗疫物资，还成为全球抗疫物资的重要生产基地。相反，某些欧美经济体的经济结构在疫情考验之下漏洞百出，抗疫的手段也只能是财政与金融"放水"，但这种措施于抗疫丝毫无益。实体为本、金融服务实体是中国近年来发展的根本，是中国坚持不变的发展核心理念，金融为实体服务是自上而下不变的原则。这是以人为本而非以利润为本的必然结论。

欧美因为不相信群众能追求人性，认为人只是求利润的工具，利润与增殖才是硬道理。所以，生产只能被资本看成是为了利润不得不为之的"肮脏而辛苦的活"，能不生产就不生产，所以"最高形态"就是金融资本。这是两种金融与实体经济定位差异的根本原因。

第五，发展才是硬道理，因此中国坚持市场经济是为了实现发展与满足人民美好生活需要，是以利税形式集中剩余价值，去投入研发，提高人们认识、掌握、利用自然规律的能力的机制。政府则是制定政策、调控资源、保障发展方向不偏斜的"看得见的手"。1949年以来中国政府因应时势环境不同,以生产力发展为目标,不断摸索调整政府与市场的定位,实现了有为政府与有效市场的结合。中国的经济成就,以及2020年以来的抗疫成果正是有效市场与有为政府相得益彰的结果。而欧美抗疫失败则是过度自由的市场经济带来的市场失灵,以及政府无能的双重打击结果。

第六,全球化是人类发展的必由之路。过去以欧美为旗手的全球化,实际是国际资本基于冷酷的利益逻辑进行全球产业布局的结果,当全球化不利于其赚取利润时,国际资本就会开全球化的倒车即逆全球化。人类命运共同体理念则是继续推动全球化的最佳理论支持,因为只有全球化才能实现全球生产资源的高效配置,能以最低的成本实现对科技的探索,实现对自然规律的进一步探索、理解、掌握与运用,才能最终实现全人类的解放。中国共产党领导的中国人民在国内建设中的成功实践经验,可以成为全球化进程中其他国家发展的有益借鉴。

以上六点,不仅是从根本上理解中国道路、理解中国共产党执政及其执政中各种政策的基础;也是解释为什么中国能,为什么中国共产党能,为什么中国、中国共产党不仅过去能,而且将来仍然能,即便经受暂时的挫折,在根本方向上也无法逆转以上结果的基础。而且以中国实践为指南推动的人类命运共同体理念下的全球化,必将给世界带来一种真正以人为本而非以资为本的,人类成为自己的主人努力追求人性的解放,而非人作为资本附庸,成为资本增殖的工具的全新的全球化道路。

# 目　　录

**第一章　以人为本　发展优先：中国方案的本质** …………（1）
　第一节　生产力发展推动人性的实现 ……………………（2）
　第二节　精英史观与人民史观的分歧 ……………………（13）
　第三节　群众路线胜出的必然性 …………………………（19）

**第二章　以人为本　教育先行** ……………………………（33）
　第一节　中国独特的以人为本的教育体系 ………………（34）
　第二节　新中国的教育成就 ………………………………（47）
　第三节　教育成就是中国社会发展的内在支撑 …………（55）
　第四节　教育投入奠定国家进步的根基 …………………（63）

**第三章　发展导向　基建先行** ……………………………（74）
　第一节　以人为本发展导向的中国基建 …………………（75）
　第二节　中国基建，中国成就的基石 ……………………（83）
　第三节　基建成就，穿越文明峰谷的基础 ………………（91）
　第四节　后疫情时代的"新基建" …………………………（106）

## 第四章　金融似水　实体为根 (119)

第一节　脱离实体经济的金融无助人类社会安全发展 (120)

第二节　中国"发达国家暴利粉碎机"的正义性 (131)

第三节　构建支持实体经济实现内外双循环的金融体系 (137)

## 第五章　政府与市场关系的灵活协调 (150)

第一节　市场与政府关系的讨论 (152)

第二节　有效市场和有为政府 (191)

第三节　新时期的政府与市场 (211)

## 第六章　人类命运共同体，全球化的中国方案 (217)

第一节　全球化推动了人类社会的进步与发展 (218)

第二节　欧美利润导向的全球化给人类带来了严重问题 (223)

第三节　人类命运共同体指引下的全球化未来 (228)

## 参考文献 (253)

## 后　记 (260)

# 第一章 以人为本 发展优先：中国方案的本质

人类作为整体的本质性发展是寻求自由和解放，它既包括人对人的人身依附关系的解放，也有人对自然力约束的解放。而人类求解放的方法与路径，只能是发展生产力，即不断推动与提高人类对自然规律的理解、掌握和运用能力。

求解放与自由作为人性的统一，中外精英没有什么不同。中国领导层与欧美领导层最大的区别就是，中国领导阶层坚持群众史观，相信群众，依靠群众。一方面认为只要条件允许，所有人都有追求解放的内心需求；另一方面随着对自然规律把握越来越丰富，知识体系越来越庞大复杂，也只有依靠有组织的人民群众，才有可能基于前人成就推动生产力继续发展。因此，中国共产党只将自己定位为人民群众的先锋队，是人民群众的先进分子组成的队伍，为人民服务成为共产党的最高价值取向，坚持群众路线，一切为了群众，一切依靠群众，从群众中来，到群众中去。而这不仅是新中国成立后数十年取得西方发达国家几百年成就的内在动因，也是抗击2020年开始的新冠肺炎疫情成功的原因。而西方领导阶层、精英阶层却始终坚持精英史观，他们怀疑普通民众，不相信底层群众，他们以种种潜在的方式与行动彰显精英史观，认为求得自由与解放只能是精英阶层靠传承力量，或者天生英才靠自身"奋斗"才可能实现，普通百姓既无资格也无能力追求这种人的本性，所以始终把阶层固化看作个人选择的结果。从这一理念出发，西方精英发展出一整套基于"理性经济人假说"的经济学；一整套个人英雄主义的文化舆论宣传体系；一整套维护既得利益阶层、维护阶层固化的社会运行机制，愚民成为其政策的必然导向。从而在西方现代社会发展的数百年间，普通群众从具有自身创造性思维的个体被逐渐降格到满足基本需求的生物性存在。当然由此带来的结果还包括底层群众对精英阶层与政府的发自内心的深刻的怀疑。2020年暴发的新冠肺炎疫情中欧美百姓的种种表现，只是上述政策的必然结果。

## 第一节　生产力发展推动人性的实现

无数的史实与现象让我们相信，人性的本质就是求得自由与解放，这种自由与解放既包括人身依附关系的解放，更追求人对自然力约束的解放。前者本质上是一系列社会制度的安排，后者本质上是人类对自然规律的掌握与运用水平，即生产力的发展水平。当前者的制度安排有助于后者的进步时，这种社会制度就是先进的；反之，当前者的制度安排阻碍后者进步时，这种制度就是反动的。生产力的发展，是推动人性实现的根本力量。

### 一　人性的本质是追求自由与解放

（一）一部人类发展史就是追求对自然力约束的解放史

人类的发展史，既是人类追求全面自由解放的历史，也是生产力不断发展的历史，在一定程度上突破自然条件约束，与自然达到更高水平的平衡的历史。

人类首先制造和使用基本的手工工具来获得生产和生活资料、改造自然，这些手工工具就像人的四肢，延伸了人类自身的劳动能力，增强了人类的力量，而手工工具也是人类劳动的结晶。人们所使用的工具与自身所处时代的生产力水平发展是相适应的，而生产力的发展首先就体现在生产工具的改进上。以中华文明为例，中国古代的生产工具发展大致经历了石器时代、青铜器时代和铁器时代。

在石器时代，生产工具包括简单的石器，甚至还包括用树枝、木棒等打磨成的简单生产工具。在这一时代，人们不仅会使用石器，还会使用火。这一时代还可以近似划分为旧石器时代、中石器时代和新石器时代。这种划分方式在古代文献中一直都有反映，如公元前8世纪古希腊哲学家赫西奥德的《劳动与时令》诗篇里，把人类的发展划分成黄金、白银、青铜、英雄和铁5个世纪；中国东汉袁康所撰的《越绝书》中也把人类使用的工具分成石、玉、铜、铁4个阶段。如今在考古学上的划分方式也经历了很长一段时间。1836年丹麦学者C. J. 汤姆森首先提出了石器时代、青铜时代和铁器时代的分期，奠定了史前考古学研究的基础。1865年英国学者J. 卢伯克又把石器时代划分成旧石器时代和新石器时代。1892年英国学者A. 布朗在旧石器时代和新石器时代之间划分了一个过渡期，称为中石器时代。1877年意大利学者G. 基耶里克提出在新石器时代和青铜时代之间，增加铜石并用时代作为过渡期。最终这种划分逐渐凝定并沿用至今。

在旧石器时代，工具的制造一般是把大石头或燧石打成石片，所剩的石核作为石斧，后期石片也被用作石刀或者矛头。中国的西侯度遗址便发现了中国旧石器时代的历史以及人类用火的历史，除此之外还包括丁村人文化等。旧石器时代的后期以山顶洞文化为代表，体现为各种细致、多样的石器，包括石珠等装饰品，还有弓箭、梭镖等复合工具，其中最引人关注的就是骨针，这代表缝纫技术的突破。中石器时代与旧石器时代的划分并不明确，在中国，人们仍然以采集和渔猎生活为主，并使用相似的简单石器和复合石器工具，以获得相应的生产和生活资料。而在新石器时代，农业、畜牧业的产生，磨制石器、陶器、纺织等不断推广。此时的农业生活已经具有生产性质。此时期世界各地的地理分化逐渐明晰，无论是文化中心还是边缘地带都产生了自身的农业发展模式，因各地环境和气候的差异，农业栽培作物包括小麦、大麦等，饲养牛、羊、马等家畜，制陶工艺不断发展，社会分工不断明确，产生了不同阶层。此后的文化发展都始终在这样的农业生产基础之上。

石器时代之后的青铜时代最早可以追溯到公元前 5000 年前后，在生产工具上包括木器加工的斧，用于渔猎的钩，各种刀具等。而青铜器较为发达的时期正是商代，已经出土的商代和西周时期铸有铭文或不铸有铭文的青铜器众多，青铜文化也从夏商延续到了春秋时期。青铜时代不仅让生产工具的材质和自身结构发生了变化，也让生产工具的应用范围、使用方法得到了拓展，如产生了马车和牛耕，生产方式产生了极大变革。

铁器时代最早可以追溯到商代中期，一般认为春秋战国之际是铁器时代的开始。战国时期就产生了冶铁业。《左传·昭公二十九年》记载晋国铸刑鼎事件，"遂赋晋国一鼓铁以铸刑鼎"，据考证，这一史实说明了冶铁技术已经较为发达。冶铁技术的发展一方面推动了生产工具的进步，产生了犁、锄、耙、镰等农具；另一方面古典器具业逐渐发展和成熟，如鼓风机、翻车等，这些器具始终在后代的农业发展中起着重要作用。

在这些时期，人顺应自然、改造自然的方式是初级的。所以在人与自然的关系中，总体来看，由于生产力的发展不足，自然始终在人的发展中占据主导地位，而自然本身也相对较少地受到破坏。在人与自然的关系中，人自身的能动性和主体性没有被完全挖掘出来，人们不仅受到政治和社会的某种钳制，而且受到自然的充分牵制。

从世界范围内看，三次工业革命真正推动了人类社会的发展，让人们在政治和经济上获得了解放。第一次工业革命以蒸汽为主要动力，并逐渐融入牛顿力学的理论基础。蒸汽机的发明和运用让人们真正大幅度地突破了自然条件的限制，各种工艺产品逐渐脱离人力，生产速度和效率大幅提升。蒸汽船等交通工具的发展更是拓展了资本主义的空间范围，让产品运输有了新的基础。蒸汽机大大推动了纺织、采矿、冶炼、机械加工等工业的迅猛发展，使人类进入了"蒸汽时代"。

法拉第和麦克斯韦的电磁理论为第二次工业革命奠定了理论基础，而西门子以电磁铁制成的实用发电机以及电动机逐渐融入工业生产当中，使得动力和生产过程又产生了极大变革。电力成为新的能源，同时也产生了远距离输电的需求。电的应用普及使得电话、电灯等日常电器逐渐融入人们的生活之中，人们也正式步入"电气时代"。

从第三次科技革命甚至到第四次科技革命，相对论、量子力学等理论为我们打开了宏观和微观物质世界的奥秘。原子能的诞生又再一次变革了能源运用，让人们进一步相对突破自然条件的限制，原子核能也被应用到生产、军工、科研等各个领域。1957年，苏联发射了第一颗人造地球卫星，使人类逐渐走向外太空。

1958年，美国也相继发射了"探险者"人造卫星。两国在太空领域的较量也激发了其他国家探索宇宙的热情。不仅如此，生物技术、新材料、新能源等也不断涌现，以和平与发展为主题的时代为科技发展提供了良好的环境和土壤。1945年，第一台电子计算机在美国诞生，这为将我们相互联系、深刻改变我们生活方式的互联网奠定了物质基础。20世纪50年代中后期，许多系统可以将地理上分散的多个终端通过通信线路连接到一台中心计算机上，从而形成了第一代计算机网络。第二代网络以通信子网为中心，多个主机通过通信线路互联起来为用户提供服务。第三代形成开放网络互联，是遵循国际标准的开放式和标准化的网络。伴随第四代通过HTML和网络开发语言Java的兴起以及局域网技术的发展，全球范围内以Internet为代表的信息基础设施逐渐建立和发展，促进了信息产业和知识经济的诞生，人类也正式进入信息时代和知识经济时代，时间和空间的超越都达到了新的水平。

每一次生产工具的创新和技术进步都推动生产力的解放和个人主体性的不断提升，人们依据自身的能动性不断改造自然，也是让自身不断得到全面发展的过程。

社会上广泛流传着一个说法："懒人推动了世界进步"，这种说法只是从人的生物本能角度阐述了社会进步，远未挖掘到其根本。大量的事实表明这种表象的解释是不正确的——当传说中的万户陶成道将火箭捆绑在椅子上试图飞天时，当1891年莱特兄弟驾机试飞时，当特斯拉呕心沥血进行各种科学实验时……他们是因为懒惰才去追寻飞天梦想、追寻电力实现的吗？不，这些人类的先驱，本质上是受追求掌握自然规律、运用自然规律，寻求对自然力约束的解放的"人性"的驱动——飞天寻求的是对重力约束下离不开地面的解放，汽车的发明追求的是自然力约束下人类运动速度不超过 10 公里/小时的解放,火箭的发明追求的是重力约束下无法脱离大气层的约束……归根结底,社会进步是人性驱使下追求对自然力解放的人推动的。

(二) 人性与动物性的区别在于追求自由与解放

马克思在《1844 年经济学哲学手稿》中说:"动物和自己的生命活动是直接同一的。动物不把自己同自己的生命活动区分开来。它就是自己的生命活动。人则使自己的生命活动本身变成自己意志的和意识的对象。他具有有意识的生命活动。这不是人与之直接融为一体的那种规定性。"① 恩格斯在《自然辩证法》中也曾说道:"我们并不想否认,动物是具有从事有计划的、经过思考的行动的能力的……食虫植物捕获食物的方法,虽然完全是无意识的,但在某一方面也表现出是有计划的。动物从事有意识有计划的行动的能力,和神经系统的发展相应地发展起来了,而在哺乳动物那里达到了已经相当高的阶段……但是一切动物的一切有计划行动,都不能在自然界上打下它们的意志的印记。这一点只有人才能做到。一句话,动物仅仅利用外部自然界,单纯以自己的存在来使自然界改变;而人则通过他所作出的改变来使自然界为自己的目的服务,来支配自然界。这便是人同其他动物的最后的本质的区别,而造成这一区别的还是劳动。"②

因此,从外在的客观现象看,人类与其他动物之间存在本质差异,其他动物的发展道路是单一而线性的,可以细分为两种:一是发展强壮的躯体对抗自然力,或者依据自身的动物本能不断适应自然,这种以保存自身为核心而非强调实践目的性、计划性的发展道路始终有其局限性和"瓶颈",这条道路的发展以恐龙

---

① 马克思:《1844 年经济学哲学手稿》,人民出版社 2005 年版,第 57 页。
② 恩格斯:《自然辩证法》,人民出版社 2015 年版,第 312—313 页。

的灭绝划定了其极限。二是以强大的繁殖力保持种族的延续，如蟑螂、老鼠等动物。除人类以外的动物，是这两条道路不同权重的加权调和，其目标均是适应环境以保持种族的延续。只有人类，是以自身意志控制下的劳动改变自然环境，使自然环境适应自身的存在。

从马克思主义的角度看，劳动是人和动物的本质区别，而人性与动物性的本质区别就在于劳动过程中的意识活动。"人的劳动是自觉的、有目的的，而其他动物的劳动是本能的……在人类劳动中，指挥机制是概念思维的能力；这种能力来自于一种非常特殊的中枢神经系统……这使得人类能够进行事先已有概念，而不是受本能支配的劳动……作为有目的行动的劳动，是由智力指导的，是人类的特别产物。但是人类本身又是这种劳动的特别的产物。"① 因此，人意识活动中的计划性、目的性，将一个事物首先概念化，在观念中实现的能力，将人与其他动物区分开。关键点不在于执行而在于概念。

"人的本质并不是单个人所固有的抽象物。在其现实性上，它是一切社会关系的总和。"② 人的本质属性在于社会关系，而这种社会关系又始终以人的自由全面发展为前提，两者是同一的过程，所以在《共产党宣言》中，马克思认为社会主义社会是"每个人的自由发展是一切人的自由发展的条件"。从作为人类整体的社会关系到相对个人的发展要求，全面发展还要求劳动能力的全面发展和个性的自由和解放。所以劳动过程中的意识活动也追寻着人类发展的本质，那就是寻求个性自由和全面的解放。

---

① [美]哈里·布雷弗曼：《劳动与垄断资本——二十世纪中劳动的退化》，商务印书馆1978年版，第43—45页。
② 《马克思恩格斯选集》第1卷，人民出版社2012年版，第135页。

唯有人类，以智慧探索自然，以双手把握自然，以掌握自然规律利用自然规律，以改变环境让环境适应自己，来求得自身对自然规律的解放——从原始人克服动物天然的恐惧举起火把的那一刻起，人与动物的发展之路，就划上了界限，人性的光芒，第一次闪现。追求对自然力约束的解放、由"必然王国"走向"自由王国"，这是马克思在共产主义社会中的伟大理想，在这里个人自由发展得到了真正实现，"必然王国"中人们所受的制约是深刻而普遍的，而只有在"自由王国"之中，人才真正成为一个自由主体，人的个性和潜能才能完全被释放出来。

（三）人类追求自由的两个方面

到这里我们知道：一方面，生产力推动了人自身的全面发展，即人现如今的生存状态和思维方式都有其生产力变革的因素；另一方面，由于人类实践过程中的意识活动和主观能动性，对生产力变革的追求也是自身在实践中不断实现的。

生产力和生产关系始终在一个辩证运动之中，因此，人类对自身全面发展和自由的追求自然也意味着两个方面：在生产关系中占据有利地位和不断推动生产力的发展。从生产关系角度，我们主要关注人对人的人身依附关系的解放；而生产力角度，则是人类对自然条件约束的解放。人身依附关系的解放程度，依赖于人对自然力约束的解放水平，同时对后者有反作用。如果人身依附关系的解放程度有助于生产力的发展，则说明现有的生产关系以及与之相联系的政治制度是积极的，反之则是消极被动的。

人身依附关系说明社会生产力的不足和劳动分工的不发达。以欧洲中世纪为例，中世纪约为公元5世纪到15世纪，"中世纪"这一词最早是由15世纪后期意大利人文主义者比昂多开始使用的。公元476年，罗马帝国灭亡，与罗马帝国时期的统一和辉煌成就相比，此时期的封建割据频繁带来战争，宗教对人民思想和现实财富的限制力十分强大，在一定程度上也造成了此时期科技和生产力发展的停滞。在中世纪后期，经过大规模的战争，国家的财政支出不断增长，导致国家不断向人民征税。农业的庄园经济始终是中世纪的经济基础，在中世纪前期，由于农业革命改进的耕种方式、耕种工具，同时引入了新的农作物，比如豌豆等，让人民的生活水平得到了显著的提升。但随后的"黑死病"、征战以及强大的宗教和封建势力的压制并没有能够真正解放人们，最终人们仍然是处于庄园经济的人身依附关系之中。

　　资本主义的发展无疑实现了对人们政治的解放。政治民主化运动、工业革命以及与之互为因果的资产阶级的兴起，使得人们实现了政治上的自由，这在一定程度上有助于人们的全面发展。但当步入资本主义时期，人们又将以更潜在的方式服从资本的逻辑。由于人们实现政治上的解放，自由、平等成了资产阶级对自我处境的描述和宣传的口号。正如同资本主义的逻辑统治如今的历史阶段，市场作为剩余价值的交换领域，其表面上的等价形式、自由平等交易也作为一种原则统治现代的政治制度，并成为其宣传的口号。由于这种经济基础以及受其钳制的意识形态，人呈现为具有高度流动性的群体和散沙式的组织形态，这种组织形态不仅是自然形成的，而且其逸散状态依靠原子化个人或不同圈层的价值观念和社会行动能力，始终能够得以保持，并对权威力量有自然的反抗能力。

　　但面对疫情这样的突发公共卫生事件，这种状态往往对生产力的恢复和进一步发展具有很强的阻碍作用。疫情被视为资本主义占据世界体系主体之下，人与自然产生紧张关系的重要体现，或者说是自然条件对人们进一步无序扩张的限制，人们面对疫情的手足无措一方面让我们重新思考人与自然的关系，以寻求人与自然和谐相处的新的平衡点；另一方面，人们面对疫情时既看到了自身知识的不足，也看到了生产的薄弱之处：以人为主体的生产力的创造性、组织性不足。

欧美部分国家对人员流动控制的无力、对经济恢复的无力也深刻地凸显了这种矛盾，虽然人类在政治上得到解放，但在资本主义状态之下，人们受制于资本的高度的流动性具有显著的刚性，而这恰恰成为阻碍生产力恢复和发展的制度性因素之一。

## 二 两种自由观的碰撞

中国和西方主要国家的自由观念既有联系也有差异，而两种自由观念的冲撞却逐渐成为西方国家意识形态战线争夺的场所。两种自由观念的差异大致可以分为以下两个方面。一是中西方文化传统有着本质差异。总体来看，与西方国家较长时间的封建割据和宗教统治不同，中国长期处于大一统的局面，大一统不仅强调政治上的整合，比如郡县制等从中央到地方的垂直统治和强大的官僚体系，还包括文化和精神上的一统，比如儒家文化始终作为主流文化至今仍在影响我们的行为方式。中国古代经济以自给自足的小农经济为主，而儒家文化也正适于这一经济基础，表现为一种自制、强调仁义道德、追远慎终的文化特质，在政治上也强调民本、仁政等。总体来看，欧洲文化中制衡观念和法治观念更甚，契约精神所形成的团体与个人主义的文化观念相互融合渗透，基督教文化以更鲜明而非潜在的方式影响人们的行为准则。对于美国来说，其自身缺乏深厚的文化基础，所以在自由观念上要更进一步。无论从文化的哪个角度来看待和言说，中国文化传统中的自由观念，其对自身的约束性、集体精神、自我调节和反省的要求始终高于西方国家。

二是意识形态的差异。新中国成立以来，中国始终在走与西方资本主义国家不同的社会主义道路，而社会主义的经济基础以生产资料公有制为主，强调生产的社会属性，因此必然产生相应的集体主义精神，注重平等。对于西方资本主义国家来说，市场原则统治了国家政权的建设，经济体系与政府的垄断权力相结合。与中国相比，其经济势力要远远高于政治势力的纠合。

在这里我们可以对比两种自由观念的冲撞。一种观念是与个人主义紧密结合的自由主义，这种观念强调个人道德价值的道德立场、政治哲学或社会观念，他们提倡个人目标和欲望的实现，注重独立和自力更生，主要个人利益应优先于国家或社会全体，反对社会或政府等机构对个人利益的外部干涉。个人主义以个人为中心，在此基础上进一步支持自由公正的选举、公民权利、新闻自由、宗教自由、自由贸易和私有财产等观念。另一种是社群主义的自由观念，在一篇题为《负责的社群主义政纲：权利和责任》的文章中指出："离开相互依赖和交叠的各种社群，无论是人类的存在还是个人的自由都不可能维持很久。除非其成员为了共同的目标而贡献其才能、兴趣和资源，否则所有社群都不能持久……社群主义既承认个人的尊严，又承认人类存在的社会性。"社群主义的自由观念是有组织的自由观念，以社群为核心，并将其作为分析和解释的出发点和核心，他们把社会发展的动力、政治经济基础归结为诸如国家、阶级、民族等社群，同时强调普遍的善和公共利益。

毫无疑问，近似于集体主义的社群主义自由观念与中国人民理解的自由观念有异曲同工之妙。对于西方国家，社群主义绝非占据政治和文化观念上的主流，个人主义与自由主义的融合更贴切地体现了大部分西方国家人民的观念，但这种自由观念并不等于自由放任的观念，其对个人权利的强调同样具有其内涵。面对这种突发公共卫生事件，我们发现这种自由观念极其受制于媒体和互联网等信息传播平台，并导致了西方国家在疫情初期面对混乱局势的无组织和无序状态。而一种社群主义的自由观念由于其自身对集体力量的强调，对生产力的恢复和发展起到了重要作用。

## 第二节　精英史观与人民史观的分歧

### 一　精英史观下的西方国家

一些西方国家以潜在的方式与行动彰显精英史观，认为求得自由与解放只能是精英传承或者天生奇才靠自身"奋斗"才可能实现，普通百姓既无资格也无能力追求这种人的本性，始终把阶层固化看作个人选择的结果。因此，在社会发展的数百年间，普通群众从具有自身创造性思维的个体被逐渐降格到满足基本需求的生物性存在。从这一现实出发，也发展出一整套基于"理性经济人假说"的经济学、一整套个人英雄主义的文化舆论宣传体系，愚民成为其政策的必然导向，疫情中百姓的表现，只是这些政策的必然结果。

西方古典精英主义思想可以追溯的古希腊时期的柏拉图和亚里士多德。古希腊时期，雅典是一个实行民主政治的城邦，柏拉图撰写《理想国》时正值雅典民主的衰落期。柏拉图的理想国中有三个由自由民组成的阶层，从上至下分别是执政者阶层即哲学家，保卫者阶层即武士，还有社会中提供营养和物质生产的阶层，包括农民、手工业者、商人等。在柏拉图看来，每个人都生来具有某种才能，一个人在社会中身处什么行业、在社会分工中有怎样的地位都应该由其天性决定，社会被天然地划分为统治者阶层和被统治者阶层，在这种社会中，城邦公民应该主动接受贤能之人的统治。执政者阶层需要具有正义、审慎、节制等美德，同时还需要受到政治实践的锻炼，要经历重重考验后成为管理城邦的最高统治者。

亚里士多德在《政治学》中也表达过自身对城邦政治的看法。对于公民权利的划分，亚里士多德认为，政体的种类不同公民的种类也不同，比如贵族政体功勋和品德是分配职位的唯一标准，寡头政体以家产为条件，根据政体的统治人数和利益集团分成了常规政体和变态政体。共和政体是以群众为统治者，并能够照顾到全邦人民的公共利益，最高统治权掌握在保卫国家的战士手中。与其对应的变态政体是一种平民政体，以穷人的利益为意旨。亚里士多德认为城邦始终需要符合一个善的目标，而他则更加推崇贵族的贤能政体，这一政体中人们都是贤能有善德的，作为最高统治者他们始终能够把城邦及其人民的利益作为旨归。因此，柏拉图对比于亚里士多德似乎更加强调精英立场，但两人都没有将人民摆在统治者的地位，而是秉持着阶层固化的思想，这对后世的政治文化产生了重大影响。

近代之后，西方的精英主义逐渐与民主政治紧密结合，并以更加潜在的方式呈现出来，变换各种不同的形式和意识形态并不断传输出去。米歇尔斯曾经提出著名的"寡头统治铁律"：在任何一个政治共同体或组织之中，总是会产生被选举人统治选举人、被授权人统治授权人等，而这种分割是社会利益分化的结果，也是不同的利益全体为了采取共同行动和保护集体安全而做出的必然选择。最初代表人受大众的意识支配，随着对其统治的更高要求以及对政治体制的深入参与，大众与其选举的代表人就产生了进一步的分化，最终受到良好训练的职业领导群体诞生，由此产生了寡头的统治。熊彼特也对大众有着不信任的态度，在熊彼特看来，现实中的精英统治是无法避免的，关键在于要对精英进行有效的控制。精英主义始终作为一种手段和方法，决定一系列的制度安排，从而形成了精英的民主理论体系。

我们可以简单总结一下西方民主的分类和层次。(1) 价值层面：民主是抽象的价值观念，代表政治共同体甚至是个人的价值判断和价值选择，是道德的评价标准，往往与西式的自由、人权紧密相连。这一层面往往贯穿于其他层面和现代社会中。(2) 产生和缘起：某种政体的产生可能根源于人们的人性，比如相互怀疑或天生的互助倾向，民主的产生也带有这种契约论的色彩，是公民所默许的某种契约。(3) 过程与程序：熊彼特民主程序观点认为，"民主方法就是一种达到政治决策的制度设计，通过相互竞争人民选票的方式获取决策权力"①。民主就是一种决策机制，是达到特定目标的手段。(4) 制度安排：这一层次与民主程序有相似之处，但制度更强调具体的制度安排，比如代议制、审议制民主等，或者从人数和社会制度加以分类。

人们对民主定义性特征的认知往往停留在程序和制度层面，这在一定程度上受到政治宣传的影响。即使有所突破，也往往是民主概念领域的拓展，或在民主之中渗透个人主义与自由。民主的本质因此变得贫乏，在这种定义之下，民主体制中的程序性与制度、机构设计成为其本质，从而让民主往往等同于选主。

精英主义视角下的西方各国，从多个角度各种层面影响着民

---

① [美] 约瑟夫·熊彼得：《资本主义、社会主义和民主》，吴良健译，商务印书馆1999年版，第242页。

众的潜意识，使国民深陷精英主义史观与视角而不自知。主流经济学"理性经济人"假说普遍传授，"作为经济决策的主体都是充满理性的，即所追求的目标都是使自己的利益最大化"深入人心，让人们将自己普遍降格为追求生物本能的动物精神；主流影视中以人们津津乐道的个人英雄形象瓦解底层民众团结以求解放的理念，将个人理想的实现普遍寄托于或者是家族传承的庞大财富或者是血统传承的智商与体能，人的主观能动性被弱化直至不见踪影……

多种民主观念与精英主义融合，也为精英主义提供了合法性的外衣，形成精英民主主义。但民主形式上的竞争性以及权力的分散和制衡并没有真正改变精英主义的本质。在2020年暴发新冠肺炎疫情之后至2021年，几个发达国家已经研制出了多种疫苗，而全世界占人口比例不到30%的国家却占有着全世界70%的疫苗，并有着大量的囤积以防止疫情的反复。这种疫苗分配的状况不仅体现了发达国家和发展中国家经济实力和科技水平的差异，而且体现了西方国家中心主义和精英主义思想。而此时期的中国却在不断地向发展中国家输送疫苗，以保障其国家人民的安全。

在新冠肺炎疫情初期，不少西方国家都爆出了"年龄歧视"的现象，在一些国家，本身年老体弱多病的人不得不放弃进一步的医疗投入，而一些医生和护士也会选择性地采用消极治疗的方式对待年迈的病人。在群体免疫背后，同样是一些精英主义的想法，无论是英国还是美国，底层人民是受到影响最为严重的群体，这与其内部的政治经济地位是紧密联系的，作为精英阶层并不会沦为疫情的受害者，其本身以精英文化为中心的政治经济结构和执政理念和方式就决定了疫情最终的受害人群。同时，由于西方精英长期坚持的精英理念，使普通民众对精英阶层与由精英组成的政府有着深刻的不信任，即便灾难来临时政府发布的有关新冠肺炎疫情的信息，很多民众均持怀疑态度而选择不信任，政府发布的防控新冠肺炎疫情的有效措施也被众多民众抵抗，连是否需要佩戴口罩这一纯粹科学问题都成为一个政治话题被加以讨论，最终产生了2020年新冠肺炎疫情期间欧美防疫中种种令人匪夷所思的现象。

## 二 群众史观下的中国

中国领导阶层坚持群众史观，相信群众，认为只要条件允许，所有人都有追求解放的内心需求。同时主张，随着对自然规律把握越来越丰富，知识体系越来越庞大复杂，只有依靠有组织的人民群众，才有可能基于前人成就推动生产力继续发展。因此中国共产党只会将自己定位为人民群众的先锋队，是人民群众的先进分子组成的队伍，为人民服务成为共产党的最高价值取向，坚持群众路线，一切为了群众，一切依靠群众，从群众中来，到群众中去。这不仅是新中国成立后数十年取得西方发达国家几百年成就的内在动因，也是2020年抗击新冠肺炎疫情成功的原因。

毛泽东在《关于领导方法的若干问题》中曾经这样阐述过群众路线的思想："在我党的一切实际工作中，凡属正确的领导，必须是从群众中来，到群众中去。这就是说，将群众的意见（分散的无系统的意见）集中起来（经过研究，化为集中的系统的意见），又到群众中去作宣传解释，化为群众的意见，使群众坚持下去，见之于行动，并在群众行动中考验这些意见是否正确。然后再从群众中集中起来，再到群众中坚持下去。如此无限循环，一次比一次地更正确、更生动、更丰富。这就是马克思主义的认识论……从群众中集中起来又到群众中坚持下去,以形成正确的领导意见,这是基本的领导方法。在集中和坚持过程中,必须采取一般号召和个别指导相结合的方法,这是前一个方法的组成部分。"①

解放战争时期有这样一个故事。在解放战争时期的华东战场,华东野战军发起一场重大战役时,解放区人民群众全力以赴,奋勇支前。一天,华东野战军某部要经过一条河增援,河边村庄的男性都已支前去了,留在村里的女人扛着门板跳到河里,用肩膀架起了一座人桥。华东野战军骑兵部队发起冲锋前要把战马喂饱。没有马草,就找到一位村长,但村里能够支前的东西都已送上前线了。村长环顾四周,只有几间新盖的草房上的草可以喂马,就号召村民拆草房,喂战马,得到大家的一致响应。一位基层干部在冲锋时受了重伤,人民群众组织的担架队冒着枪林弹雨把他抬了下来。此时,他已近昏迷,隐约听到旁边一个人说:"这个小青年快不行了,要赶快抢救。"又有人说:"赶快喂小米稀饭。"于是,一位担架队员取出一罐小米稀饭,但风刮日晒,小米稀饭已变成饭团。这位受重伤的干部嘴也张不开,一个女担架队员掀起上衣把乳汁挤到饭罐里,又用树枝把饭团搅了搅,稀释一下,一点一点喂给伤员,然后把他送到医院。这名伤员伤愈后逐步成长为人民军队的高级将领。后来他多次来到沂蒙山区,寻找这位"红嫂"。但当年的解放区到处都有这样的"红嫂"。②

坚持群众路线始终是中国共产党的政治底色,不仅在革命时期,建设时期同样如此。如今中国共产党始终坚持走群众路线。

---

① 《毛泽东选集》第3卷,人民出版社1991年版,第899—900页。
② 薛庆超:《中国革命、建设、改革与群众路线》,2021年4月9日,http://www.sblunwen.com/ckwx/17890.html。

"求木之长者，必固其根本；欲流之远者，必浚其泉源。"

党的十八大以来，以习近平同志为核心的党中央多次强调人民群众是党的力量源泉，为了实现中华民族的伟大复兴，必须要紧紧依靠人民。习近平总书记指出："作为国家领导人，人民把我放在这样的工作岗位上，我就要始终把人民放在心中最高的位置，牢记责任重于泰山，时刻把人民群众的安危冷暖放在心上，兢兢业业、夙夜在公，始终与人民心心相印、与人民同甘共苦、与人民团结奋斗。"①

坚持群众路线的中国，在2020年防疫抗疫期间，无论是党员干部还是人民群众都在用实际行动书写"人民至上，生命至上""一切为了群众，一切依靠群众"，大批党员、积极分子投入到抗疫一线当中。无数奋勇抢先的党员干部与群众团结一心坚定落实中央防疫措施，使疫情很快得到了控制。在此过程中我们看到了无数为我们穿越苦难战胜灾难而默默奉献的干部和群众，他们的事迹感人至深，让我们深切地感受到这种群众史观的深入人心，它代表了属于我们中华民族的集体主义精神，令人为之动容。

## 第三节　群众路线胜出的必然性

### 一　生产力发展与人的解放相辅相成

正如前文所说，人的全面发展和解放首先是人的劳动活动的全面发展。人类的劳动活动是人们通过实践来改造自然。这种劳动活动是丰富的、完整的，与人们自身的发展需求是相互匹配

---

① 《习近平谈治国理政》第1卷，外文出版社2018年版，第102页。

的，它可以用不同的方式改造自然，人们的教育、艺术、参政议政等科学艺术活动与社会管理活动都包含在其中。但最重要的仍然是对物质生产劳动过程和劳动工具的不断改进。

（一）生产力发展促进人的解放

生产力的发展首先对人的解放有重要的促进作用。生产力首先为人的生存提供了最基本的生存条件，在马克思看来，全部人类历史的前提是现实的人，这种现实的人始终处于一种物质生活的条件之下，进行物质生产，这种人是社会的、历史的。所以人们首先要面临的仍然是生存问题，仍然是最基本的生存需求和劳动活动，这是其他一切个性发展的前提。满足了基本的生存需求后，人们才会追逐享受型消费、发展型消费等。现阶段人们追求"财务自由"，本质上还是追求生存需求所需要的物质的自由以及其后的享受与发展不受约束的自由，是人的阶段性的表现。享受与发展使人们的交往关系逐渐普遍化，这既包括物质的交往过程，也包括精神的交往过程，内在地蕴含着劳动分工和交换体系的进一步发展。在生产力发展的条件下，人作为社会生活的主体性才真正彰显出来，人的科学文化素质、思想道德素质等方面也不断得到实质提升。

以互联网为例，互联网作为生产力发展的重要体现，对人的全面发展产生了重要影响。通过计算机、智能手机和互联网，人们了解信息、传递信息的渠道将增多、速度也将变快，信息传递的有效性和及时性也不断增强。人类的工作方式和劳动方式也逐渐发生了改变，人们可以足不出户完成工作和学习任务，同时产生了更多的闲暇时间进行享受型和发展型消费。我们还可能将我们的思维方式和工作方法融入计算机和互联网领域之中，这一方面是对我们能力的进一步延展，另一方面也将为我们提供更多的个性化、智能化服务。通过计算机和网络，我们的公共领域和私人领域有了新的形式，使人们的生活方式也因此出现了重大变化。网络使人与人之间的沟通更加方便，使人与人之间的关系更为密切，使世界的距离变得越来越近。例如，网络会为我们提供许多我们需要的服务，比如收发信息、实现远距离的交往联系、网上购物、了解及时新闻、收看电视节目以及完成工作和学习任务等。互联网及其相关信息产业的发展为我们自身的全面发展提供了重要的便利条件。

（二）人的解放推动生产力发展

人类自身的全面发展和意识能力的增强也推动着生产力的发展。生产力的发展离不开人类的主观能动性和实践中意识活动的对象性、目的性和计划性。另外，人的需求也成了生产力发展和产业创新的重要动力。劳动者是现实的、有思想的个体，所以其将主动地、创造性地解决人与自然条件之间的矛盾，根据其社会地位、生产资料的占有程度等进行改造。同时，人对满足自身需求的渴望也将推动生产力的发展。人的需要一方面提升了劳动者自身的生产积极性，另一方面满足人的需要也是社会化生产的目的，赚取利润、获得收入等始终是不同阶层和身份的人的目标。

人们对未知的探索不断地积累并且推动科技创新，彰显人自身在生产力发展中的主体作用。早在公元1世纪左右，古希腊的数学家希罗发明了汽转球，这是蒸汽机的最早雏形，而达·芬奇也曾经设想过蒸汽机的模样。但18世纪，蒸汽机才首次付诸实践，1679年法国物理学家丹尼斯·巴本发明了第一台蒸汽机的工作模型。1695年，英国工程师塞维利制造出了蒸汽泵用于抽水，蒸汽机开始投入生产行业。此后纽可门等人继续研制蒸汽机，终于在 1705 年试制出了第一台真正可用作动力的蒸汽机,这种蒸汽机被称为"纽可门蒸汽机",它被作为能够带动水泵的引擎,应用于采煤、采矿的排水设备。此后瓦特将其改良,通过设计冷凝装置,提高热机的效率。1775 年瓦特和博尔顿成立公司,将这种分离式冷凝蒸汽机投入生产。1824 年这一公司已经生产了 1165 台蒸汽机,纺织业、采矿业等工业部门都开始采用蒸汽机作为动力,由此才产生了第一次工业革命。

现如今,人们的个性化需求同样推动着生产力的发展。由于互联网、大数据、人工智能等新信息技术的发展,制造业逐渐与这些技术相联系,推动生产的智能化,提供个性化的生产服务,从而区别于原有的大规模生产模式。随着中国新生代消费成为主力,个性化需求不断增强,消费者对多样化、差异化的产品需求不断提高。为了适应消费者和时代发展,众多企业开始将新科技融入生产之中。以阿里巴巴为例,阿里曾在 2016 年提出"五新"战略,包括"新零售、新制造、新金融、新技术和新能源",而如今阿里巴巴所建造的"犀牛工厂"正是其成果之一,它发挥了公司的数字化处理能力,降低了产品起订数量,缩短了生产周期,在新一轮的智能化潮流中不断走向前列。

## 二 组织水平是先进程度的表现

(一)组织水平的度量

在政治学研究的视角下,权力是被建构出来的,"权力是某种必须动员、发展并加以组织的东西"[①]。对于政治民主化和现代

---

① [美]塞缪尔·亨廷顿:《变动社会的政治秩序》,张云岱等译,上海译文出版社 1989 年版,第 158 页。

化进程中,"好事不总是扎堆"①,增长、公平、民主、稳定以及自主②不是一条稳定的公式和发展规律,经济发展和政治秩序的建构不是一个承前启后的过程,而是要树立政治的自主地位而非经济的附属品,发挥政治的主动性体现在政治制度化、组织化对社会全面的影响,比如军人的制度化、专业化。政治的现代化、制度化还体现在:"高效的官僚机构、组织完善的政党、民众对公共事务的普遍参与、文官控制军人的行之有效的制度、政府在经济领域内的广泛干预,以及在处理继承更迭和控制政治冲突方面颇具成效的程序。"③ 因此,对于政治权力来说,组织化程度是政治现代化水平的重要标志,对于社会权力也是如此,社会的组织化程度是其衡量一个社会先进程度的重要表现。

衡量组织水平可以分为以下两个方面。第一,组织需要有共同的、程式化的规则,从而保证其秩序。作为一种以组织为目的的社会行为需要有自身的规范,这一规范的目的在于衡量面对事件的过程,自身的行动是否具有计划性和合理性,同时这种程式化的过程能够给予人们以稳定的预期,这一方面有利于人们做决策,另一方面也为组织资源的分配、信息的交流、决策的更正与实行产生重要帮助。

第二,这种以其组织性为核心的集体的社会行动需要有一套共同的价值理念,比如上文所提到的社群主义的自由观念,在这种自由观念之下,个人能够节制自身,从而为共同的善的目标而

---

① [美]福山:《政治秩序与政治衰败:从工业革命到民主全球化》,毛俊杰译,广西师范大学出版社2015年版,第41页。
② [美]塞缪尔·亨廷顿等:《现代化:理论与历史经验的再探讨》,罗荣渠主编,上海译文出版社1993年版,第333页。
③ [美]塞缪尔·亨廷顿:《变动社会的政治秩序》,张云岱等译,上海译文出版社1989年版,第1页。

努力。这种价值观念始终起到的是耦合或润滑剂的作用,由于其内在的凝聚力,会导致其行动有更加显著的效果。

(二) 中国超高组织水平的展现

在这次新冠肺炎疫情之中,中国社会体现出超高的社会组织化水平,各级机关政府和社会组织迅速行动,积极响应号召,落实中央决策,并且凭借社会组织和社区的修复能力和后备力量,迅速恢复生产生活的正常秩序。从募捐款项到志愿者招募,在防控的各个战线和阶段,社会的组织水平都呈现出巨大的活力。首先,社会自身的适应性是良好的。对于社会群众来说,面对突发公共卫生事件,人民群众内心往往是忐忑不安和焦虑的,但群众始终能够遵守社会规范,在一次次的舆论浪潮中也能够坚守自身。其次,社会的善意得到了最大限度的释放,当出现某一地区物资或钱财的短缺,互联网的信息交流方式让某一地方性事件成为全中国人民关注的焦点,也因此产生了广泛的募捐活动,传达全国人民的善意。最后,地方政府、社区和社会志愿组织形成了合力,发挥自身的特点和优势,并互相协助。

以北京市为例,截至2020年6月15日,北京市社会组织针对疫情防控的募捐项目累计筹集资金约14.7亿元,筹集物资906万件(折价约3.8亿元)。1月28日,中央文明办和中国志愿服务联合会发出倡议,号召广大志愿者、志愿服务组织积极有序参与疫情防控。北京市2300多家志愿服务机构和社区社会组织积极响应号召,广泛参与到志愿服务中。根据北京市社会组织管理中心的统计,仅市级社会服务机构就开展各类志愿活动超过20万次。[①] 全国人民都被动员起来,万众一心、众志成城的感人场

---

① 徐家良:《疫情防控中社会组织的优势与作用——以北京市社会组织为例》,《人民论坛》2020年第23期。

面在一幕幕上演，而这种动员能力和社会组织化程度恰恰反映了中国社会力量的强大和先进。

无论是应对自然灾难的考验还是应对外敌，组织水平高的一方，总是会胜过组织水平低的一方。从社会的组织水平看，中国的社会制度展现了其先进的一面。

### 三 积极发挥群众的主观能动性

主观能动性本身是主客观条件的统一，一方面，主观能动性强调人的活动，强调人的意识活动和实践活动中的目的性、计划性，这是主观能动性的主要方面，也是这个词本身带给我们的直觉含义。另一方面，主观能动性还强调客观条件，强调人在发挥自身主观能动性时要充分考察客观条件，比如自然条件、社会条件、自身条件等方面的限制，如果忽略这一方面，主观能动性的发挥将转变为主观任意性，但过分强调客观条件，主观能动性自身又可能转变为消极的防范。

主观能动性的前提或核心是实践活动，在马克思主义哲学之中，实践是人们能动地改造客观世界的物质活动，是人类所特有的对象性活动，是主观见之于客观、主体见之于客体的能动性活动。所以，实践活动是主体与客体、人类的感知活动和行为之间的相互作用，只有在这一关系之中，才能强调思维与行动之间的相互限制。也只有承认这种相互限制，主观能动性才能呈现出主观与客观相统一的一面，而非完全将纯粹个人的主观想法归结为能动性，将主观能动性降格为主观任意性。

现代人类对自然规律与社会组织的认知越来越丰富，除了依靠强大的组织和动员能力，个体或群体的主观能动性在社会行动中同样发挥着巨大作用。只有充分发挥主观能动性，才能够真正地解放思想、广开言路、实事求是，才能够让人们发现真问题，解决真问题。

战争过后，我们总结经验发现，战争的胜利不仅在于顺应战争的规律，还在于运用主观能动性对战争发展的各种客观条件进行改造，必须加之人们的主观努力。例如，在抗日战争中，起初对中国的国际援助很少，如果能够正确执行外交政策，做好对外宣传与国民外交活动，就可能争取更多的外援；日本军队的武士道精神和战斗力也可以经过党的政治工作、俘虏政策，特别是歼灭战将其削弱。这些条件都可以通过人们发挥主观能动性加以改造。人们还能够根据战争规律创造条件。例如，在"围剿"反"围剿"斗争中，通过让敌人深入根据地的方式创造对敌人不利的条件，在其深入根据地后，通过游击队不断袭击消耗敌人的力量，最后将其消灭。① 在对印自卫反击战中，几位在追击敌人时与主力部队失去联系的战士自觉组成战斗小组继续主动求战，取得了极大战果，留下了"敌人非但不投降，还胆敢向我还击"的名言，也是这种主观能动性的极大体现。

在《中国革命战争的战略问题》中毛泽东曾总结道，在退却阶段需要具备一些条件才能够方便自身转入反攻阶段，这些条件有：（1）积极援助红军的人民；（2）有利作战的阵地；（3）红军主力的全部集中；（4）发现敌人的薄弱部分；（5）使敌人疲惫沮丧；（6）使敌人发生过失。可见，发挥主观能动性把握规律、创造性地改变和发展客观条件，对任何类型的社会行动都起着至关重要的作用。对于群众而言，主观能动性的发挥往往会产生协同效应，从而产生"1+1>2"的效果。

---

① 参见黄远《战争规律和主观能动性》，《哲学研究》1959 年第 Z2 期。

## 四 强有力的领导与群众路线是实现人类解放的必由路径

在战争中，毛泽东始终把人民当作红军发展的核心力量，这也体现了党的领导与群众路线的紧密结合。为了一个共同的理想，团结到一面旗帜之下的人越多，充分发挥个体的聪明才智追求理想者越多，进步的速度越快，因此人类解放的进程越快。所以，党的领导与群众路线的结合是中国特色社会主义社会发展的必然，这要求中国共产党从群众中来，到群众中去，一切为了群众，一切依靠群众。放眼全球，纵观历史，一支从群众中走出来的坚强有力的领导队伍，与广泛落实的群众路线相结合，必然是推动生产力发展、求得人类解放的必由之路。

（一）党的领导的逻辑必然

人性的本能就是追求自由与解放，要求得自由与解放就必须依靠组织起来的人们最充分地掌握现有自然规律，并以艰辛的劳动创造新生活，以新生活为起点探索未知、开拓未来。人们要组织起来，就必须有一个共同理想，有一支来自群众的强有力的队伍，既能将群众的事当成自己的事，满足群众的合理需求，又要有长远深邃的目光穿透历史迷雾率领人们推动历史大潮朝向正确方向涌动。中国共产党就是这样一支既源于群众又坚强有力的领导群体，党的领导存在着逻辑必然，这种必然性在我党事业顺利进展时固然如此，在我党探索新事业征程中遭遇挫折时同样如此。正因为如此，历史上无数党旗指挥下的仁人志士才能在革命低潮、党的事业遭遇重大挫折时不改初心、坚守信仰。

中国特色社会主义事业需要我们团结到党的领导这一旗帜之下，为共同理想而奋斗。中国共产党是无产阶级的先锋队，"为人民服务"是中国共产党的根本宗旨。中国共产党来自人民，一切依靠人民，一切为了人民，始终代表最广大人民的根本利益。中国共产党始终对自身文化传统、民族苦难有着切肤感受和敏锐性，由此才始终坚持独立自主、自力更生。中国共产党是一个既坚持保持自己的独立性，又积极与世界各国各种政党开展全方位交流的政党。它重视自身建设，始终保持自身的先进性和纯洁性。

中国特色社会主义的最本质特征是中国共产党的领导，中国特色社会主义制度的最大优势是中国共产党的领导，党是中国特色社会主义的领导核心，始终发挥着统领全局、协调各方的作用。革命时期，是党带领我们走向胜利，随后建设社会主义，推动改革开放。党政军民学，东西南北中，党是领导一切的。因此，我们要增强"四个意识"，协调推进"四个全面"战略布局、"五位一体"总体布局。

理解中国共产党要抓住一个核心、两个先锋队、"三个代表"，理解党始终代表中国先进生产力的发展要求，代表中国先进文化的发展方向，代表中国最广大人民的根本利益。党的领导可以从领导范围、领导方式、领导地位、领导能力四个维度，理解党获得如今的地位是历史的选择、人民的选择。中国政府并非全能政府，党也并非大事小事一把抓，要正确处理局部和整体、中央和地方、政党和国家、党的领导与法治之间的关系，相互之间形成有机联系。

坚持中国共产党的领导要坚持基本原则，即坚持"四个自信""四个意识""两个维护"，党的领导必须是全面的、系统的和整体的，但与此同时，党也要加强自身建设，坚持党要管党、从严治党，将制度优势转化为治理效能。在现有原则下我们要具体落实，切实贯彻党的组织路线，深化党和国家机构改革，严格贯彻落实民主集中制，加强党内法规制度建设等。

（二）中国特色社会主义道路

我们要坚定不移地走中国特色社会主义道路，不断推进中国治理体系和治理能力的现代化，增强我国的制度优势，始终将社会主义现代化建设作为各个政党、阶层和人民群众的普遍实践生活。

"橘生淮南则为橘，生于淮北则为枳，叶徒相似，其实味不同。"正如世界上不会存在两片完全相同的叶子，世界上也不存在完全相同的政治制度，也不存在适用于一切国家的政治制度模式，更不会存在适用于一切国家的同一概念。中国实行社会主义道路是历史的选择，也是人民的选择，是由一个国家的内部因素决定的。从历史来看，中国曾经没有能够抓住发展的机遇，导致经济基础和上层建筑的发展远远落后于世界；横向对比，古今中外有不少国家因为设计和发展的政治制度不符合国内的经济基础和发展状况，从而引起动乱，百姓因此受苦。在坚持中国特色社会主义道路中，我们必须坚持从实际出发，既要把握长期形成的历史传承，又要把握走过的发展道路、积累的政治经验和形成的政治原则，还要把握现实要求、着眼解决现实问题。同时，我们要深刻把握人民需求，倾听和反映人民的意见，从而发挥中国特色社会主义制度的优越性。

中国特色社会主义制度的科学性和生命力在于它始终扎根于中国的土壤，始终基于中国社会发展的实际情况。我国正处于并将长期处于社会主义初级阶段，发展不平衡不充分的问题还没有得到解决。我国人口众多，人均资源占有量较少，东西部发展差距大等，同时我们还面临着一些新的问题，随着中国国际地位的不断提升，国际的外部环境逐渐发生了新的变化，国内也面临着人口老龄化和少子化等问题，需要我们不断面对和解决。改革开放40多年来我国已经取得了巨大成就，如今我们已全面迈入小康社会，社会生产力水平得到巨大提升。这些发展的基础为中国和世界都提供了巨大的发展机遇，我们需要抓住机遇迎接挑战，这要求我们不断坚持中国特色社会主义发展道路，不断适应新情况、提出新问题、探求新答案。

（三）对群众路线的坚持

群众路线的必然性决定于物理规律，根源于自然规律体系的庞大。不走群众路线只依靠部分精英，即便精英们能看到未来，也没有足够地掌握现有了解的自然规律的力量掀起历史大潮，人类的进步脚步也将因此被拖累。

坚持群众路线的目标，就在于为群众谋福利，为人民谋幸福，激发大家为自己努力或者以自己的努力争取一个更美好未来的精神动力。只有依靠群众才能使组织力量更为强大，在更多方向上探索认识自然掌握自然的能力。

坚持走群众路线要求我们以人民为中心、以人为本。无论是党员干部，还是其他各个阶层，都需要坚持以人民为中心。每一个人都需要坚守"以人为本"的理想信念，而要摒弃自身的傲慢，或者是权力关系中的颐指气使，反而需要以更低的姿态和更谦虚的态度投入生活、学习和工作之中，真正倾听人民的声音，反映人民的心声和意见。坚持"以人为本"的信念是底线性和原则性思维，需要贯穿于注重社会价值实现的党员干部之中。

坚持走群众路线需要提高党员干部自身的能力和水平。中国正处于社会转型和改革发展的关键时期，如今中国国内经济和外部环境已经有了新的特征，这对党员干部自身提出了更高的要求。首先，党员干部要提升自身的政治觉悟和定位，要坚定共产主义理想。其次,党员干部要提升自身的思想道德素质和科学文化素质,这要求党员干部自身有知识、有文化,将各学科理论融入自身工作和社会主义现代化建设之中。最后,党员干部要不断提升自己的工作能力,在实际工作中解放思想、实事求是,要敢想敢做,坚守底线,并不断创新。

走群众路线还需要让群众参与决策,接受群众监督。在决策中要始终让人民参与其中,群众的眼睛是雪亮的,党员干部只有从善如流,广开言路,才能进行科学、民主决策。权力不受监督,不被关到制度的牢笼里,必然导致权力的腐败和滥用,而人民群众作为社会力量进行监督,能够保证监督的广泛性、全面性,也将降低监管的成本,并推动政治体制顺利运转。

中国共产党和包括苏联共产党在内的其他任何组织的根本区别,就在于此——所谓的"精英"到底是要做人民群众的教师,还是做一粒种子?苏联共产党从列宁时代开始就扣错了第一粒扣子,党员领导干部始终把自己放在了"牧羊人"的位置上。只有中国共产党始终相信群众,依靠群众,认为真正的力量只能孕育于人民群众中,党员干部只能做一粒种子,扎根于群众当中,汲取群众的力量,再影响群众、推动群众,依靠群众推进历史大潮。

看看苏共的结局,再看看现在的中共的气势,就会明白习近平总书记在毛泽东诞辰120周年座谈会上的讲话:"全党全国各族人民更加紧密地团结起来,勿忘昨天的苦难辉煌,无愧今天的使命担当,不负明天的伟大梦想,下定决心排除万难,在中国特色社会主义伟大道路上,为实现中华民族伟大复兴的中国梦,前进!"[①] 什么是中国共产党人的初心?现在的大会报告里,可以根

---

① 习近平:《在纪念毛泽东同志诞辰120周年座谈会上的讲话》,人民出版社2013年版,第25页。

据各个时期的需要，做出各种解释。而毛泽东为中共树立的初心，就是"我们共产党人，好比一粒种子"。

不论是中国梦，还是共产主义，如果把自己当作一个降临在群众中的、身怀伟大理想的牧羊人，就是死路一条。苏共的结局就是前车之鉴。只有始终坚持自己只是扎根在群众中的、实现理想的种子，才能立于不败之地。

回望历史，展望未来，中国特色社会主义道路，只有坚持以人为本，坚持党的领导与群众路线的结合，才能确保社会的正常运转，经济发展模式的转型升级，推动社会主义实现现代化，实现中华民族的伟大复兴。

# 第二章 以人为本 教育先行

2020年波澜壮阔的伟大抗疫斗争中，中国政府坚持"人民至上，生命至上"理念，遵循客观规律，尊重科学研究，不断探索创新疫情防控举措和国家治理模式；发挥群众的主观能动性，广泛听取社会民意，集中民力；中华民族同舟共济、勠力同心，参与社会治理、承担公共责任。所展现的社会主义民主科学精神成为疫情防控、全面建成小康社会、决战脱贫攻坚的强大力量，成为坚持"党的领导、人民当家做主、依法治国"有机统一的生动体现，充分展示了中国精神、中国力量、中国担当，取得了抗击新冠肺炎疫情斗争的重大战略成果，创造了人类同疾病斗争史上又一个英雄壮举。与此同时，曾经是我们心目中具有科学精神的欧美各国，政府推诿责任，民众不讲科学，导致疫情蔓延无法扼制，最终造成上亿人被感染的悲剧。

上述现象对比异常鲜明，难免使人疑惑：为什么曾经科学素养较高的国家会发生种种匪夷所思的反智现象？相反在历次科学素养调查中表现并不突出的中国人民，为什么却能在党和政府的领导之下，发扬科学精神，展现极高的科学素养，为人类抗击自然灾难树立一个榜样？笔者认为，两者的鲜明差异，实际来自两套教育理念下教育实践的差异，中国的教育理念才真正符合人类前途命运,中国的教育实践为世界各国人民树立了典范。

# 第一节　中国独特的以人为本的教育体系

## 一　什么是"以人为本"

长期以来,"以人为本"成为中外共同的教育及施政口号,很多国人认为,只有像美国那样的尊重个性自由、放任快乐教育的做法才叫以人为本,当我们认为我们的教育是以人为本,我们的施政方针是为人民服务时,有很多人嗤之以鼻。之所以有这种现象,归根结底正如前文所述,是对什么是"人"、什么是"人性"有着不同的理解。

（一）一种认知：追求解放直至自由王国实现的实践才是"以人为本"

从人的属性上看,人具有自然属性与社会属性两种属性。自然属性主要指人的生理或生物方面的本性,与其他动物有相同相通的部分;而社会属性作为在后天社会生活和社会实践尤其是生产实践中形成的特性,是人的本质属性,是人与其他动物的根本区别。正如马克思所指出的：人的本质不是单个人所固有的抽象物,在其现实性上,它是一切社会关系的总和。

那么,什么是"人性"？正如前文所述,笔者认为,以历史的眼光看,真正的人性只有一点,求解放,既求人与人之间人身依附关系的解放,也求对自然力约束的解放。从人身依附关系看,封建社会的地主阶层只不过是把奴隶对奴隶主全方位的人身关系稍作松绑,就成了历史的先进阶层；资本主义社会更是将人身各种依附关系简单化成了对"钱"的依附,真正实现了"金钱面前，人人平等"，成为当时历史上最了不起的进步。从人对自然力约束的解放角度，其本质不过是人类对自然规律的认识、把握，直到运用，也就是马克思主义所讲的生产力的进步。汽车将人类从重力束缚下步行只能每小时几公里的约束下解放出来，飞机将人类从重力束缚下无法脱离地面的约束下解放出来，太空飞船则将人类从重力束缚下无法摆脱地球大气层的约束下解放出来，"我们的征途是星辰大海"，展现了人类进一步解放的雄心壮志。从这个角度看"以人为本"，它就应该是以劳动与社会实践为本，以顺应人的解放为度量标准，凡能促进人的解放的社会实践，就是以人为本；凡不利于促进人的解放的，就不是以人为本。从这个角度看，教育就应该是为了人性发展，即人的社会性的发展，而教育的社会性和阶级性又决定了不同社会性质国家的教育是为了不同人群的发展、依靠不同人群的发展。

（二）另一种认知：服务人的生物本能才是以人为本

以西方现代经济学为例，现代主流经济学关于"理性经济人"的假说，本质上是认可人的生物属性，认为生物本能才是人性的根本。主流经济学中"理性经济人"假说，实际是对在经济社会中从事经济活动的所有人的基本特征的一般性抽象，主流经济学认为，这一基本特征就是，每一个从事经济活动的人都是利己的，也可以说，每一个从事经济活动的人所采取的经济行为都是力图以自己最小经济代价去获得最大的经济利益。主流经济学认为，在任何经济活动中，只有这样的人才是"合乎理性的人"；否则，就是非理性的。几乎所有经济学推论，都是以从事经济活动的人是理性经济人为假设前提。这一假设，其实就是将人类的生物属性认为是人的根本属性，也就是"人性"。

食、色当然是人具有的属性，但这种属性并非人所独有，几乎所有的生物都有该属性。食、色二性的本质无非是追求物质与异性，追求物质的本质，不过是让自己过得更好，让自己更有生存下去的保障；追求异性的本质，只不过是追求让自己的基因能有更大的概率遗传下去。这两种本能属于动物的本能，是圈养的猪牛羊马都有的本能，是非洲大草原的雄狮都有的本能，因此只能属于人的生物性本能，不属于人特有的属性，因此不能认为是"人性"。只有人类历史与现实中追求对自然力约束解放的实践的那一刻，才是人性光芒闪现的时刻，才是人的本性展现的时刻。

## 二 群众史观 vs 英雄史观——中西方教育出发点的不同

（一）群众史观下的全面教育

无论中外，其精英群体对人与人性的认知是一致的，否则就不会有马斯克 SpaceX 星舰屡炸屡试的壮举。不过中国共产党与中国人民和欧美国家最大的区别就是，我党始终坚持人民史观，认为历史是人民群众推动的，人民群众始终是推动历史的主人。"喜看稻菽千重浪，遍地英雄下夕烟""春风杨柳万千条，六亿神州尽舜尧""每个人都了不起"就是我党相信群众、依靠群众的充分展现。作为马克思主义政党，我党的群众史观体现在方方面面，一切为了人民，一切依靠人民，以人为本，为人民服务，这些绝不是口号，而是落实到了社会发展生产生活的方方面面，教育领域也同样如此。

马克思主义者认为，教育的逻辑起点是人类社会的产生，从猿人到现代人类，人类经历了认知革命、农业革命、科学革命、社会革命等一系列发展演变的重大阶段，生产力不断提高，社会分工出现并逐步细化。马克思认为人的本质是劳动，从猿到人转变的根本就是由于生产劳动，是从人会制造工具开始的。为了生产劳动，人们必须结成一定的社会关系，这也是猿转变为人的前提条件，并把人和猿及其他动物区别开来。生产关系即是社会关系中最基本的关系，包括生产资料的所有制形式，人们在生产过程中形成的地位及由此形成的分配、交换、消费关系等。生产关系必须适应生产力发展的状况和要求，人类关于政治、思想教育等的社会关系都建立在这种客观物质关系的基础上，并直接或间接地被这种物质关系所制约，同时也会对其产生反作用。生产力三要素——以生产工具为主的劳动资料、引入生产过程的劳动对象、具有一定生产经验技能的劳动者都在不断满足人类需求的基础上变化发展，也即生产力发展的规律，这就需要通过教育推动知识和技术创新、提升劳动者技能、传承思想与价值。

今天，面对纷繁复杂、包罗万象的科学知识的殿堂，智商再高的个人，都无法精通更别提推动其进一步发展。也因此教育必须面向人民，面向群众，使广大人民掌握推动生产力进步的工具，并且为了终极的人的最大解放，要将人们组织起来发展生产力，提高人们认知、掌握与利用自然规律的能力与水平。

同时，人类活动具有目的性、具体性和社会历史性，受到各种社会关系的制约并对其产生反作用。马克思提出"人的自由全面发展"教育理论，该理论在重构国家与人民关系的基础上，以民主为认识导向，确立人在真理面前一律平等的原则和人民教育主体地位，使教育走向大众，不再受权力的支配而是为最广大的人民群众服务，实现彻底的民主教育。该理论认为，人们应在民主原则下参与、审议、监督、交流，共同发现真理、创造新知，避免专政、独裁和武断。同时，在此基础上进一步提出"改造世界"的目标，在认识世界的基础上通过社会实践和劳动生产实现科学知识和技术的创新并服务于经济社会发展和广大人民群众。

因此,群众史观下的教育理念,是相信人民群众,依靠人民群众。相信人民群众都有人性的本能,相信人民群众都有追求全面知识、寻求自我解放的需求,因此是将人作为完整的人来发展全面教育,并依靠人民群众相互教育,从而不仅取得知识的普及化,更是激发了人们的主人翁意识及参与全面的社会教育的积极性。

(二)精英史观下的工具化教育

与我国的教育理念相反,欧美各国普遍奉行精英主义,其社会制度安排、文化宣传作品等社会生活的各个领域,无不体现出"精英才是创造历史的根本动力"这一理念,好莱坞电影的超级英雄、特朗普在2020年疫情期间面对记者质疑医疗资源分配不公时脱口而出的"这就是生活"无不体现了这一点。应该说,欧美各国及韩日等发达国家对人才也是相当重视的,比如美国就十分重视人才的培养引进,引进自不必说,今天美国在顶尖科学技术、工程、数学等领域的人约有25%的人士,但欧美各国普遍不认为普通人群有成为历史推动者的可能,不认可普通人群有追求真理、追求解放的资格,对自由的宣传也集中于人的动物性的无组织无纪律的个人的必然王国的自由主义。因此其教育培养环节基本是将普通人当工具进行。

从资本生产角度来看,现代资本主义的分工和私有制支配人的劳动,以利润最大化为宗旨。马克思曾说过:"由于自然科学被资本用作致富的手段,从而科学本身也成为那些发展科学的人的致富手段,搞科学的人为了探索科学的实际应用而相互竞争。"这种利润导向的价值观对教育的影响结果就是导致人获取的知识技能愈来愈片面,也愈来愈束缚人的自由发展,异化教育的价值和目标，教育成为再生产的一个环节而非求真明理、追求解放发展，人成了资本获取利润的"人力资源"而不是人本身。

从国家权力角度来看，历史上，美国宗教与白人特权阶层为维护自己的地位和利益煽动反对先进的社会思想，长期的民主和民粹主义冲动也驱使人民拒绝任何带有精英主义色彩的东西①；现如今一些精英群体和政客也希望利用"简单"的民众来帮助自己获取政治资本、实现利益诉求，特朗普就曾直言：喜欢受教育不多的人。美国大众教育与精英教育的分裂成为显著现象，平民与精英的差距，不仅仅是阶层权力与财富的差距，更是思维理念的差距，更是"智力被视为权力或特权的一种形式"。因此，资本主义教育会不可避免地滋生人民普遍的"反智主义"。

### 三 中国"以人为本"的教育体系

中国作为社会主义国家，教育的根本性质是人民性，在继承马克思教育理念的基础上发展中国特色社会主义教育，走一切为了群众、一切依靠群众和从群众中来、到群众中去的群众路线，坚持扎根中国大地办教育、以人民为中心发展教育，充分重视基础教育、改革发展高等教育。在教育方向上，除探究标准化的自然基础知识框架以外，还注重培育积极昂扬发展至上的主人翁人文精神以及传承文明的理想，并努力缩小社会的二元分割，保证全体人民和国家社会的科学民主。由此形成中国尊重劳动、尊重知识、尊重人才、尊重创造，所有的科学研究、科技成果、政策决定都以维护人民利益、满足人民日益增长的美好生活需要为目标，避免权力与资本的操控的社会风尚，形成了独具中国特色的

---

① Richard Hofstadter, *Anti-Intellectualism in American Life*, Vin-tage Books, 1963.

"以人为本"的教育体系。

（一）全面而求真的自然科学知识体系

自然科学是对自然规律的把握与认知，自然规律对任何人都是一致的，不存在价值判断，没有操弄的任何空间。中国的教育体系中异常重视对自然科学知识统一的教学要求，无论数学、物理、化学、生物，不仅要以课堂传授让同学们知之，而且辅以大量的练习让同学们熟练掌握。某些人对这种大量练习以熟练掌握基础知识的做法不以为然，认为这是限制约束了孩子们的想象力。有想象力是好的，但是脱离了客观的物理规律的想象力是坏的。这种大量练习的做法，正是让基础的符合客观规律的知识刻在孩子们的心中，使得他们的任何想象都要基于客观事实而不是脱离物理规律。看起来是一种填鸭式的应试教育模式，其实是在一遍遍的练习中，让孩子对自然客观规律形成下意识的本能反应。这种根植于内心深处的潜意识给孩子天马行空的世界设下了客观边界，让他们在不脱离现实的基础上开展更有意义的创新；同时，这也让孩子们对自然科学产生由衷的敬畏之心，明白自然的伟大之处。此外，大量的练习能够培养孩子的耐心与定力，哪怕这个知识点很难，但是通过一遍遍练习，孩子能够攻克它，这能够增强孩子日后在面临新生挑战时的勇气；哪怕这个知识点很简单，但是仍然需要一遍遍练习，因为需要做到任何时候都不能出错，这能够锻炼孩子的细心与谦逊品质，不轻敌不大意，稳扎稳打走好人生以后的路。也是这种大量练习，让受教育者得以更深入地理解问题的本质，从而养成举一反三的能力。使得接受过完整九年义务教育的人即便今后不再接受高等级教育，走上工作岗位后只要经过三个月培训就能看懂水电施工图，就能成为一名技术工人，以自己勤劳的双手养活自己，这种能力，不是每个发达国家的人都具有的。

（二）主人翁视角的人文学科

中国的教育将每一位受教育者都视为国家与社会的主人，无论政治、历史、地理，都是主人翁视角。国家是阶级矛盾不可调和的产物，法律是统治阶级意志的体现，农民起义是对不公统治的反抗，因此造反有理、革命无罪等残酷的历史与现实真相，统统毫无保留地讲授给每一位接受教育的人，而不是以虚幻的平等、自由、博爱等口号对普通民众掩盖政治生活的真相。也因此中国人习惯谈政治，无他，中国人习惯了将国家视为自己的国家，社会视为自己的社会，人人谈政治正是中国政治民主的最生动体现，正是中国主人翁意识、家国情怀的最直接表现。

中国是中国共产党领导的社会主义国家，这就决定了我们的教育必须把培养社会主义建设者和接班人作为根本任务，培养一代又一代拥护中国共产党领导和我国社会主义制度、立志为中国特色社会主义奋斗终生的有用人才。这是教育工作的根本任务，也是教育现代化的方向目标。不同于其他国家只讲公民教育或职业技能培养，我国的教育不仅重视培养技能人才，还注重社会管理人才培养，把"立德树人"作为根本任务，把社会主义核心价值观教育落实在学校教育教学的全过程中。思想政治理论课是落实立德树人根本任务的关键课程，各学校也一直积极探索开展这类课程。我们办中国特色社会主义教育，就是要理直气壮开好思想政治课，用新时代中国特色社会主义思想铸魂育人，引导学生增强中国特色社会主义道路自信、理论自信、制度自信、文化自信，厚植爱国主义情怀，把爱国情、强国志、报国行自觉融入坚持和发展中国特色社会主义事业、建设社会主义现代化强国、实现中华民族伟大复兴的奋斗之中。

青少年阶段是人生的"拔节孕穗期",最需要精心引导和栽培。2021年1月8日,教育部印发《革命传统进中小学课程教材指南》,以突出中国共产党的领导地位、共产主义理想信念、以人民为中心的立场、实事求是思想路线、革命斗争精神、爱国主义情怀、艰苦奋斗传统七大板块为主要内容,将革命传统全面融入课程教材,充分发挥革命文化和社会主义先进文化铸魂育人功能,增强学生对伟大祖国、中华民族、中华文化、中国共产党、中国特色社会主义的认同,推动培养德、智、体、美、劳全面发展的社会主义建设者和接班人。

(三) 落地生根、积极进取的合作精神

我国的教育体系不仅传递科学知识,培养主人翁意识,同时在教育中不断传输团结协作积极进取的精神,"天行健,君子以自强不息""团结就是力量"等耳熟能详的标语环绕身边,使人们时刻接受这种精神的熏陶。

2021年1月8日,教育部印发《中华优秀传统文化进中小学课程教材指南》,要求在中小学教材中充分融入中华优秀人文精神和传统美德,以语文、历史、道德与法治(思想政治)三科为主,通过经典篇目、人文典故、基本常识、科技成就、艺术与特色技能、其他文化遗产的载体形式,大力弘扬自强不息、艰苦奋斗等优良传统文化。根据教育部办公厅和国家民族事务委员会办公厅联合印发的《学校民族团结教育指导纲要(试行)》要求,学校应高举各民族大团结的旗帜,广泛开展民族团结进步宣传教育和创建活动,大力弘扬各民族大团结大发展大繁荣的主旋律,使师生树立正确的民族观,增强学生维护民族团结、维护国家统一的责任感。自2020年9月份开学以来,呼和浩特全市教育系统紧紧围绕"中华民族一家亲,同心共筑中国梦"总目标,按照"人文化、实体化、大众化"总要求,将民族团结进步教育与校园文化建设相结合,开展了民族团结校园展、为祖国母亲庆生日等丰富多彩、健康向上的主题宣传活动,培养了同学们的民族团结意识,并将"民族团结一家亲"的意识根植于内心深处。

教育中注重人格平等。素质教育倡导的全面发展并不同于平均发展,每个学生的优势才能不同,对教育的需求也各不相同。应该在尊重个性差异的基础上,使每个学生都能得到适合其本身特点的最佳教育。教育的艺术不在于传授本领,而在善于唤醒和激励,其最本质的东西在于人格的构建。为了实现教育中的人格平等,就应该构建一套科学的教育评价体系,固化单一的评价标准只会抹杀不同人格的潜力。2018年9月10日,习近平总书记在全国教育大会上明确提出,健全立德树人落实机制,扭转不科学的教育评价导向,要坚决克服唯分数、唯升学、唯文凭、唯论文、唯帽子的顽瘴痼疾,从根本上解决教育评价指挥棒问题,扭转教育功利化倾向;对学校、教师、学生、教育工作的评价体系要改,坚决改变简单以考分排名评老师、以考试成绩评学生、以升学率评学校的导向和做法;国家机关、事业单位、国有企业要率先破除唯名校、唯学历是举的导向,建立以品德和能力为导向的人才使用机制。[①] 2020年9月22日,习近平总书记在教育文化卫生体育领域专家代表座谈会上强调,要抓好深化新时代教育评价改革总体方案出台和落实落地,构建符合中国实际、具有世界水平的评价体系。[②] 2020年10月13日,中共中央、国务院印发

---

① 《习近平在全国教育大会上强调 坚持中国特色社会主义教育发展道路 培养德智体美劳全面发展的社会主义建设者和接班人》,《人民日报》2018年9月11日第2版。
② 习近平:《在教育文化卫生体育领域专家代表座谈会上的讲话》,《人民日报》2020年9月22日第2版。

《深化新时代教育评价改革总体方案》,明确提出"三不得一严禁"要求,坚决改变用分数给学生贴标签的做法,建立日常参与、体质监测和专项运动技能测试相结合的考查机制,强化体育评价、改进美育评价、加强劳动教育评价等。

事实上,这种人格平等的理念也造就了中国共产党的本心。习近平总书记一再强调的不忘初心、"走得再远都不能忘记来时的路",本质上就是要求每一位共产党员都要有一颗平等之心,有一颗做学生、做种子的心,都要做一粒种子深入人民群众中去,汲取人民的力量,生根发芽,再影响、引导群众往正确的道路阔步前行,而不是把自己当成老师、当成牧羊人,来教育人民,管理人民——这也是中国能有今天的气象,同为社会主义国家的苏联却走向失败的根本原因。这是另外一篇大文章,留待今后详述。

## 四 教育理念的总体检验

如前所述的真正以人为本的人民教育,带来的必然是科学昌明,人民具有科学精神。或许因教育年限的限制,很多人会不了解一些科学常识,在现行科学素养测试中得不到高分,但是按照科学规律办事的科学精神却是深入骨髓,面对自然事件会按照自然规律办事。相反,精英史观指导下愚民教育下的每一位国民,作为生产体系中的生产要素即"人力资源"可能是合格的,但作为总体的"人",是很难合格的,因此面对自然灾难,才会做出无法理解的表现。两种教育理论下人民的科学素质,在2020年抗击新冠肺炎疫情斗争中得到了总体检验。

(一)中国人面对灾难的科学精神

习近平总书记在全国抗击新冠肺炎疫情表彰大会上将"尊重

科学"概括为伟大抗疫精神之一。无论是决策指挥、自主防治、还是技术攻关、病患治疗，尊重科学始终是贯穿疫情防控斗争过程的一条主线，一切为了人，一切服务于人，以科学态度、科学素养和科学举措保障人民的生命安全和发展权益。

中央遵循疫情和经济社会演化的科学规律，考察调研疫情及经济发展状况，跟踪分析防疫与社会生产形势，自上而下构建统一指挥、统一调度、上下协同、科学高效的防疫应急体系。遏制传染源，切断疫情传播途径，守住基层居民防线，根据各地疫情风险实际状况制定差异化、动态化的管控和限制措施，具体问题具体分析，有效控制被感染人数。在稳步推进疫情防控工作的同时，科学统筹复工复产，保证经济社会的动态循环，取得疫情防控与改革发展的双赢。全民遵循科学防控理念，主动配合拉网式地毯式排查，自觉遵守落实防疫要求；外出佩戴口罩、保持社交距离、减少聚集聚会聚餐等聚集性活动；响应爱国卫生运动，养成健康的生活习惯，对自己负责、对他人负责、对社会负责、对国家负责。

"人类同疾病较量最有力的武器就是科学技术，人类战胜大灾大疫离不开科学发展和技术创新。"面对传播速度快、感染范围广、防控难度大的新冠肺炎疫情，科研人员秉持科学态度、积累科学认知，加快药物、疫苗、试剂盒等的研发与应用，筛选出以"三药三方"为代表的中成药与西药结合治疗方案，建立落实科学高效的诊疗制度，并根据疫情变化形势修订推广诊疗方案，先后推出八版诊疗方案，并被多个国家借鉴和采用，有效降低了感染率、重症率和死亡率，缩短了康复期，提高了治愈率。此外，大数据、人工智能和5G等新技术的运用也有效助推了夺取战疫胜利的成果，维持了社会的正常运转。无论是"健康码"识别凭证,还是大数据实时追溯;无论是网络智慧政务服务,还是线上远程学习办公,都离不开科技的强大支撑。

(二)美国的反智现象

然而,美国及一些"反华"势力对中国积极有效的防疫举措与抗疫贡献选择性视而不见,借疫情对中国污名化、标签化,制造出"中国病毒""中国瞒报谎报""中国无民主自由"等谬论,力图煽动歧视、孤立中国。其本质则是掩盖自身防控不力的事实,为自身的决策失误甩锅,也是利用全球危机捞取政治资本,为实现自身的政治诉求和短期利益而跟风污蔑、混淆视听,更是根深蒂固的意识形态偏见和冷战思维在作祟。

事实也正是如此。在美国,新冠肺炎是人造生物武器、5G通信网络会传染新冠病毒、喝消毒水可预防感染、反对戴口罩和"居家令"等类似反智言行比比皆是。特朗普也多次发表"没有人比我更懂疫情"等不负责任的言论,诋毁攻击美国国家过敏症与传染病研究所所长福奇博士,把"挽救生命"与"经济发展"对立起来,以"自由民主"为借口妨碍科学防疫。而对此"反智主义"推波助澜的正是一些精英政客和右翼媒体,他们罔顾科学家建议和中国经验,放任民众的所谓"自由"行为,试图弱化疫情严重性,不惜一切代价获取资本回报和经济增长,最终导致了病毒广泛传播的风险局面,也削减了国际合作抗疫力量。

(三)各自教育理念与实践的结果

长期以来,我们一直认为欧美国民的科技素养远高于中国,"与2001年欧盟15国、美国、日本进行比较时,在对科学知识的了解方面,瑞典排名第一,中国名列最后。在对科学方法的了解程度上,中国也几乎排名最后"。"美国在2000年时,公众达到基本科学素养水平的比例已经高达17%",而中国到2015年具备科学素质的公民比例也才达到6.20%,中国2006年《全民科学素质行动计划纲要(2006—2010—2020年)》提出,到2020年中国公民科学素质水平达到世界主要发达国家21世纪初的水平。这次的新冠肺炎疫情中欧美各国民众的表现令长期仰视欧美科技素养的中国民众瞠目结舌。为什么会有这样的落差?归根结底,这是不同导向下的中外教育长期积累的结果。

## 第二节 新中国的教育成就

中国以人为本理念的最明显的体现就是教育指导方针,教育是民族振兴、社会进步的重要基石,是功在当代、利在千秋的德政工程,是一项为了人民、依靠人民、真正为最终实现人的解放的伟大事业。

### 一 教育成就总体概况

新中国成立以来,中国教育事业发生了翻天覆地的变化。基础教育和高等教育取得极大进展,学前教育跨越式发展,义务教育普及程度达到世界高收入国家水平,高中教育普及程度超过世界中上收入国家平均水平,多种形式的职业教育和继续教育快速发展,高等教育规模跃居世界最大规模,具体数据如表2-1、图2-1、图2-2所示;教育更公平地惠及全体人民,城乡义务教育差距缩小,弱势群体、贫困学生和少数民族学生拥有更加平等更高质量的教育机会;教育质量不断提升,教育的现代化和世界性不断增强,素质教育、全面发展逐渐巩固提高,国家数字教育资源公共服务体系初步建立,高等教育与世界一流大学的差距逐步缩小，学科排名大幅上移，工程教育迈入全球"第一方阵"。现阶段已构建起基本完善的中国特色社会主义现代化教育体系，基本实现从人口大国到人力资源大国的历史性转变，正在向教育强国稳步迈进。

表2-1　　　　　1949年与2019年各级各类教育对比　　　　单位：%

|  | 1949 | 2019 |
|---|---|---|
| 学前教育（毛入园率） | / | 83.4 |
| 小学学龄儿童（净入学率） | 20 | 99.94 |
| 初中阶段（毛入学率） | 3.1 | 102.6 |
| 高中阶段（毛入学率） | 1.1 | 89.5 |
| 高等教育（毛入学率） | 0.26 | 51.6 |

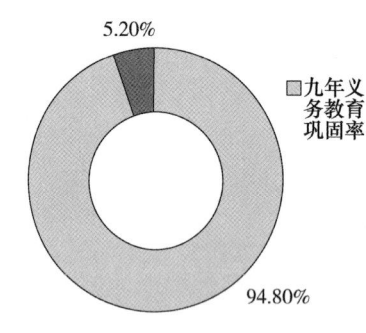

图2-1　2019年九年义务教育巩固率

图2-2　2019年高中阶段在校生规模结构

数据来源：《2019年全国教育事业发展统计公报》。

## 二　新中国成立初期的扫盲运动等教育运动

新中国成立初期，中国百废待兴，急需大量的经济建设与工科技术人才。同时，为实行"一化三改造"，即社会主义工业化、工商业社会主义改造、农业合作化改造和手工业合作化改造，也需提高全民的认知水平、培养高层次人才。为此，中国开展全民扫盲运动，调整改造教育制度，为工业化奠定人口和人才基础。

（一）扫盲运动与苏式教育

1949年12月，新中国召开第一次全国教育工作会议，确定教育必须为国家建设服务，学校必须向工农开门，建设新教育要以老解放区新教育经验为基础，吸收旧教育某些有用的经验，借鉴苏联教育的先进经验等教育方针。此后，根据国家建设需要，创办干部学校、补习学校和工农速成学校，积极开展成人教育，新建大量普通中小学、大力发展乡村学校，保障劳动人民及其子女、工农干部的受教育权；高等教育和中等专业教育以工业建设和国防建设专业人才培养需要为重点，改革专业和院系设置，调整科类招生比例；大张旗鼓开展全民扫盲运动，其中，1952年和1956年掀起两次扫除文盲的高潮，新中国成立前，全国80%以上的人是文盲，而到1957年上半年，2200万人已脱离文盲状态，160万人达到高小和初中文化程度；1956年，社会主义改造基本完成，我国实现了从新民主主义社会到社会主义社会的转变，随后，毛泽东在1957年提出："我们的教育方针，应使受教育者在德育、智育、体育几方面都得到发展，成为有社会主义觉悟的有文化的劳动者。"[①] 为全面建设社会主义提供人才支撑。

（二）探索新教育模式

1958年中苏关系破裂，中国开始抛弃苏联的教育模式，寻求符合中国国情的、体现中国未来构想的教育模式。为配合"大跃进"建设形势，1958年中共中央、国务院发布《关于教育工作的指示》，提出"教育为无产阶级政治服务，教育与生产劳动相结合"的教育方针，实现"3—5年内扫除文盲、普及小学，15年左

---

[①] 《毛泽东同志论教育工作》，人民教育出版社1958年版，扉页。

右普及高等教育"的教育目标。试办了大量半工（农）半读学校，掀起群众办学热潮，全国高校、中专学校数和在校学生数迅猛增长，但不免出现劳动过多、超越实际、违反教育发展客观规律的问题。1961年，根据"调整、巩固、充实、提高"八字方针，精简教育规模，调整教育体系。1961—1963年陆续发布"办学一百五十条"，规范了教学活动和生产劳动的关系。至1965年，普通高等教育在校学生比新中国成立前最高年增长3.3倍，培养了1.6万名研究生，各类职业学校、半工半读学校培养了2000多万劳动后备军，在中国社会主义建设事业中发挥了重要作用。1966—1976年十年"文化大革命"严重破坏了中国的教育事业，大部分教师离开教学岗位进行劳动改造，盲目停办学校、减少学制、减少课程，取消高考，中等教育畸形发展、高等教育人才短缺。

## 三　改革开放后的教育历程

1977年恢复邓小平同志职务后，教育工作开始拨乱反正，恢复高考制度、办学制度和教学秩序。1978年党的十一届三中全会作出把党和国家的工作重心转移到社会主义现代化建设上来，实行改革开放的伟大决策，倡导全党全社会树立"尊重知识、尊重人才"的观念，中国教育由此迎来了发展的春天，逐渐形成跨越性、全方位、世界性的教育新局面。

1982年党的十二大把教育列为经济建设的重点之一，确定教育在"四个现代化"中的重要地位和作用，全国人民代表大会则通过《宪法》对教育的路线方针做出了政策性规定；1983年，邓小平提出"教育要面向现代化、面向世界、面向未来"的战略方针，加速培养研究生和博士生，与国际高校互派留学生、互派教师，与国际组织及高校开展科研与教学合作，学习并引进国际最新教育教学思想、方法和技术。1985年中共中央发布《关于教育体制改革的决定》，确定实施九年制义务教育，发展职业教育，扩大高校自主权，鼓励集体、个人和其他社会力量办学等方针政策，幼儿教育、特殊教育和少数民族教育也越来越受到重视。教育改革取得了巨大成就，为市场经济改革和建设中国特色社会主义奠定了人力和人才基础。

1992年邓小平南方谈话开启了市场化改革的进程，也助推了高等教育人才队伍的扩大。党的十四大报告指出："必须把教育摆在优先发展的战略地位，努力提高全民族的思想道德和科学文化水平，这是实现我国现代化的根本大计。"1993年中共中央、国务院发布《中国教育改革和发展纲要》，提出推进素质教育、办好重点大学等政策目标。此后，我国不断探索素质教育发展道路，培养学生创新精神和实践能力，改革中小学课程及高考科目设置等。1995年启动"211"工程，1998年江泽民提出"为了实现现代化，我国要有若干所具有世界先进水平的一流大学"，1999年即正式启动"985"工程，并配合建设工程技术中心、人文社科研究中心等，加大科技创新和理论创新，调整重组专科学校及院系，高等院校大规模扩招，增加教育经费投入。有助于落实科教兴国战略，提高全民族的素质和创新能力，对带动国家高新技术产业的发展、培育经济新的增长点有重大的战略意义和深远影响。

2002年党的十六大报告提出，"坚持教育为社会主义现代化建设服务，为人民服务，与生产劳动和社会实践相结合，培养德智体美全面发展的社会主义建设者和接班人"。2007年党的十七大报告提出"优先发展教育、建设人力资源强国"的重大决策。2010年党中央、国务院发布《国家中长期教育改革和发展规划纲要（2010—2020年）》，基于全面建成小康社会的目标，确定建设现代培养制度等重要举措。教育改革进入新阶段，从"有学上"逐步向"上好学"转变[①]。2007年全国基本实现"两基"目标，即基本普及九年义务教育和基本扫除青壮年文盲，并在此基础上提出"普及学前教育和高中阶段教育"的新目标；推动教育公平，加大财政投入，使教育成果更多更公平地惠及全体人民。

党的十八大以来，中国特色社会主义进入新时代，以习近平同志为核心的党中央围绕培养什么人、怎样培养人、为谁培养人这一根本问题，高度重视教育工作，优先发展教育事业，把立德树人作为教育的根本任务，坚持扎根中国大地办教育和以人民为中心发展教育，加快推进教育现代化、建设教育强国，培养德、智、体、美、劳全面发展的社会主义建设者和接班人。扩大教育机会和教育规模，保障落后地区、特殊群体、随迁子女等弱势群体的受教育权利，促进教育公平，提高人民群众的教育获得感；增加教育经费投入，改革创新高等人才培养体系，科研能力不断增强，科技成果显著；建设"双一流"，即世界一流学校和世界一流学科；教育的国际影响力加快提升，如创办孔子学院、服务"一带一路"建设、建设中外合作教育机构等。

## 四　文理科的发展变化

在教育教学的发展历程中，文理科的设置趋势也是值得关注的一个话题。中国的文理分科可追溯到鸦片战争时期，从学习西方先进的科学技术开始，文理科的划分以及科类内部的专业划分

---

① 贾雯、王迎春：《新中国成立70年职业教育发展历程、经验与展望》，《河北大学成人教育学院学报》2020年第2期。

逐渐发展演变，但都与当时的经济社会发展状况及需要相符合。

1997—2019年，工学普通本科招生人数连年激增，理学先增后降，理工科招生人数总体呈上升趋势（见图2-3）。为适应实体经济飞速发展的需要，与世界前沿科技接轨，越来越多的工学科目出现，而理学的科目则相对进展缓慢；从个人发展角度考虑，工科专业学到的技术便于找到工作，带来较高收入，相较而言，理科这种偏向理论的学科，因为难以带来体面的社会地位、工作收入，很多时候不被家长和学生推崇。

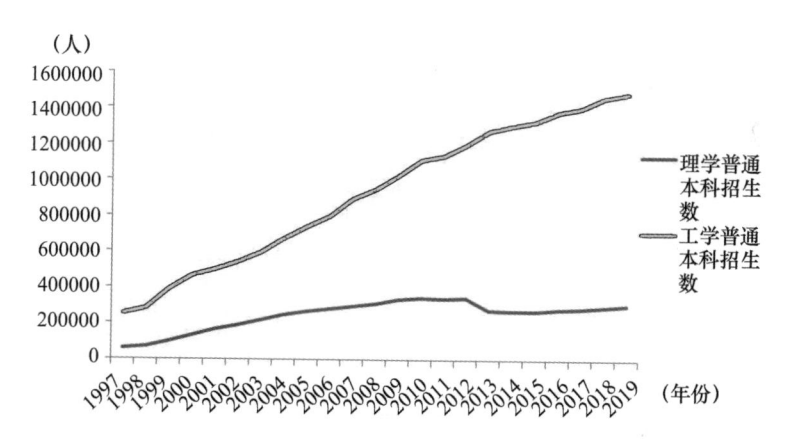

图2-3 1997—2019年理学和工学普通本科招生人数

由图2-4可知，理工科和人文社科普通本科招生人数都呈稳步上升趋势。2003年之前，理工科招生人数高于人文社科，而2003年之后，人文社科招生人数增长较快，总人数反超理工科。随着经济发展、文化进步以及培养全面人才的需要，各行各业蓬勃发展，新型行业增多，多样化的人才需求促使人文社科下设专业增多，招生人数随之增加。

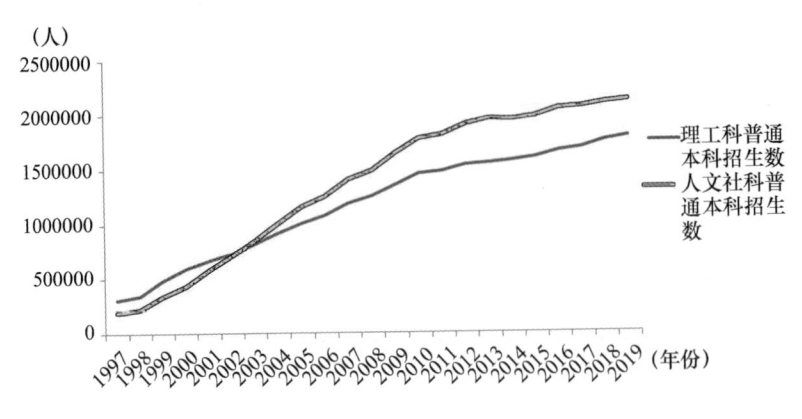

图 2-4 1997—2019 年理工科和人文社科普通本科招生人数

从人文社科所包含的学科来看，各个学科招生人数整体呈上升趋势，其中管理学和文学上升较为明显且招生人数最多（见图 2-5）。一方面是管理学和文学所包含的专业较多，招生人数也就较多；另一方面是中国企业数量增多、市场竞争激烈，

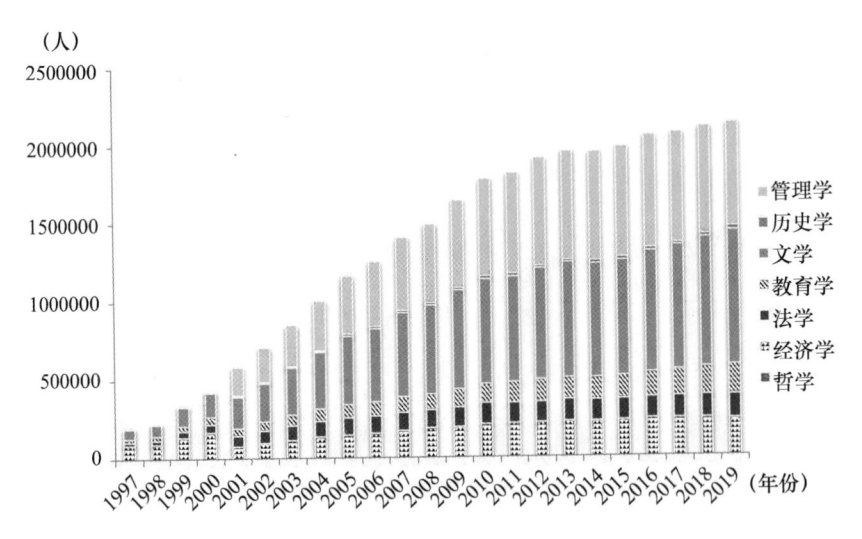

图 2-5 1997—2019 年人文社科普通本科各专业招生人数

数据来源：中华人民共和国教育部 1997—2019 年教育统计数据。

配合产业结构升级，对高水平的管理层人才的需求随之增高。文学招生人数较多可能是因为近年来文艺文化的繁荣、社会主义精神文明建设、"人类命运共同体"的构建等，促使外语类、新闻传播类、艺术类招生人数增加。

由文理科趋势可以发现，中国高等教育的学科设置越来越细化以服务于经济社会发展的需要，同时，学生选择学科时越来越注重未来的收入与个人发展前景，这种双向选择是文理科设置变化的一个重要因素。招生人数的日渐增长也表明高等教育数量够足而质量欠缺，易造成基础领域人口过剩、"文凭无用"等现象，高等人才也将难以与世界精英竞争。

## 第三节　教育成就是中国社会发展的内在支撑

### 一　"人"才是经济发展的内在动力

虽然西方世界也认为"人才是第一资源，是创新驱动的第一要素，也是经济高质量持续健康发展的内在动力"，但是西方的教育理念下普通人只是生产要素，只有我国的教育事业才真正以人为本，将国民培养成为真正的全面发展的人。这些人具有一定的自然科学素养，拥有科学精神与舍我其谁的气概。也只有这样的"人"才能真正形成"人口红利"，才能真正成为中国经济长期持续高速增长的基础。

虽然我们并不认同西方经济学将人视为资源的观点，但在现阶段生产力水平及全球整体人口素质与认知之下，不妨借用西方经济体系中"人力资源""人力资本"的概念来对中国经验进行阐述——毕竟，以通用的语言叙事比较容易接受。但是需要注意，我们这里"人力资源""人力资本"绝非仅仅拥有某种技能的工具人，而是有着积极进取的主人翁意识的全方位发展的"人"。

从"人口红利"助推中国工业经济腾飞，创造经济高速增长奇迹，到知识经济时代的人力资本与人才资本成为中国经济增长方式由粗放型向集约型转变，实现跨越式发展的根本支撑，人才一直在为提高生产力、科技创新与高质量发展注入强劲动力。全国人才资源数据显示，至2015年，我国人才资源总量达1.75亿人，人才资源总量占人力资源总量的比例达15.5%，人才贡献率为33.5%，比2010年上升6.9个百分点，人才资源结构不断优化，对经济增长的促进作用日益凸显。教育作为人才培养的基础性工程，为中国经济社会持续健康发展培养多层次、多领域、全方位人才，做出了基础性、全局性、先导性贡献。"985"工程、"211"工程、"双一流计划"等促进高校人才培养，支撑创新型国家和人力资源强国建设，提高了为经济社会发展服务的能力；《2018年我国高等学校R&D活动统计分析》显示，高校R&D人员占全国比重为9.4%，发明专利授权7.5万件，作为卖方签订技术合同的成交量占全国的18.4%，高校R&D呈现良好势头，成为创新驱动发展的主要力量。面对科教兴国、人才强国的重要战略目标，我们应把握好人才推动发展的内在机制和途径，做好人才培养的统筹协调工作，谋篇布局，多措并举，发挥我国的人力资本和人才资源优势，为经济社会发展筑牢坚实基础。

人力资本思想最早可追溯到古希腊时期，古典经济学家认为教育具有重要的经济价值，此后，陆续提出人是财富增长的主要因素、人的劳动是价值的源泉、教育投资促进经济增长等理论。1906年，费雪首次提出人力资本概念并将其纳入经济分析的理论框架中，1960年，舒尔茨系统阐述了人力资本理论，认为由教育形成的人力资本在经济增长中会更多地代替其他生产要素，并根据美国1929—1957年的国民经济增长额测算证明了人力资本是经济增长的源泉。20世纪80年代，罗默和卢卡斯"新增长理论"的提出使新经济增长理论发展壮大，总的来看，该理论认同经济增长的原动力是知识积累，强调教育投资和人力资本积累。具体来看，可分为三种具体影响机制。第一种是直接作用，即通过教育或"干中学"提高人力资本本身的生产效率，实现规模报酬递增；第二种是间接作用，作为技术创新和知识进步载体的人力资本作用于全要素生产率而间接推动经济增长，主要通过技术创新，知识资本的溢出效应即对前沿知识的模仿、追赶和扩散实现；第三种是联合作用，人力资本同时直接作用于生产率和技术进步，共同推动经济增长。已有许多学者基于我国数据对此进行了实证分析，如程惠芳和陈超发现人力资本每增加1%，全要素生产率增加0.14%，人力资本是提高全要素生产率的第一资本，要加大教育投入，培养创新型人才[1]；杜伟等发现东部人力资本既作为生产要素直接作用于经济增长，又通过技术进步间接促进经济增长，主要是技术模仿而非技术创新，中西部人力资本对经济增长的作用并不显著，需要加大教育投资和人力资本投入，改善技术创新环境。[2]

随着知识经济的到来，在吸收舒尔茨等人的人力资本理论以及罗默等的"体现为劳动者的劳动技能的特殊知识的专业化的人力资本"概念，并在中国特需人才体系的现实基础上，我国一些学者开创性地提出了人才资本理论。一般来说，人才资本指体现

---

[1] 程惠芳、陈超：《开放经济下知识资本与全要素生产率——国际经验与中国启示》，《经济研究》2017年第10期。
[2] 杜伟、杨志江、夏昌平：《人力资本推动经济增长的作用机制研究》，《中国软科学》2014年第8期。

在人才本身和社会经济效益上，以人才的数量、质量和知识水平、创新能力，特别是创造性的劳动成果及对人类的较大贡献所表现出来的价值。桂昭明将有效劳动模型中的人力资本存量分为基础人力资本存量和人才资本两个变量，认为随着教育发展、劳动人口素质提高、人力资本的质量和水平上升，基础人力资本存量增长率会越来越低甚至出现负增长，在回归中也不具有统计显著性且系数为负，人才资本才是未来经济发展的主要素。① 后来一些学者通过实证分析也证明了这一点，人力资本中的科技人才是通过技术创新和技术追赶提升全要素生产率，并间接促进经济高质量发展的主力军。

然而，一些学者认为对外开放是中国经济发展的内在动力。从历史上看，闭关锁国、自给自足的小农经济无法继续支撑社会的前进，"文革"期间的"左"倾错误再一次隔绝了与世界同步的飞速发展，中国与发达国家的差距越来越大。直到改革开放加入全球化发展进程，获取了先进的信息技术、管理方式、外资流入等，中国才逐渐走向腾飞，创造了人类发展史上的奇迹。从理论来看，发展经济学、贫困恶循环理论和国际贸易理论②等都认为对外开放、引进外资是加速经济发展、摆脱贫困落后的重要方式。许多实证分析也表明，改革开放以来，资本要素对经济增长的贡献达到2/3以上，包括技术在内的全要素生产率的贡献只有10%左右。但也有一些学者经过进一步分析发现，相较于资本要素，全要素生产率在中西部经济增长差异中的解释力更显著，且从经济的长期波动来看，在经济高速增长时全要素生产率的增长

---

① 桂昭明：《人才资本对经济增长贡献率的理论研究》，《中国人才》2009年第23期。
② 周天勇、张弥：《现代化的动力：对外开放推动的经济发展》，《财经问题研究》2009年第5期。

率及贡献率都较高；在经济增长较缓慢时，全要素生产率的增长率及其贡献率都较低。此外，如印度从1990年开始全面转向市场化、放宽对外管制，但印度奉行"精英教育"，教育资源向高种姓人口、优势产业专业方向和男性倾斜，导致印度的基础教育十分落后，2018年就业率在50%左右，工业化和城镇化的发展速度较慢。因此，对外开放只是经济发展的前提和重大战略决策，资本等其他要素的贡献也只是在中国当时资本积累薄弱、廉价劳动力过剩的配合下才显露出高回报，当经济恢复正常发展时，加大教育投入、提高技术水平，提升全要素生产率才是经济发展的长久之计。

## 二 "人"创造的物质是抗击灾难、传承文明的基础

2020年的新冠肺炎疫情是一场席卷全球的重大自然灾难，以此灾难为例。习近平总书记在全国抗击新冠肺炎疫情表彰大会上指出："抗疫斗争伟大实践再次证明，新中国成立以来所积累的坚实国力，是从容应对惊涛骇浪的深厚底气。"[①] 新中国成立后尤其是改革开放后我国长期积累的雄厚经济总量、建立的完整产业体系、形成的强大科技实力、储备的丰富人力和医疗资源、扩张的收入消费水平等为战胜疫情提供了强有力的支撑，使得我们能在疫情发生后迅速开展全方位的人力组织战、物资保障战、科技突击战、资源运动战，即使因为抗击疫情按下经济发展的"暂停键"，人民的正常生活仍能得到保障，在疫情得以有效遏制后又能顺利推进复工复产。若没有强大的经济实力做后盾，疫情带来的灾难性后果则不可估量。中国经济发展为抗疫奠定了坚实的物

---

① 习近平：《在全国抗击新冠肺炎疫情表彰大会上的讲话》，《人民日报》2020年9月9日第2版。

质基础，也是抗疫成功的关键所在。

1978年至2019年底，中国经济总量从3679亿元跃升至近100万亿元，实际规模增长约271倍，年均增速高达9.4%，人均GDP超过1万美元，国家财政收入超过19万亿元；对外开放程度不断提升，吸引外资能力持续增强，外汇储备规模由1978年的1.67亿美元增至31079亿美元。目前中国已成为世界第二大经济体、第一大外汇储备国，经济总量超过第三位到第五位的日本、德国和英国的总和，对世界经济增长的贡献率超过30%，在全球经济发展中处于举足轻重的地位。正是如此丰厚的财力和充足的经济底气才能支撑疫情下的各项开支，实施各种稳健的财政政策和货币政策，保障防疫抗疫行动的有序推进。

改革开放以来，中国坚持巩固加强第一产业，提升改造第二产业，创新驱动第三产业，产业结构优化升级，现代产业体系加快构建，信息化与工业化深度融合，新技术、新业态、新模式、新产业持续涌现。2019年，中国粮食总产量为1.3万亿斤以上，比2018年增长0.9%，创历史最高水平，至疫情暴发，稻谷、小麦两大口粮自给率达100%，库存超过一年产量，即使因为疫情封城封村封路，农业生产和粮食供应的局部紧张问题也很快得到了解决，没有产生大的影响。从第二产业来看，2016年至2019年，我国工业增加值由24.54万亿元增至31.71万亿元，年均增长5.9%，远高于同期世界工业2.9%的年均增速。2019年中国制造业增加值占全球比重达28.1%，连续10年保持世界第一制造大国地位，也是全世界唯一拥有联合国产业分类中所列全部工业门类的国家。强大的工业水平为疫情防治提供了丰富的医疗资源和制造基础，使我们能够最高日产医用非N95口罩2亿只、医用N95口罩500万只、一次性医用防护服150万件、重点跟踪企业医用隔离眼罩/面罩29万个等,并能在基本满足国内需求的情况下尽力扩大出口,为国内外抗疫做出了巨大贡献。近年来,中国经济增长由主要依靠第二产业带动转向依靠三次产业共同带动,是国民经济的"稳定器",成为保增长、保就业、保民生的重要依靠力量。2019年,服务业增加值占国内生产总值的53.9%,对国民经济增长的贡献率为59.4%,拉动国内生产总值增长3.6个百分点。日益发展壮大的快递物流、网络购物、远程教育、电子政务、大数据行业等都在疫情防控和保障人民正常生活中发挥了重要作用,减少失业、推动复工复产,并为疫情后战略性新兴产业加速转型升级指明了方向。

随着改革开放和城镇化的发展,中国快速成为全球最大的基建市场,在交通基础设施建设、信息网络设施建设、防灾减灾处置突发事件能力建设等方面都取得了前所未有的成绩,现代化技术运用进步显著,创造了举世瞩目的"中国速度"和"中国模式"。至2019年,全国公路总里程达501.25万公里,铁路营业里程达到13.9万公里以上,港口拥有万吨及以上泊位数量为2520个,互联网普及率达61.2%,输油管道、"西部大开发"、"西气东输"、"西电东送"等重大工程也增强了资源储备和优化配置能力。以上基础设施建设不仅为经济社会发展提供了必要的物质基础,也为疫情中的交通运输、信息获取和传播提供了便利条件。同时,"新基建"如5G网络、大数据中心、人工智能,在疫情信息排查、体温监测、在线务工、智慧教学等方面产生了显著的经济效应和社会效应。

在经济飞速发展过程中,人民收入水平不断提升,生活质量明显改善,社会保障事业持续健康发展,人民的获得感、幸福感、安全感更加充实、更有保障、更可持续,与此同时,提供的人力资源规模不断扩大，又促进了经济社会的改革发展。1978—2019 年，中国 16—59 周岁的劳动年龄人口从 5.5 亿人增长到近 9 亿人，就业人数从 40152 万人增加到 77471 万人。2019 年全国居民人均消费支出 21559 元，扣除价格因素影响后，比 1978 年实际增长约 20 倍，消费需求也越来越多样化、个性化、现代化。庞大的人口红利和人力资源使我们能在短时间内调集大量医护人员、制造工人、快递小哥等，募集大额捐款，保障抗疫所需的人力、物力、财力，市场优势和内需潜力推动疫情后经济社会和消费的恢复发展，日渐完善的教育事业、公共卫生体系、社会保障制度等也在为经济抗疫的"后勤保障"工作添砖加瓦。

暴发于 2020 年的新冠肺炎疫情不仅是对国家治理体系和治理能力的一次大考，也是对中国经济发展成果的一次检验，我们有足够的经济实力和底气去应对这次挑战，取得抗疫斗争的最终胜利。历史和现实表明，以经济建设为中心，不断发展完善中国特色社会主义市场经济，实现好、发展好、维护好最广大人民的根本利益，我们定能排除万难、砥砺前行。

总之，既拥有特定的知识与技能，又有着科学精神与积极进取的主人翁意识的"人才资本"是经济高速增长的原动力，是有效应对风险挑战、补齐经济高质量发展短板的有力支撑，没有人才优势就没有发展优势。人力资本反映国家教育水平，教育最基础功能是影响社会人才体系的变化以及经济发展，应着重发挥教育在培养人才中的基础性作用；对外开放也必须推进人的对外开放，尤其是人才的对外开放，学习先进思想、知识和技术，积极主动引进人才。充分发挥人力资源和人才资本优势，为经济发展释放人才活力。

## 第四节　教育投入奠定国家进步的根基

### 一　大国竞争已趋向人才的竞争

当今世界处于百年未有之大变局，科技创新同政治地位、经济增长、军事应用、人民生活等国家发展进步各个方面的联系也越来越紧密，逐渐成为国家国际竞争力的核心组成要素，世界竞争格局正在重塑，全球治理体系深刻变革。新一轮的科技革命和产业变革以信息技术为基础，以人工智能和大数据为核心，以数字经济和知识经济为主导，逐步推动世界经济结构、产业结构、劳动结构等发生重大调整，人们的生产方式、生活方式、思维方式等发生显著革新。2019年世界500强企业中，新兴行业如计算机、互联网服务与零售、信息技术服务等发展迅猛，相关公司在榜数量和排名整体上都呈上升趋势，信息通信企业总收入占500强企业总收入的比重高达12.1%，净利润率达10.5%，远高于其他行业6.1%的平均水平，技术密集型产业蓬勃发展。

在知识技术发展如此迅速的情况下，旧工业的改造和新工业的产生催生了大量多样化的人才需求，教育的滞后性也导致人才缺口不能在短时间内得到填补，供求失衡使人才的稀缺性越来越明显，国家之间的差距引起的人才流动又加剧了其稀缺性。美国信息技术协会的研究表明，美国信息技术人才十分短缺，约有一半的相关岗位没有人才匹配。美国移民理事会也指出，在美国从事顶尖科学技术、工程、数学等的人才约有25%是外籍人士。人才的竞争越来越激烈，人才的培育和吸引越来越重要，未来全球发展中，谁能培养并集聚更多高精尖人才，谁能激发并保护人才的创新创造热情，谁就拥有更多的知识信息和先进的科学技术，谁就拥有更多财富和更高地位，谁就能占据竞争优势。教育水平和教育条件作为人才培育与吸引的基础，则是提高国际竞争力的关键所在。历史和现实都告诉我们，优先发展教育，增加人力资本投入，培养一批掌握专业技能、生产熟练的技术工人，一支知识丰富、创新性强的高层次人才队伍，是竞争的高地，是国家进步的根基。

## 二 发达国家的人才培养与抢夺

如前文所述，追求人性的自由与解放实际是全人类共同的价值观，欧美等发达国家的精英阶层也是如此。而且他们对时代发展下庞大的知识体系需要越来越多的人才能掌握、运用与创新也并无异议。与中国的不同之处只在于，欧美发达国家的精英始终认为，只有精英阶层才有资格与能力追求人性的自由与解放，因此精英阶层也需要聚集团结。精英来自何处？一是来自本国精英阶层的传承，二是来自本国普通民众中的特殊人才，三是抢夺其他国家的精英。

（一）美国的人才培养与引进

美国十分重视人才的培养和引进，其高等教育和科学技术发展一直处于世界领先地位。二战期间，美国实施"曼哈顿计划"，以军方为依托，集中当时西方国家最优秀的科学家、工程师，不拘一格使用人才，不限制国籍，调集大批工人和服务人员，投入大量资金、原材料、设备等，联合各大学和科研机构，全面应用项目管理理念和技术，是后来许多科研项目的典范。二战后，美国政府通过了《退伍军人安置法案》，重视对退伍军人的培养，扩大了高等教育规模和人才数量规模，使他们成为推动美国创新发展的重要动力；通过国家科学基金法案，成立国家科学基金会，政策出资鼓励科学研发，支持人才培养，尤其在美苏争霸期间，美国国会对国家科学基金会的经费投入增加了两倍，出台教育相关法案，加强基础教育，大力发展高等教育，提高劳动力素质，培养高质量的国防科技人才。20世纪90年代，信息技术迅猛发展，美国科技园建设速度加快，斯坦福研究园、"硅谷"、北卡三角研究园等依托著名大学群，劳动市场、资本市场与科研专家相互交流、相互学习，形成人才与创新驱动的高新技术产业园区；同时，美国颁布国家教育战略，加大教育与就业的联系，通过各种形式的教育提高工人的知识与技能，为新兴产业发展积累人力资本。进入21世纪，美国不断扩大对教育和科研的经费投入，建立"STEM教育体系"[科学（Science）、技术（Technology）、工程（Engineering）、数学（Mathematics）]，通过《移民法》修订争夺并保留国际人才；实施"创新战略"，加大研发投入和企业研发税收减免力度，利用科技创新推动经济增长。除了强调政府政策投入对人才培养与引进的支持，美国还注重人才资源合理配置和有效开发，市场机制是人才管理和使用的基础，推行自由择业，重视民主竞争，充分发挥人才的创新创造热情。公司也设置不同的工资标准和奖励制度激励员工不断创收。

（二）日本的人才培养与争夺

日本在二战后为恢复经济发展，提高产业竞争力，追赶美国实现现代化转型，实行了一系列科技教育和技术引进政策。至2019年，已有24名日本人获得了物理学、化学、生理学或医学诺贝尔奖，除欧美等国之外，日本是获奖人数最多的国家。日本在1974年制定《教育基本法》和《学校教育法》，开始战后教育改革，普及九年义务教育，重新设置高等教育制度，培养高层次人才。20世纪60—70年代，日本经济高速增长，新技术的引进和推广需要多样化的高质量人才，日本大力引进先进技术，开展职业教育，培养与现代工业相适应的劳动工人和技术人员；增设大学，扩大招生规模，重视理工科学生的培养，为科技创新培养人才后备军。70年代后，日本确立了"技术立国"战略，教育以培养独创性、创新性的科技人才为主要目标，增加对基础研究的投入，提高研发经费在GDP中的比重，实行"产官学"三结合体制，加强大学与企业的联合研究开发，政府与企业共同投资专利研发，促进了专业人才的培育和企业研发实力的提升。90年代之后，经济的知识化和全球化浪潮席卷世界，日本不断调整科技创新发展方向，每5年制订一期"科学技术基本计划"，明确发展目标，2001年提出"诺贝尔奖计划"，即50年内获得30个诺贝尔奖，2015年推出国立研究开发法人制度，赋予一些国立研究机构"特定国立研究开发法人"地位，推动"科技立国"战略的实施。日本也积极开展国际合作与交流，与欧美国家的研究机构合作研发先进项目，扩大留学生招收规模，凭借雄厚的经济基础、优越的工作和生活条件、创新的聘用制度和年薪制度保留并引进各级各类人才，建设世界科技强国。

（三）欧洲的人才培育与争夺

欧洲自二战后开启一体化进程，在经济一体化、政治一体化的同时，文化和教育领域的共同体也受到高度重视，在人才联合培养方面取得了显著成就。实行现代学徒制，校企结合，对学生以培养专业技能为主，英国、法国、荷兰等国的供给型现代学徒制还依托政府的引导和保障，政府出资并出台激励性政策，建立相关培训税制度和资格合同制度，保证联合培养的积极性和高收益；1987年创建"伊拉斯谟"项目，2004年，欧盟将"伊拉斯谟"项目增为"伊拉斯谟—世界"项目,以提高欧洲高等教育质量和国际化程度,接纳世界各地合格的大学毕业生和学者前来求学,以增强劳动者的技能与素质,使欧洲成为世界最具竞争力与活力的知识经济体;设立"玛丽·居里国际智力引进行动计划",对科研人员提供经费资助,构建科研人才网和科研伙伴关系,吸引国际人才到欧洲开展研究、传播、交流活动,增强欧盟科技创新竞争力。但近年来,由于科研投入不足、晋升困难、内部资源分散等,欧洲人才流失问题严重,东欧人才外流尤其严重,大多人才被美国吸引。法国《费加罗报》和国家统计与经济研究所的统计数据显示,外流的法国资本家和人才占本国总人口比重达5%,比2010年增长了一倍多。西班牙国家统计局数据显示,2013—2017年,西班牙的高等人才外流比例增长到27%。欧洲的国际竞争力逐渐缩小。

### 三 中国特色的人才培养之路

发达国家的人才培养经验表明,成功占据竞争优势必须以教育发展和人才资本积累为前提,对人才培养的投入是比物质资本投入获益更高的生产性投入。受教育程度越高、劳动技能越强的人越能适应新型现代化发展,越能为新时代创造创新性的科学技术,助推产业和消费转型升级,人才是转变发展方式和提升发展质量的关键要素。然而正如前文所说,欧美精英历史观使他们不相信普通人群对科学技术发展的推动力,因此他们只是将从全球汲取的资本转移一部分到国内,以供养这些普通人群,却不愿、不能也不敢给普通人群传递星辰大海的伟大理想,因此其本国人群成才率极低,只能从全球吸引优秀人才。而当他们经济实力下降、不足以吸引全球优秀人才时,其国家竞争力就不可避免地衰退。

就国内而言，新中国成立以来的普及教育取得了巨大成就，培养了海量有着基本工业化知识与技能素养，同时有着守纪、守时等工业化品质素养的工业化人口，为中国改革开放以来的成就奠定了坚实的人才基础。然而时代的进步使得传统的资本密集型和劳动密集型产业已不能支撑经济持续健康发展，我国以丰富资源、大力投资、人口红利等为发展主要动力的时代已经过去，未来全球经济的发展，必然集中于高新技术领域的竞争，必然以人才为发展的根本，只有新兴技术密集型产业和高科技人才才是改革攻坚克难的新机遇，才是占据发展优势的重要基础，才能帮助我国从经济大国转向经济强国、从中国制造转向中国智造、从人力资源大国转向人才强国。为此，中国也做出了不懈的努力。

（一）教育资金的投入

在资金投入方面，加大人才发展投资力度，较大幅度增加人力资本投资比重，确保国家教育、科技支出增长幅度高于财政经常性收入增长幅度；通过财税优惠政策鼓励企业和社会组织进行职工培训，投资开发人才资源；扶持创办科技型企业，促进科技成果转化；利用国际金融组织和外国政府贷款投资人才开发项目。在人才培育方面，实行产学研合作培养创新型人才的政策，建立政府指导下以企业为主体、市场为导向、多种形式的产学研战略联盟，培养高层次人才和创新团队，鼓励科技人员在实践中创业创新；扩大科研机构用人自主权和科研经费使用自主权，完善分配激励机制和成果评价办法，建立以学术和创新绩效为主导的资源配置和学术发展模式；高等教育推行产学研联合培养研究生的"双导师制"，提升创新应用能力，提高人才培养质量。在人才服务方面，完善政府人才公共服务体系，改善青年科研人才的生活条件，满足人才多样化需求；实施国家知识产权战略，保护科技成果创造者的合法权益，提高主要发明人收益比例，激发人才创造热情。在人才引进方面，实施更加开放的人才政策，提供税收、保险、住房、入学等优惠政策，大力吸引海外高层次人才来华工作；建立海外高层次人才特聘专家制度，支持高等学校、科研院所与海外高水平教育、科研机构建立联合研发基地，扩大公派出国留学和来华留学规模，采用各种方式引进国际智力资源。

"十三五"期间，我国研发投入强度增长到2.23%，超过欧盟平均水平，较2015年增长56.3%；每万人口发明专利拥有量13.3件，发明专利授权量居世界首位，而在2015年仅为6.3件；全国169个高新区生产总值达12万亿元，占全国经济总量的1/10以上；2019年，我国科技进步贡献率达到59.5%，全球创新指数排名从2015年的第29位跃升至第14位，中国也是前30名中唯一的中等收入经济体。从北斗卫星导航、悟空墨子等系列科学实验卫星成功发射，到量子信息、干细胞等方面取得巨大成就，从高铁、核电、港珠澳大桥取得重大成果，到5G、人工智能、区块链等投入应用，中国科技创新事业正发生历史性变革、取得历史性成就，向科技强国稳步迈进。也正是长期积累的科创成果，使我们在面对疫情时能临危不乱，如有效药和疫苗的研发，大数据和网络通信技术的使用，都是我们取得抗疫最终胜利的信心和底气。

（二）人才配置效率与水平的提升

在充分肯定我国科技创新和人才培养工作取得显著成绩的同时，也必须认识到我国高科技人才培养与引进方面的不足，仍未能与当前生产力发展和经济发展状况相适应，也未能满足未来打造更强国际竞争力和中华民族伟大复兴的需要。总体来看，我国人才培养具有总量不足和配给失衡两个主要矛盾。一方面，高层次、尖端研发人才供不应求，科技人才对全要素生产率和经济增长的贡献水平亟待提高。随着人口红利的消失和人口老龄化，劳动力供给对经济增长的贡献率不断下跌，2016—2019年的贡献率仅约6%，高质量人才的贡献率则更低，已经制约了经济的进一步增长，全要素生产率2016—2019年负增长，对经济增长的贡献率也在下降。另一方面，据《2019中国上市公司创新指数报告》，科技创新人才和企业主要集中于东部沿海城市和一线城市，而且企业数目占比最高的行业并不都是创新势力或创新效率较高的行业（创新势力包括研发投入规模、研发人员规模、专利规模数据、平均销售利润率；创新效率包括研发强度、技术效率、商业模式新颖性），中国的产业转型升级仍需加强。究其原因，可分为以下四个方面：政府和企业资金投入不足；激励晋升机制有待健全完善；人才培养体系存在缺陷；吸引和保留人才条件不具竞争力。国际"反全球化"、贸易保护主义、中国改革进入"深水区"等阻碍了高科技人才的国际化培养，阻碍了人才资源的合理配置，对技术创新和经济转型升级有一定的负面作用。

IMD发布的《世界人才排名2019》指出，领先经济体的主要特征之一是努力实现人才需求与国内人才供给之间的一致性，这种协调是通过双管齐下的战略达成的。第一，对劳动力的教育发展进行持续投资；第二，提供学术发展以外的机会，如学徒计划和员工培训计划相结合，确保劳动力技能符合经济的需求。而中国的表现并不尽如人意，在所调查的63个国家中，中国投资与发展因素排名为第42位（包括公共教育投入占GDP比重、学生—教师比例、社会保障基础设施等,主要衡量致力于培养本土人力资本的资源),其中公共教育投入占GDP比重仅为3.6%,排名第47位,低于平均水平;吸引力因素排名第55位(包括生活成本、生活质量、行业管理和薪酬、税收等,主要用于评估一个国家吸引本地和外国人才的程度),结果显示,我国的各项衡量指标排名都低于平均水平,只有劳动者积极性排名第16位(这也正是我国教育的科学之处——教育,不仅要传递科学知识与劳动技能,还要传递积极昂扬奋斗不止的精神素养);准备程度因素排名第31位(包括劳动力的增长和现有技能水平、高管的经验和能力、各级教育质量满足企业人才需求的能力、海外学生流入等,主要量化了一个国家所拥有的劳动者技能和能力的质量),其中劳动力处于负增长,增长率为-0.04%,排名第56位,海外学生流入排名第57位,人才库就绪能力不足。以上种种因素导致中国在2019年的世界人才排名第42位,而且比2018年下滑3名。

因此,中国应针对上述不足改进人才投资、培养和吸引能力,提高人才资源配置效率和配置水平,并学习发达国家发展经验,继续大力培养适应高科技发展所需的高级创新人才与工程科技人才,探索教育改革之道,构建适应这种人才培养的投入体系。《中共中央关于制定国民经济和社会发展第十四个五年规划和二〇三五年远景目标的建议》也为人才培育和科技创新指明了发展方向,以追赶世界科技前沿研发成果、适应国家经济发展需求并契合"人民至上、生命至上"理念。建议指出,要建设高质量教育体系,加大人力资本投入,完善金融支持创新体系,深化基础教育改革,鼓励高中阶段教育多样化发展,增强职业教育适应性,产学企融合合作,提高高等教育质量,优化学科布局,推进学科交叉融合，培养技术紧缺人才；坚持创新驱动发展战略，加快建设科技强国，推进国家重点科学工程、实验室、创新高地、科研论文和科技信息高端交流平台等建设，发展战略性新兴产业，如信息技术、新能源、新材料、大数据、人工智能等产业，推动数字经济与实体经济融合发展，打造具有国际竞争力的产业新业态；完善科技创新体制机制，推进产学研深度融合，对企业实行税收优惠减免政策，鼓励企业加大研发投入，发挥企业对创新项目的引领支撑作用，探索中国特色学徒制，培养专业技术工人，改进科技评价和奖励机制，加强知识产权保护，激励研究人员和企业的创新创造热情，加快高端科技的研发进程，提高科技成果转化率；实行更加开放的人才政策，全方位培养人才、引进人才、用好人才，提高学习、科研、工作的条件和质量，完善引进人才的激励机制和分配机制，壮大高水平人才队伍，并与国际高校、科研机构开放合作，构筑集聚国内外优秀人才、面向全球的科研创新高地。

（三）积极进取创新精神的培养

只有掌握自然科学知识与技能、有着科学精神并且积极进取、有主人翁意识与团结协作精神的主动型人才才能在今后的全球竞争中获取优先地位。如前文所述，群众史观指导下的中国教育，其最大的特色即在于此，因此才造就了中国庞大的工程师队伍。在以人才资本积累为基础，以知识创新和技术创新为主要动力的新时代发展条件下，完善教育培养体系、制定人才引进战略、健全科技创新机制，是提高人才总量、优化人才配置的重要前提，是增加全要素生产率、促进经济转型升级的关键所在。综合国力竞争说到底是人才的竞争，习近平总书记指出："'两个一百年'奋斗目标的实现、中华民族伟大复兴中国梦的实现，归根到底靠人才、靠教育。"① 我们应探索中国特色社会主义现代教育，建设世界顶尖水平的高科技人才队伍，不唯地域引进人才，不求所有开发人才，不拘一格用好人才，为中国在激烈的国际竞争中立于不败之地，中华民族始终屹立于世界民族之林，实现国家振兴与民族兴旺筑牢根基。

2020年的一场席卷全球的新冠肺炎疫情为全球各国设立了一个客观的检验机制，总体检验各国教育等治国理政的效率。虽然中国几乎是病毒最早暴发的地方，但体制优势使中国第一个成功控制住病毒，成为全球疫情冲击中的"安全岛"。相反，2019年抗疫能力排名第一的美国及靠前的欧洲表现却令人诧异。这种反差并非出于偶然，其根本在于两国执政群体与精英阶层对人性认知的不同和历史观的差异，这种对人性认知的不同与历史观的差异带来了两国领导群体对基层群众的态度的差异，从而教育导向也发生了根本的分歧，教育分歧长时间积累下的必然结果就是两国抗疫中的不同表现。拓展一下视野，这种对人性认知、群众史观与精英史观的差异指导下教育的差异在疫情下只是一种集中体现，实际这种差异表现在两国社会生活的方方面面。

群众史观下的中国教育，不仅仅是要传递解决人与自然、人与人矛盾的技术与技巧，还要负有重树什么是经济，什么是"人"，什么是"人"的本质特征的重任，还要负有重树全民"为有牺牲多壮志，敢教日月换新天"的英雄气概的重任。

新时代的全球化，呼吁新的全球化理念与新的全球化秩序，首要的就是需要新的全球化教育，重树世界人民的世界观。中国教育的人民史观、主人翁视角，必将成为未来全球教育的主流。

---

① 习近平：《做党和人民满意的好老师！同北京师范大学师生代表座谈时的讲话》，人民出版社2014年版，第3页。

# 第三章 发展导向 基建先行

无论是改革开放前中国教育科研领域的成就，还是2003年中国抗击"非典"及2020年中国抗击新冠肺炎疫情，中国都发挥了"集中力量办大事"的制度优势。以"非典"与新冠肺炎疫情中中国的表现看，中国依托举国体制，一方面，弘扬"一方有难，八方支援"的民族精神，集全国之力支持疫情重灾区，统筹调配全国全军资源为"主战场"提供及时可靠保障；另一方面，中国全方位高效利用各类基础设施，充分发挥交通、能源、互联网、公共卫生等方面的基础设施建设资源，统筹协调国家机关和各类国有、民营企事业单位，在全国范围内高效配置资源、优化组织生产、加强医用物资和生活必需品应急保供，打赢物资基建保障战，为抗击疫情奠定了重要的物质基础。几乎可以肯定，没有强大的基础设施建设能力，中国在两场疫情阻击战中，都不可能取得如此的成绩。

那么，中国的基础设施建设，缘何能从1949年时的一穷二白，迅速发展至今天全球领先的位置呢？无他，中国的基础设施建设，从来都是以人为本、发展导向的，而不是西方利润导向、各自为政的。

# 第三章
## 发展导向 基建先行

## 第一节 以人为本发展导向的中国基建

中国的基础设施建设历来受到各种争议，若干经济学家以海外案例、中国数据全方位论证中国基建的过于超前性、投资不可回收性与不可持续性，然而这些观点，无一不是从资本成本与获取利润的角度加以分析，无一是以人为本、以发展求解放的视角的结论，而后者正是中国基础设施建设的根本出发点。

2008年是不平凡的一年，年初的南方雨雪冰冻灾害、年中的"5·12"汶川地震、举世瞩目的奥运……但还有一项波及全球的，就是美国"次级贷款"所引发的国际金融危机。金融危机对中国产生的影响极大，短时间内大量出口企业倒闭，PMI连续急跌至50的荣枯线以下，短短几个月内跌至38，国家紧急推出以铁路、公路、水利、电力、通信为代表的基础设施建设的四万亿刺激计划，也就是常说的"铁公基"。但在当时，"铁公基"的称谓是带有嘲讽意味的，甚至可以说是贬义词，主要原因是这些基建项目大部分是投资在中西部地区的基础开发项目，即短期内看不见经济效益的公路、铁路、水利、能源等领域，这些领域普遍具有投资收益率低、风险高、投资回报周期长等特点。许多专家对"铁公基"计划也表示质疑，称之为"落后的凯恩斯主义经济学"和"一锤子买卖"。然而正是"四万亿投资计划"在"受命于败军之际，奉命于危难之时"中担起了发展经济改善民生的重任。

在此后的12年中，中国经历了经济腾飞的"黄金十年"，实现了GDP年均增长率10%左右的空前增长，GDP总量即将突破100万亿元，跃居世界第二。经济经历了从中高速发展到稳步增长的深刻转型，国民收入大幅度提高。回头看中国经济增长的黄金期，离不开基础设施建设的巨大力量和重大贡献，可以说，中国经济发展的事实已经证明了基础设施建设"财务管理"式理解的根本错误，基础设施建设推动了中国全方位的深刻改变。

## 一 基础设施建设惠及民生

有一句标语在中国耳熟能详："要想富，先修路。"基础设施建设在经济发展、社会进步、人口流动进而部分实现人的解放中的作用，这一句话说得清清楚楚，揭示了基础设施建设惠及民生的作用。

### （一）基建带动就业

基础设施建设对就业带动作用重大，在铁路、公路、水利、能源等大型项目的建设中，无论是从事规划、设计、勘探、研究的技术工作者，还是从事体力劳动的工人，基础设施建设对于就业的拉动作用都是十分突出的。在基础设施建设中，往往还涉及上游企业和下游企业的密切协作，而每一个企业都需要大量的人员加以配合，极大地带动了就业。以被誉为"现代世界的七大奇迹之一"的港珠澳大桥为例，港珠澳大桥历时15年建设，2万多人参与大桥施工建设，同时配套有上游钢铁制造、桥梁设计、科技攻关、装备生产、交通运输、建设配套的生活服务，下游的桥梁管理养护、旅游开发、商业运营等，带动了大量人口就业。这些超级工程的难度很多是人类历史上从未有过的，没有一点经验可以借鉴，但在中国这样的超级工程却比比皆是，都是中国的建设者辛勤劳动的成果。

### （二）基建使数以千万计的人民摆脱贫困

2008年，根据当时世界银行公布数据（贫困标准为每人每天1美元），中国在此标准下的贫困数是1.35亿人，其中农村人口1.26亿人。

中国的"扶贫攻坚战"当之无愧是世界上最伟大的超级工程。与"直接给钱"不同，中国的精准扶贫需要深入了解贫困的实际情况，细化到每一镇，每一村，每一户，每一人。每一镇适合工业生产，还是旅游开发；每一村的气候适合养殖家禽畜牧，还是适合蔬果农林；每一户是有成员残障，还是好吃懒做致贫；每一人的学历知识，适合就业扶持，还是创业帮扶，都要有针对性地制定不同的政策。政府出资帮助他们实行搬迁，转到人群相对聚集的地方，实行通路、通电、通网，建学校、医院，解决基本教育、医疗问题。提供技术，提升生产力，降低物资的进出物流成本，协助他们开发旅游业，引进轻工业，解决就业问题。

这些都需要大量的基础设施建设作为支撑，穷人减少不是因为时代进步了，而是因为这个国家政府始终没有遗忘他们。在市场经济环境下，如果没有政府帮助他们，时代越进步贫富的差距只能越大，靠他们自己根本不可能实现致富。中国政府实施精准扶贫，在中国特色社会主义的优势下，实行一对一帮扶，每个企事业单位甚至学校都有对口扶贫的对象，中国扶贫动员的力度之大，是世界范围内前所未有的。

随着中国的经济发展，中国的扶贫标准也逐步提升，2019年，年收入低于3747元（约543美元）即为贫困，相较于2011年提高了60%。2019年末，中国农村贫困数量仅剩551万人，比上年减少1109万人。2020年是实现全面建成小康社会的收官之年，中国所有贫困人口实现了现行标准下脱贫，中国完成了人类历史上一次伟大的壮举。

尤其值得讨论的是，中国的帮扶政策与西方特别是美国直接发钱相比，是直接提供了劳动创造价值、劳动改变命运的机会，不仅让贫困人口摆脱了经济上的贫困，更重要的是摆脱了精神上的贫瘠与依赖，重树起他们积极昂扬的拼搏精神。与此相反，以美国2020年疫情期间的发钱政策为例，直接发钱到人的做法，仅仅是短期内解决了经济贫困，稳定了社会，但由此养成的"等靠要"思想及这种思想下的行动，却使得底层民众越来越失去拼搏精神，越来越没有未来。

（三）基建大幅度缩小了经济发展差距，使发展成果由更多人共享

发展不均衡，贫富差距大，在任何一个国家都不是好事，很多国家的社会动荡、内部矛盾，甚至分裂主义，都是由于发展不均衡引起的贫富差距过大产生的。中国的东、中、西部发展不均衡问题，是由特定的历史政治背景、自然条件差异和地理区域位置共同决定的。东部地区拥有较好的自然地理条件和产业基础，因此在改革开放初期"先富带动后富"战略中率先富起来，而中西部地区受限于地理区位、自然条件等，产业基础薄弱，经济发展缓慢。曾经有人算过一笔账，同样一吨货物，从珠三角运输到成都比从港口通过货轮运输到美国的成本还高。

受限于薄弱的产业基础和复杂的地理环境，中西部地区基础设施建设不仅施工难度非常大，而且需要投入东部地区几倍甚至数十倍的建设资金。在这种情况下投资是需要魄力的，因为这种建设意味着投入大，风险高，回报周期长，如在县县通高速的贵州省，每年高速运维的成本是远高于高速带来的收益的。

对于中西部地区来说，薄弱的基础设施成为发展经济的掣肘，"要想富，先修路"成为到今天以来较长时间的发展战略。近年来，随着中西部地区的高铁、机场、高速公路的大量建成，中西地区经济发展的速度和效益明显提升，经济增长速度明显快

于东部地区。基础设施的完善产生了产业集聚效应，吸引了不少东部地区企业前往中西部地区投资，如贵阳已经建成"国家大数据中心"基地，阿里、腾讯、华为、苹果等高科技企业相继在贵阳建设数据中心，带动当地经济社会发展。

## 二　基础设施建设创造未来

（一）基建大幅度提升中国技术装备制造能力和科技水平

过去由于中国基建技术和装备的落后，在很多建设领域设备及技术存在大量空白，无奈只能大量依赖进口，不仅需要看一些发达国家的脸色，而且在很多大型项目上屡屡被宰。远的案例就有三峡建设的时候，当施工到截流阶段时需要用到的大型矿山车，这些重量都是几百吨级别的，普通几十吨运输车根本不足以完成工程。但当时国内这方面的大型工程装备完全空白，只能向日本和美国进口，一辆矿山车售价千万美元，把日本小松和美国卡特的所有库存全买光了。近的案例就是港珠澳大桥，在建设沉管隧道时，由于国内尚无技术经验，找到了荷兰的公司求助，而荷兰人光是咨询费就开价15亿元人民币，后来还是中国的建设者顶住压力自己研发，省了一大笔开销。

港珠澳大桥的成功经验和技术不仅是省了一大笔咨询费的问题，上海振华重工专门为港珠澳大桥研发"振华30"吊装船，其排水量高达26万吨，是名副其实的国之重器，这也让振华重工在国际上声名大噪。如今，振华重工的港口机器设备在全球占有率高达八成以上。现在，"振华30"还在为另一项"超级工程"的建设发挥着重要作用，就是正在建设的"深中通道"，虽然同为6.8公里长的海底沉管隧道，但港珠澳大桥采用的是双向六车道，而"深中通道"是双向八车道，难度更高。如果说港珠澳大桥是一座政治桥，那"深中通道"的重要性从虎门大桥上长长的堵车车流可窥一斑。

中国高铁的发展同样树立了国际高铁新标杆。我们常常会听到欧洲标准、美国标准等各国标准。在工业上，能够制定标准的往往是这个领域的领跑者，而目前中国在高铁领域就成了标准的制定国之一。中国自主研发的"复兴号"高铁就大量采用中国国家标准，在254项重要标准中，中国标准占84%，是真正的"中国造"动车。如今，"复兴号"采用的多项技术已领跑世界。例如，齿轮箱是驱动"复兴号"动车组高速行驶的核心部件，中国仅用了短短10年就攻克了这项技术难关。2015年，搭载国产齿轮箱的"复兴号"问世，通过全部试验的同时，给世界高速列车制造提出了一个新标准——"中国标准"。从2012年开始，中国铁路总公司在中国开展了"中国标准"动车组研制工作。短短几年来，中国铁路人孜孜以求，成功解决了适应多种环境、多种气候下高铁安全运行问题，被极寒、雾霾、柳絮、风沙"淬炼"出的"中国标准"正逐渐超越过去的"欧标"与"日标"，成为世界上独有的核心竞争优势。时速350公里、温度亮度可控的"复兴号"高铁，进一步验证了中国标准动车组整体技术性能，标志着我国已全面掌握高速铁路核心技术，达到世界领先水平。安全快捷、平稳舒适的中国高铁，为世界高速铁路商业运营树立了新的标杆，中国高铁越发成为一张崭新、响亮的"中国名片"。第四次中国国家形象全球调查报告显示，高铁是海外民众认知度最高的中国科技成就。中国高铁已成为外国人眼中"新四大发明"之首。现在，中国的高速列车已经销往102个国家和地区，2016年签署了高达180亿美元的高铁协议（约合人民币1186亿元），比2015年增长了40%。中国和泰国已经同意建立一条经由老挝的高速铁路。此外，俄罗斯莫斯科至喀山高铁、马来西亚吉隆坡至新加坡高铁等境外项目的合作都已取得突破性进展。

近几年部分发达国家纷纷进口中国的大型设备,或是直接让中国建设公司去帮它们施工。2013年3月29日,奥巴马在迈阿密港口的码头上发表演说,美方刻意遮挡住起重机上的"ZPMC"及"振华"汉字标志。就在奥巴马演讲时,一阵风吹落了其身后起重机上悬挂的美国国旗,这是美国制造业最不愿意看到的一个场景。

基础设施建设为发展各类尖端工程技术装备提供了大量需求,在基础设施建设的众多领域,中国不但摆脱了被人卡住"咽喉"的被动局面,部分技术装备还逐渐领先了发达国家,成为领跑世界的"中国标准"和"中国制造",形成了一套完善的大型基础建设的工程装备产业链。现在,高铁、桥梁、港口、机场等大量中国的基建技术和设备开始走出国门,成为中国又一张崭新的名片,这些都得益于中国的基础设施建设。

同时,由中国基建发展历程可以看到,以基建为抓手,通过基建过程提高装备水平,通过基建提升人们对地球物理知识的掌握,提升对地质环境的改造能力,也正顺应了人性解放的历史进程。

(二)基建构筑中国未来发展的底气

2020年极不寻常,突如其来的新冠肺炎疫情给中国经济社会发展带来前所未有的冲击。不过,新冠肺炎疫情的肆虐和袭扰,未能破坏中华民族牢牢把握发展主动权、维护经济发展和社会稳定大局的格局。

2020年4月17日,中共中央政治局会议强调,要积极扩大国内需求。其中,有效投资补短板、强弱项、优结构、增动能的关键作用更加凸显。必须理直气壮抓好投资,以精准投资促进高质量发展。数据显示,2020年第一季度,全国固定资产投资84145亿元,同比下降16.1%。突如其来的新冠肺炎疫情给中国经济社会发展带来前所未有的冲击,投资活动也不可避免受到影响,但中国经济发展韧性强、潜力足、空间广,疫情短期冲击没有改变也不会改变中国长期向好、稳中向好的基本面和发展趋势。

投资一头连着需求、一头连着供给。投资的带动性强、关联度高,不仅是消费的重要变量,也是供给的重要内容,对于稳定经济运行和激发内生动力、促进转型升级都具有重要意义。当前,中国人均基础设施存量仅相当于发达国家的20%—30%,高技术制造业增加值占规模以上工业比重不到15%,同发达国家相比差距明显。只要着眼补"短板"、强弱项、提质量,引导资金投向供需共同受益、具有乘数效应的先进制造、民生建设、基础设施短板等领域,不论从需求还是从供给的角度看,中国投资的潜力和空间都是巨大的。

基础设施是经济社会发展的重要支撑。无论是"老基建"还是"新基建",都需要大量资金投入,需要发挥投资对优化供给结构的关键性作用。

"老基建"空间广阔。经过多年建设,中国基础设施条件取得明显改善,但中西部地区基础设施还相对落后,教育等公共服务供给不足。围绕全面建成小康社会目标与高质量发展要求,聚焦疫情暴露出来的薄弱环节,中国传统基础设施领域仍有较大空间,社会治理、公共卫生设施、应急能力建设等薄弱环节也亟待加强。

"新基建"方兴未艾。2020年,习近平总书记在浙江考察时强调,要抓住产业数字化、数字产业化赋予的机遇,加快5G网络、数据中心等新型基础设施建设,抓紧布局数字经济、生命健康、新材料等战略性新兴产业、未来产业。疫情期间,远程办公、视频会议、在线教育、数字娱乐等产品快速增长。进一步助力新业态、新模式的发展,也离不开投资的支持。

加快推进国家规划已明确的重大工程和基础设施建设,是稳投资的有力手段。目前,铁路、机场、公路、水运等交通领域重大项目加快复工。从长期来看,通过切实加强项目储备,储备一批、开工一批、建设一批、竣工一批重大项目,远近结合、梯次接续的储备格局正在形成,投资的支撑力源源不断。2020年新冠肺炎疫情发生后,有关部门抓紧下达中央预算内投资,扩大地方专项债券规模,优先配套和支持重点领域和重大项目,加快项目审批进度,加强用地、用海等要素保障。在中央政策的激励之下,各行业大力进行基础设施投资。从投资主体来看,中国始终重视激发民间投资的积极性,近年来,随着投融资体制改革不断深化、"负面清单"制度落地实施,政府投资引导、吸引和带动社会资本参与支持了一大批符合发展方向和民生需要的重大项目建设。通过加快出台进一步扩大开放的政策举措,不断优化营商环境,中国依然是重大外资项目落地的"热土"。

正视多重困难,保居民就业、保基本民生、保市场主体、保粮食能源安全、保产业链供应链稳定、保基层运转。中国经济从来都是在风雨中成长、在磨砺中壮大的。果敢的防疫抗疫举措稳住了中国经济社会发展的阵脚,为恢复经济增长创造了条件。接下来,只要我们在挑战中积极应对,从危机中捕捉机遇,就一定能够实现"六保"的目标任务,也一定能够推动中国经济稳定繁荣、行稳致远。

## 第二节 中国基建,中国成就的基石

### 一 中国基建助力世界工厂

基础设施指为社会生产和生活提供基础性、大众性服务的工程和设施，是社会赖以生存和发展的基本条件。国际上对基础设施的定义共分为三层：狭义指交通运输（铁路、公路、港口、机场）、能源、通信、水利四大经济基础设施，更宽松的定义包括社会性基础设施（教育、科技、医疗卫生、体育、文化等社会事业）、油气和矿产，最广定义延伸至房地产（见图3-1）。

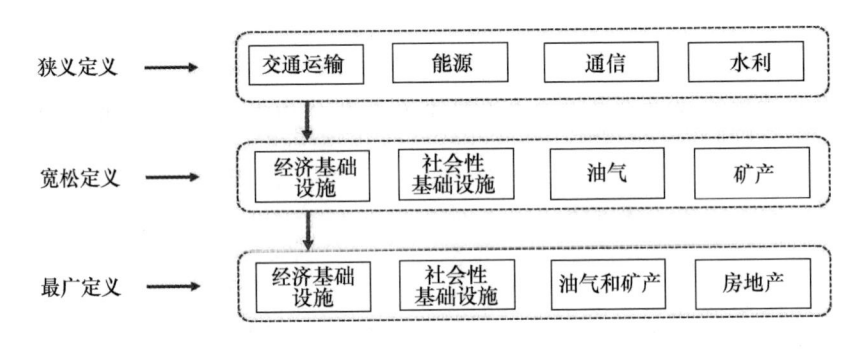

| 狭义定义 → | 交通运输 | 能源 | 通信 | 水利 |
|---|---|---|---|---|
| 宽松定义 → | 经济基础设施 | 社会性基础设施 | 油气 | 矿产 |
| 最广定义 → | 经济基础设施 | 社会性基础设施 | 油气和矿产 | 房地产 |

图3-1 基础设施建设的定义

基础设施具有强外部性、公共产品属性、受益范围广、规模经济等特点，其基础地位决定相关建设必须适度超前，基础设施建设必须走在经济社会发展的需要前面，否则将制约经济社会发展。

中国基建存量已居世界第一。改革开放以来，通过适度超前的大规模基础设施建设，中国快速成长为基础设施大国，为快速成长为全球第二大经济体和世界制造中心提供了有力支撑。从数量上看，根据国际货币基金组织（IMF）数据，2017年中国公共资本存量达到48万亿美元（2011年不变价格计算），广义政府资本存量（2011年不变价格计算）达到31.3万亿美元，位列世界第一（见图3-2）。从质量上看，根据世界经济论坛《2019年全球竞争力报告》，中国经济类基建质量评分为77.9分（百分制），在141个经济体中排名第28位。

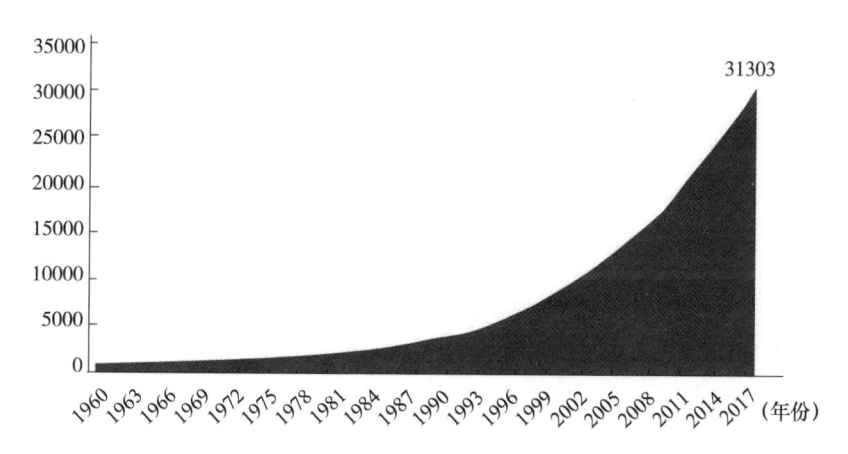

图 3-2 1960—2017 年中国广义政府资本存量情况（单位：十亿美元）

数据来源：国家统计局。

新中国成立 70 年来，全国固定资产投资保持了持续快速增长，年均增长 15.6%。新中国成立初期，百业待兴，国家经济基础十分薄弱，固定资产投资保持较快增长。1953—1980 年，全国全民所有制单位固定资产投资年均增长 10.7%；1981—2012 年，全社会固定资产投资年均增长 21.1%；2013—2018 年，全社会固定资产投资年均增长 10.7%。根据国家统计局数据，2019 年全社会固定资产投资 560874 亿元，同比增长 5.1%（2019 年增速按可比口径计算）（见图 3-3）。

国家统计局统计的基础设施投资包括交通运输、邮政业，电信、广播电视和卫星传输服务业，互联网和相关服务业，水利、环境和公共设施管理业投资。根据国家统计局数据，2014—2019 年中国基础设施建设投资额不断上升，但自 2018 年起基础设施投资额增速有所减缓。2019 年基础设施投资增长 3.8%。2020 年 1—2 月，受新型冠状病毒肺炎疫情的影响，基础设施投资同比下降 30.3%（见图 3-4）。

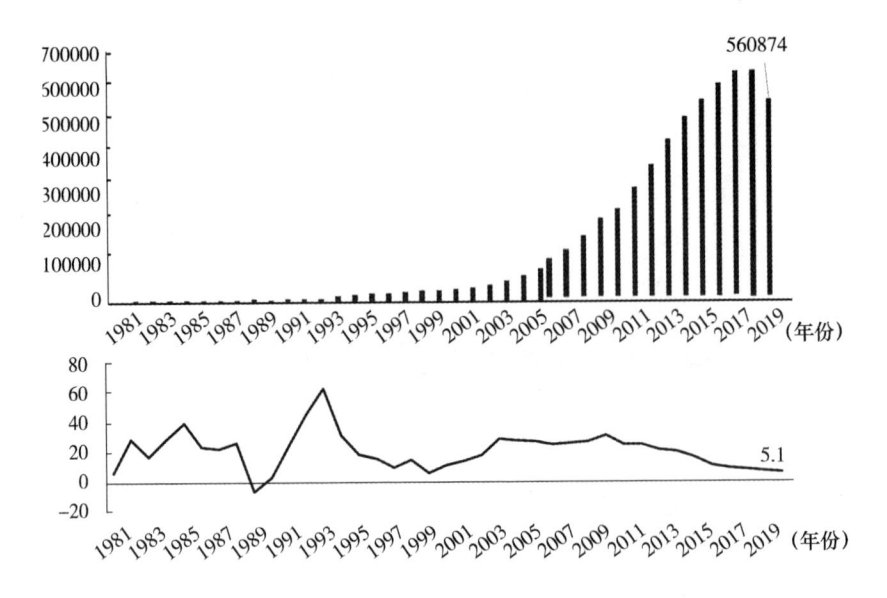

图 3-3　1981—2019 年全社会固定资产投资完成额及

增速情况（单位：亿元，%）

数据来源：国家统计局。

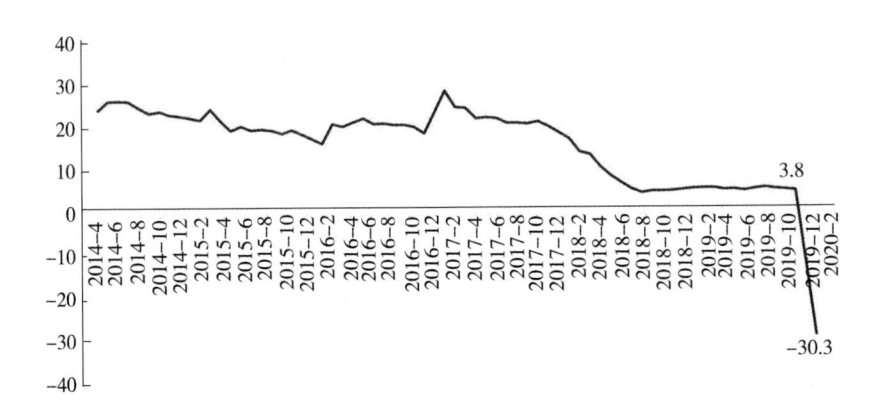

图 3-4　2014—2020 年基础设施（不含电力）投资完成额

累计同比（单位：%）

数据来源：国家统计局。

## 二 代表性行业基础设施建设情况

### (一) 交通运输领域

交通运输建设突飞猛进,综合交通运输网四通八达。新中国成立初期,国家迅速修复了被破坏的运输线路,恢复了水、陆、空交通,1953—1977年,交通运输业全民所有制单位基本建设投资累计完成840亿元,先后建设了青藏公路、武汉长江大桥、首都国际机场、青藏铁路、京沪铁路、港珠澳大桥、大兴国际机场等重大项目,改变了落后闭塞的交通面貌。20世纪90年代后,国家将加快交通运输发展作为重要战略目标,持续加大投资力度,交通运输业投资快速增长(见图3-5)。1996—2018年,全国交通运输业投资年均增长16.7%,全国形成了以铁路为骨干,公路、水运、航空等多种运输方式组成的综合交通运输网络。

(1) 铁路。中国铁路里程仅次于美国,2018年中国铁路营业里程达13.2万公里。高铁方面,2019年中国高铁运营里程超3.5万公里,占世界运营总里程超2/3。

(2) 公路。中国公路里程仅次于美国,2018年中国公路里程为484.7万公里,公路密度为5048.5公里/万平方公里,高速公路和一级公路占比分别为2.9%和2.3%。

(3) 航空。根据中国民用航空局数据,2018年中国颁证公共机场235个,平均每亿人拥有公共机场16.9个,航空运输量及注册运营商全球出港量为436万次。

(4) 轨道交通。从总量上看,2018年中国城轨里程共计5766.7公里,位居世界第一,占全球总里程的22.09%。其中地铁、轻轨和有轨电车里程分别为5013.3公里、420.8公里和

332.6公里，分别占全球地铁和轻轨里程的35.3%、32.5%和3.1%，地铁、轻轨里程也是世界第一。

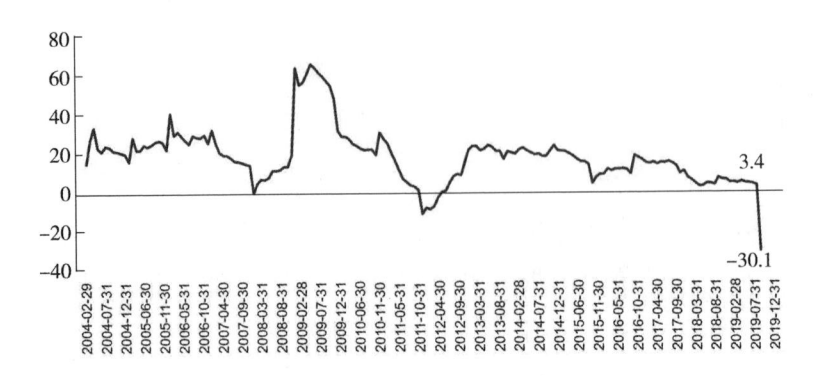

图3-5　2004—2019年交通运输、仓储和邮政业固定资产投资同比增长情况（单位：%）

数据来源：国家统计局。

（二）能源领域

能源产业投资成效显著，能源保障持续加强（见图3-6）。新中国成立后，为解决能源供应能力不足问题，国家优先发展能源工业，1953—1977年，全民所有制单位能源工业基本建设投资累计完成947亿元。改革开放后，能源工业投资进入飞速发展期，1982—2018年，全国能源工业投资年均增长15.4%，亿吨煤炭生产基地神东矿区、世界上最大的水电站三峡水利枢纽、酒泉千万千瓦级风力电场、秦山核电站、"西电东送"、"西气东输"等一批重大能源工程项目建成并投入使用，能源产业生产设备和装置水平显著提升，能源供应能力大幅提高。2018年，我国能源生产总量近38亿吨标准煤，比1949年增长158倍，水电、火电、风电、太阳能发电装机规模均居世界首位，为经济发展提供了充足的能源保障。

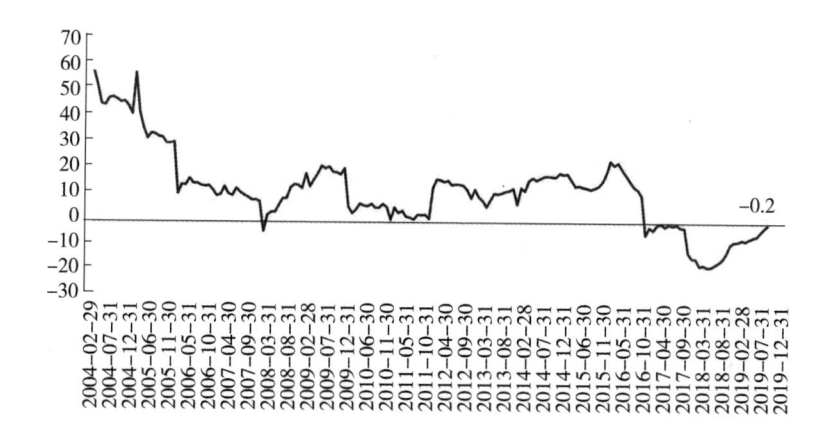

图 3-6 2004—2019 年电力、热力生产及供应业固定资产投资同比增长情况（单位：%）

数据来源：国家统计局。

（三）通信领域

信息产业投资效果突出，网络强国基础增强（见图 3-7）。21 世纪初，移动互联网兴起，中国抓住产业发展的风口期大力投入，2004—2018 年，全国信息传输业投资年均增长 5.8%。2013 年，

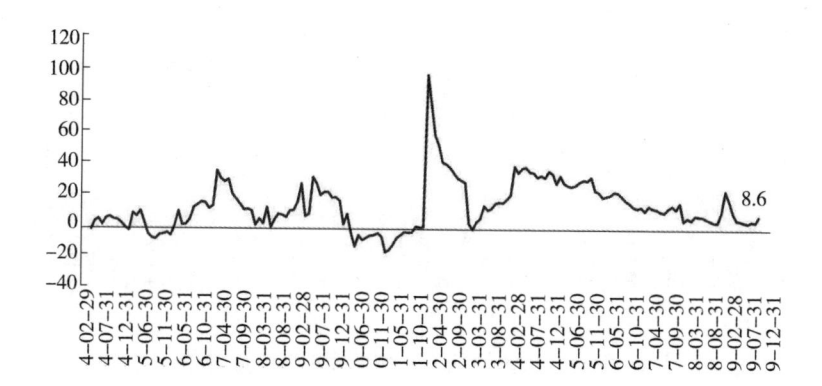

图 3-7 2004—2019 年信息传输、软件和信息技术服务业固定资产投资同比增长情况（单位：%）

数据来源：国家统计局。

国家出台了"宽带中国"战略及实施方案,大力支持城乡宽带网络基础设施优化升级投资,截至2018年末,全国接入网络基本实现光纤化,光缆线路总长度稳居世界第一,全国光网城市全面建成,移动通信网络覆盖水平在全球领先,5G网络建设已全面启动。随着信息传输业服务能力的提升,互联网新经济蓬勃发展,我国在通往网络强国的道路上稳步前行。

(四)公共设施领域

公共设施领域投资大幅增加,公共服务水平显著提高(见图3-8)。70年来,随着我国城镇化水平不断提高,公共设施领域投资持续增加,2004—2018年,全国公共设施管理业投资年均增长23.3%,显著提升了城市基本公共服务能力。2018年末,全国城市实有道路面积超80亿平方米,1978年仅有2亿多平方米;建成城市排水管道64万多公里,1978年仅有2万公里;城市供水、燃气及集中供暖条件大幅改善,居民生活更加舒适方便。

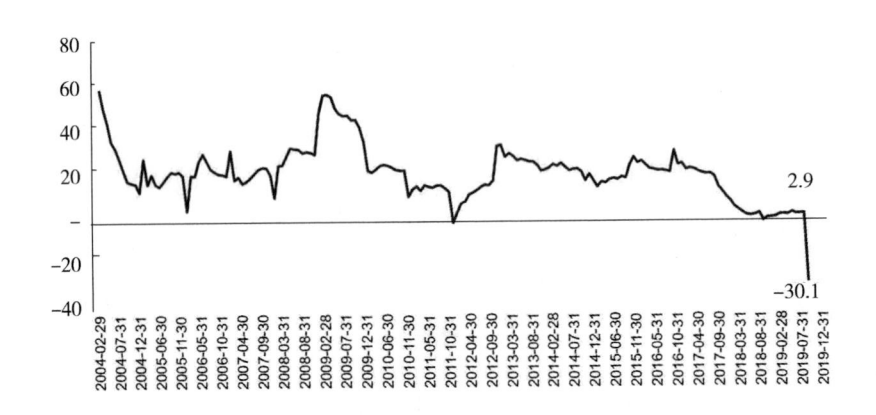

图3-8 2004—2019年水利、环境和公共设施管理业固定资产投资同比增长情况(单位:%)

数据来源:国家统计局。

中国基建的成就，来源于中国人民不懈的努力，来源于领导阶层以人为本而非以资为本、总体布局而非项目赢利的视野格局。中国基建的成就，为中国"世界工厂"的地位打下了人流、物流、资金流与信息流自由流动的基础，奠定了中国经济建设的成就。

## 第三节　基建成就，穿越文明峰谷的基础

一个文明的优秀，并不在于它在鼎盛时期创造了多么璀璨的文化，而在于它在遭遇灭顶灾难时的韧性，在于它面对灾难或强敌入侵时，是随波逐流放弃自我的努力，任由自然威力作用于自身，或者臣服于强者放弃抗争，还是依托文明的积累寻找灾难之源，揭秘自然规律进而掌握控制它，或者面对强敌无法直面敌峰之时能暂时蛰伏寻求抗争之道最终战而胜之，使文明穿越波谷而幸存。这种文明的积累，既有"天行健，君子以自强不息"的精神，也有文明于和平时期能着眼于未来，努力积累下物质文明，这些物质文明，最主要的还是基础设施。

2020年一场新冠肺炎疫情不期而至，为全球带来了重大伤亡。中国首先预警了疫情的发生，整场抗疫期间，新中国成立以来积累的基础设施为抗疫提供了最重要的物质条件。

### 一　基础设施成为物资大通道

（一）结寨扎营，建设医院

火神山医院建设是疫情期间"基建狂魔"书写的浓墨重彩的一笔。因为它本身已经不再是一座建筑物那么简单，它代表着生命的曙光、胜利的希望，代表着风雨同舟、披荆斩棘，代表着一

方有难、八方支援，更代表着千千万万国人战疫的信念和决心。"挽狂澜于既倒，扶大厦之将倾"，火神山医院从开始到完工的每一天，都注定不凡。

首先，你需要一个紧急命令。由中建三局牵头，武汉建工、武汉市政、汉阳市政等企业参建，在武汉知音湖畔5万平方米的滩涂坡地上，指挥7500名建设者和近千台机械设备，向全体国人和备受煎熬的武汉市民立下军令状——"十天，建成一所可容纳1000张床位的救命医院。"

紧接着，你需要北京中元国际工程设计研究院在78分钟内，将17年前小汤山医院的设计和施工图纸全部整理完善完毕，然后毫无保留地提交给武汉中信建筑设计院，并由全国勘察设计大师黄锡璆博士反复叮嘱经验得失。

你需要中信建筑设计院在1小时内召集60名设计人员，同时设立公益项目，联络全国数百名BIM设计师共同参与，全力以赴投入战斗：24小时内拿出设计方案，60个小时内与施工单位协商敲定施工图纸。

你需要武汉航发集团，迅速进场开始场地平整、道路以及排水工程施工；同时由两家上市公司高能环境和东方雨虹组成紧急工程建设团队，负责防渗工程、污水处理和医疗垃圾转运设施建设；还要在最困难的时候召唤中铁工业旗下中铁重工，火速增援追赶工期。

你需要国家电网260多名电力职工不眠不休24小时连续施工。在1月31日前完成两条10千伏线路迁改、24台箱式变压器落位工作、8000米电力电缆铺设，并按时开始送电。

你需要亿纬锂能，在电力电缆铺设完成前，紧急提供静音发电车，以解决通信基站等关键设备的应急供电问题。

你需要华为、中国移动、中国电信、中国联通、中国铁塔、中国电子、中国信科、中科等前后方企业紧密配合、协同作战，在36小时内迅速完成5G信号覆盖后，还交付了云资源、核心系统的计算与存储设备，并建成与解放军总医院的远程会诊系统。

然后你可以在三棵桂花树后架设一个摄像头开通直播，再召唤几千万个云监工，看着由三一重工、中联重科、徐工机械支援保障的"送灰宗""呕泥酱"们24小时忙忙碌碌。

你需要中石油现场加油车，并征用中石化知音大道加油站为项目现场提供油品保障，同时提供方便面、开水，开会场地和临时厕所。

你需要三峡集团鄂州电厂全部生产人员驻厂，为武汉用电提供保障；中国铁建高速公路优先放行火神山医院物资；宝武钢、浙商中拓、五矿发展提供钢材；中国建材提供石膏板、龙骨。

你还得用中国外运送来的食品、中粮集团捐赠的粮油为数千名工人供应一日三餐；需要在一天之内由湖北中百仓储联手阿里巴巴旗下淘鲜达建成一个"无接触收银"超市，为工人和医务工作者便捷、安全地提供生活物资。

施工中，你需要华新股份的水泥、河北军辉的防火涂料、正大制管的镀锌圆钢、华美节能的橡塑绝热保温材料、惠达卫浴的5931件马桶和水龙头、海湾安全的消防报警器、佳强节能等三家企业的3500套装配式集成房、新兴际华的球墨铸铁管、永高股份的市政及建筑管道、中国一冶的4800套钢构件、株洲麦格米特的50套电源设备、上海冠龙公司的2000台阀门。

房子建好接下来是装修，你需要中建深装的100名管理人员、500名施工人员，在3天内完成室内外地胶铺设、卫生间和缓冲间地砖铺设以及200余间病房的室内装饰任务。

装修完成，信息系统建设你需要联想集团提供的全套2000多台计算机设备和进驻现场的专业IT服务团队；TCL电子提供的全部公共LCD显示屏；小米提供的平板电脑；紫光、烽火通信、奇安信提供的网络及安全设备；卫宁健康提供的互联网医院云平台。

专业设备不可或缺，你需要上海影联医疗、上海信投、东软集团的CT设备、潍坊雅士股份的ICU病房和手术室专用医疗空调、上海集成电路行业协会的热成像芯片、上海昕诺飞的930套紫外消毒灯、欧普照明的专业照明设备、乐普医疗的2000支电子体温计与700台指夹血氧仪、汇清科技和奥佳华的专业空气净化器、猎户星空的医疗服务机器人；欧亚达家居的物管团队和床铺物资。

以上所有的物资运输，都依赖于顺丰、中通、申通、韵达、EMS、阿里巴巴物流平台等中国物流巨头联合开通的国内及全球绿色通道，免费从海内外各地为武汉运输救援物资。

最后，让专业团队安装好格力空调，等海尔的工程师因为道路封闭背着冰箱赶到现场，把美的饮水机、热水器安置到位。门外，由宇通客车和江铃集团捐赠的几十辆负压救护车已经整装待发。

你想到的，总会有人及时提供；你想不到的，也会有人提供。价值20万元的文件柜，14家洛阳家具企业连夜赶工，发货后才告诉你"不用买，我们捐"。8000斤冬瓜、上海青、香菜，是河南沈丘白集镇退伍老兵王国辉驱车300公里，在大年三十直接送到工地的。1吨"资中血橙"，是并不富裕的四川资中县水南镇农民黄成精挑细选发来的。400个板凳，是营业不到一年的淘宝店主金辰不忍看到昼夜赶工的工人们席地而坐捐献的……

(二) 物资保障，粮草先行

疫情暴发初期，来势汹涌、扩散迅猛，各地特别是湖北省各市，尤其武汉市对医疗物资的需求骤增，医疗物资保障任务急迫而艰巨。1月23日湖北省提出第一批需求清单后，紧急安排中央医药储备迅速向武汉调送口罩、防护服等重点物资，以医疗物资保障组名义协调部分省市党委政府集中本地医用物资全力驰援武汉。很多省市主要负责同志接到调令后，第一时间做出指示，安排得力人手，争分夺秒，连夜组织调运。一些企业积极响应国家号召，果断将用于出口的产品交由医疗物资保障组应急使用。至1月27日李克强总理到武汉考察时，除医疗防护用品尤其是医用防护服和N95医用口罩外，消杀用品、医疗器械等医用物资供应紧张的局面得到了初步缓解。

针对最短缺的N95医用口罩、医用防护服，在国务院联防联控机制的统筹下，从1月28日起，建立按日供需精准对接机制和重点企业调度机制，实施国家统一管理、统一调度制度，全力保障湖北省特别是武汉市需要。工业和信息化部选派73名司局级和处级干部作为驻企特派员，赴16个省市56家重点生产企业和原材料供应企业，确保生产调运全程可控、经营困难及时解决。经过全力组织复工复产、转产扩能，加上国际采购，到2月5日每日供应湖北的N95医用口罩和医用防护服数量开始略大于中央指导组下达的指令需求，但依然处于紧平衡状态。2月15日以来，随着国内的产量快速提升，供应湖北省国标防护服的数量开始超过需求数量，实现了"当日平衡、来日有望"，同时兼顾北京等其他重点地区的防控需求。

截至2020年2月25日，医疗物资保障组累计向湖北省供应医用防护服283.64万件、N95医用口罩248.2万只、隔离衣

92.2万件、医用隔离眼罩（面罩）82.1万个、免洗洗手消毒液196.25吨、84消毒液（5%）11.79万箱、手持式红外测温仪15.8万个，其他大量进口医疗物资也都优先供应湖北，经分拣、检测后做应急使用；累计供应负压救护车516台，急需医疗器械产品38类、超过5.5万台（套），包括2月19日湖北省提出的10类紧缺医疗设备需求，除人工心肺机正通过国际采购和境内外捐赠落实外，其他设备均在一周多时间里通过调用库存和国内生产得到满足。

生活物资保障方面，疫情暴发正值春节期间，部分群众外出，但武汉仍有900多万市民，每天要消耗5400吨粮食、4000吨蔬菜、1200吨肉。在封城的76天里，雪中送炭的暖流，从未中断。

按下"暂停键"的武汉，既静了下来，又"动"了起来。1月27日至5月8日，全国累计向湖北地区运送防疫物资和生活物资153.23万吨，运送电煤、燃油等生产物资284.15万吨。武汉和湖北的脚下，是基础设施搭建的生命大通道。武汉和湖北的背后，站着整个中国。

一边是疫情带来的巨大影响，一边是防控工作的巨大消耗。14亿人口的大国，基本生活保障不停、物资供应不断、社会秩序不乱、经济发展加快恢复，这从根本上得益于新中国成立以来特别是改革开放以来长期积累的综合国力，得益于危急时刻能够最大限度运用我们的综合国力。

中央政府联动协调，确保重要生活物资供应充足。国务院多个部委统筹，保障全国特别是湖北生活必需品的生产、存储及价格稳定。依托省际联保联供协作机制保障货源，开辟"绿色通道"；投放中央冻猪肉储备和扩容"特价蔬菜包"；紧盯"南菜北运"生产大省,增加"菜篮子"产品生产;启动"保价格、保质量、保供应"系列行动,组织紧急物资运输队伍,使得湖北省尤其武汉市长时间居家隔离措施得以顺利实施。

物资配送纳入社区服务,保障生活用品安全及时送到居民家中。武汉市社区采用网格化管理,打通生活物资配送从商超到小区的"最后一公里",直接送货入户,保障日常生活补给,通过无接触配送方式,将经过检疫、符合防疫标准的蔬菜直送社区,解除了隔离中居民的生活保障和防疫安全之忧。

充分运用互联网技术,全面普及"无接触消费"。先进的互联网+物流配送、电子商务平台保障了疫情期间全国物资订购配送支付的全部环节,民众通过手机完成线上购买、线下收货,物流快递通过物业托管、固定点交接、自提柜寄件等方式配送,避免了去超市、商场、农贸市场人群聚集带来感染风险,货源、资金、运输、交付等整个产业链在互联网基础设施下如同齿轮般运作,实现了商品销售无现金支付、物流配送零接触交付。

(三)大道不孤,紧急驰援

这是一场突如其来的危机,也是一场前所未有的大考。疫情暴发,正值春运高峰,交通运输系统在阻断和保通的双重压力下双线作战。除夕前夕,在中国版图上通衢九州、位居"天元"的大城武汉,突然寂静下来。机场、火车站离汉通道关闭,公交、地铁、轮渡、长途客运停止运营,城区机动车禁行,所有小区、村庄实行24小时封闭管理,武汉保卫战全面打响。自封城开始的2020年1月23日至6月5日,全国通过铁路、公路、水运、民航、邮政快递等运输方式向湖北地区运送防疫物资和生活物资177.58万吨,运送电煤、燃油等生产物资422.05万吨。

公路运输车辆累计向湖北运送医疗酒精、消毒液、医疗器械、口罩、测温仪、应急帐篷、防护服等防疫物资及生活物资50.93万吨。其中，武汉公交集团8000多名员工坚守岗位，590多辆公交专车24小时值守，通宵达旦接送3万余名援汉医疗队员往返于住地与医院之间；从2月3日起组建了171人的工作队，24小时值守并全面负责国博物流中心救援物资的转运、现场保卫等；500余辆公交车变身"配送专车"，将生活物资送到小区门口。武汉公交集团运送人员111.4万人次、物资280.2万箱（件）。出租汽车安排车辆6000辆，运行53.4万辆次。湖北省公路客运集团每天组织安排500余辆车辆，以"一流的交通保障体系、一流的运输服务举措、一流的安全驾驶技术"，圆满完成了各项交通运输保障工作任务。目前，已累计运行9955辆次，运送人员13.7万人次、医疗用品606吨，实现"零失误、零事故、零差错"。为服务武汉1159个社区，武汉向社会紧急征召6000辆志愿车辆。数千车辆集结完毕，仅仅用了一天时间。

1. 交通强国，铁路先行

在保障运输交通安全有序的主战场上，武汉站是医护人员、医疗物资集中到达最多的地方，1/3以上的医护人员、医疗物资经高铁运达武汉站，再中转至各大医院。中国铁路武汉局集团公司476名调度员自请全封闭工作，24小时不停运转，平均每个调度员要管辖20余个车站，一个班12小时，接打电话500余次，下达调度指令50余条。在春运紧要关头，铁路部门坚持特事特办、急事急办，开辟一条条"绿色通道""生命通道""应急通道"，以最大的努力、最快的速度运输医务人员和防疫物资。统计数据显示，2020年上半年，中国铁路累计向湖北、武汉地区运送防疫物资1.87万批、51.2万吨，圆满完成458批1.39万人次援鄂医务人员运送任务；同时，精准实施站车疫情防控，认真排查发热旅客，免费办理退票，先后免费办理退票2.06亿张，开行务工专列401列，运送旅客45.4万人次；严把铁路进站、上车、出站等防疫关口，站车共排查3.5万名发热旅客。提供密切接触者协查信息数亿条，有效切断了疫情在铁路的传播途径。

穿越风雨，鏖战疫病；山河无恙，人间平安。中国铁路成功的背后，是全世界最大规模的铁路运营线路和全世界最多的铁路车站构成的钢铁巨网，作为国民经济大动脉、大众化交通工具，中国铁路在抗击疫情中彰显了先行本色，展现了强大的"中国力量""中国精神"和"中国担当"。

2. 空中动脉，争分夺秒

在抗击新冠肺炎疫情的战斗中，无论是承载医疗物资和人员的航空公司、重要交通枢纽的飞机场，还是保障航班安全准时起飞和降落的空管系统，都活跃着一群精锐出征、冲锋在前的人，他们安全运送抗疫医疗物资与医护人员，保障着复工复产"空中动脉"各环节的畅通。一方面，为最大限度减少旅客出行，体现不鼓励人员流动的政策导向，从疫情暴发至2020年2月10日，国内外航空公司共办理免费退票1900多万张，同比下降70%，为春运期间可能出现的民航春运高峰踩了"急刹车"。另一方面，统筹航班调减与重大运输任务保障，从2020年1月20日起，民航承担了全部援鄂医护人员中80%的赴鄂以及93%的撤离返程运输任务，累计接运医护人员7.33万余名；运送防控物资11955120件，累计110772.17吨，其中向湖北地区运送防控物资1536824件，累计12333.29吨；完成抗疫紧急人道主义援助和医疗物资商业出口任务115架次，运送援外医疗专家169名，涉及美国、英国、伊朗、伊拉克、巴基斯坦、意大利、塞尔维亚、老挝等33个国家；组织安排24架次临时航班或包机，从疫情严重国家接回中国公民4329人；完成海外留学生"健康包"物资运输60万份、600余吨；全面调整收紧国际航空运输政策，采用增加第一入境点的方式，分步将首都机场国际客运航班分流至12个机场；出台"一家航空公司在一国保留一条航线，一周至多一个航班"的"五个一"政策，国际航线日均旅客量降至3000人次以下，从源头上最大限度遏制了境外输入性风险加大的态势。"疫情防控任务在哪里，民航就飞到哪里"，依靠的是全国航空骨干运输网络，依靠的是近百家运营航司，上万条运营航线，近50万个航班，200多个机场搭建起来的航空基建。

3. 邮政快递，同心战疫

疫情防控，无数人在为驰援湖北而努力，无论是以中国邮政为代表的国家队，还是以顺丰、京东为代表的民营企业，都在为打赢这场疫情防控阻击战做出贡献。中国邮政自2020年1月25日起紧急开通医疗运输绿色通道，义务为武汉地区提供防疫救援物资寄递服务；顺丰集中力量为各地政府、慈善组织提供公益运输，疫情期间由个人寄往武汉和武汉寄出快件免收春节服务费；京东物流开通全国各地驰援武汉救援物资的特别通道，接受政府、公益组织等机构组织对武汉地区的援助需求……13家物流企业开通驰援武汉救援物资的绿色通道，全力保障疫情防控相关物资运输。数据显示，1月23日至29日，武汉市揽收包裹83.7万件，投递包裹102.7万件，武汉市寄递服务基本平稳。截至6月5日，邮政快递企业已经承运、寄递疫情防控物资47.03万吨、包裹3.88亿件，发运车辆8.41万辆，货运航班760架次。

此外，武汉水域累计保障载运重点物资船舶1565艘次，保障运输电煤333.1万余吨、燃油88.9万吨、粮食30.1万余吨。

## 二 风雨同舟，央民携手创奇迹

（一）大国战疫，央企担当

面对新型冠状病毒肺炎疫情，党中央高度重视，全国上下有序开展防控工作。国务院国资委党委第一时间部署疫情防控工作，中央企业紧急行动，心系武汉，逆行而上。

医药央企加快研制药品器械，相关央企做好医疗保障。国药集团所属中国生物首家成功研制出新型冠状病毒核酸分子检测试剂盒，第一时间送至中国疾控中心验证，首批获得病毒核酸检测试剂盒医疗器械注册证。中国生物联合武汉病毒所加紧开展静脉注射人免疫球蛋白对新型冠状病毒的中和作用测试；通用技术集团春节期间24小时不间断生产完全阻隔病毒的医用防护面料；并采购一套西门子64排CT设备支援武汉市红十字会医院（武汉市第十一医院）用于疑似病人诊断工作；中粮集团快速调整产能方向，保障医用酒精和燃料乙醇供应，作为国内规模最大、技术领先的玉米深加工企业，中粮集团旗下中粮生物科技发挥自身业务优势填补疫情防控可能发生的物资短缺，产能方向已经调整为主要供应医用酒精，并全力保障湖北省车用燃料乙醇供应；中国石化茂名石化正紧急排产医用聚丙烯产品，保障医用物资生产的原料供应，于2020年2月上旬向市场投放2500吨；中国化工旗下6家企业2400余名职工加班紧急生产储备1130吨次氯酸钠和5000吨双氧水，全力保障防疫消毒物资供应；中国化工紧急生产次氯酸钠69吨，配制好5%—6%的成品约140吨，截至1月28日共灌装成25公斤/桶的成品共1600桶，为荆州市中心医院、荆州市第一人民医院等十家医院提供消毒液；国机集团下属企业加紧生产防护用品原材料无纺布，全力保障防疫工作，国机集团所属恒天嘉华每天生产120吨口罩用面无纺布、熔喷过滤用无纺布、底面用无纺布、病毒防护隔离衣用纺熔SMS无纺布，这些产品源源不断送往全国各地；中国诚通所属楠山康养保障了400余位老人入住安排，并配合武汉政府征用，将养老床位变更成医疗床位用于收治隔离病人；中国能建葛洲坝集团房地产公司所属葛洲坝美爵酒店截至1月28日15时，共接待浙江省援汉医疗专家、武汉市肺科医院医生共计240余人；招商局旗下天津药物研究院捐赠50000支药品驰援湖北，1月28日，天津药物研究院向疫情严重的湖北省黄冈市无偿捐赠10000盒计50000支伊诺舒（盐酸氨溴索注射液）助力抗疫；中国宝武旗下武钢有限气体公司24小时不停工，开足马力生产医用氧气，确保每天向武汉各定点医院供应医用氧气，从1月1日起，累计向同济、协和等20多家医院提供了超过1200立方米低温液态医用氧（折合气态医用氧约100万立方米）。

电信央企搭建高速信息通道，全程全网保障疫情防控。中国电信做好抗击疫情重点单位的通信保障和客户服务，派出保障客户工程师/客户经理930人，对湖北等重点省医卫及联防联控指挥部等600余家客户进行重点保障，保障专线电路4728条。为各级政府、医院、企业等全国疫情防治相关工作免费开通"天翼云会议"。中国联通全力做好对疫情重灾区的防控保障工作。湖北出动保障人员1450人次、保障车辆532台，累计发送疫情相关的公益短信2811万条。已向31省累计提供数据报告150多份，为防疫抗灾人员提供免停机、紧急开机等服务，在IPTV和沃视频平台推出免费视频专区。中国移动针对全国范围内1896个重保疾控中心、重要医院，投入应急保障人员17212人次、应急车辆2216辆次，在全国提供50000余家营业厅服务，投入14897名10086热线服务客户代表,网络安全战线 160 人参加疫情期间值守工作。1 月 25 日零时起至 2 月 8 日 24 时,中国移动咪咕请所有用户免费体验所有精彩体育赛事和咪咕阅读全站内容。中国铁塔加强网络监控,确保关键时期移动通信网络畅通。中国铁塔湖北省分公司已经完成了武汉火神山、雷神山医院,黄冈大别山医疗中心的移动通信基础设施建设保障工作,室内分布系统覆盖面积 5.7 万平方米。累计投入车辆 32 辆,人员 86 人。

电力央企 27 万员工投入防疫保电,发电企业全力保障电力热能供应。国家电网所属 19 省电力公司启动一级响应,27 万员工投入防疫保电,湖北保电人员 1 万多人,武汉保电人员 1100 多人;发布捐款捐物、保障供电和民生用电等方面 10 项举措,捐款捐物 1.1 亿元;武汉 1.7 万户欠电费居民不停电;武汉 57 座充电站免费充电;黄冈"小汤山"医院全部送电。国家能源集团湖北公司承担着武汉市区和部分企业的供电供热任务,疫情发生后,汉川发电公司全员分批次进驻电厂,全力保障电力和热能供应;国家电投共 1 万余名员工奋战在一线,其中在鄂近百人。在鄂光伏 35.6 万千瓦稳定运行,大别山发电双机运行,为湖北省防疫应急提供电力保障。南方电网全面启动防疫工作,部署公司各单位全力做好医疗、交通、应急指挥机构等重要场所和重点部位的保供电工作,为全社会遏制疫情蔓延势头、全力开展救治提供电力保障。

能源央企奋战疫情防控服务一线,全天候保证油气供应。中国石油近 2 万人奋战在保供一线。中国石油西北销售累计向河南、湖北、湖南地区分输汽柴油资源近 15 万吨;天然气管网累计输气 12.36 亿立方米,其中向湖北省供应天然气 3243 万立方米,平均每天递增 120 万立方米,5000 多座加油站开放绿色通道，应急车辆优先加油。中国石化从1月20日至28日，武汉石油加油站燃油销售总量13084吨，其中汽油11836吨，柴油1248吨。截至1月28日，武汉市176座加油站，湖北石油1800余座加油站均正常营业，全省近11000名中国石化员工奋战在一线。中化集团所属1400多座加油站，13000多人全天候奋战一线，确保油不断供，店不打烊，物不涨价。中化集团湖北地区加油站为运送防疫物资和施工车辆开辟绿色加油通道。1月28日，已装出10000升柴油送往火神山医院建设项目部，免费提供油源支持。中国海油自疫情发生以来，在湖北的43座加油站坚持正常营业，24小时不断油，保证当地油品供应。中国航油人坚守一线，1月24日除夕至28日17时，中国航油湖北分公司武汉航油加油站为国际旅游回汉包机，运送医疗队及救援物资的货机、急救飞机加油保障42架次，244.363吨。1月23—27日，中国航油共保障航班58225架次，供油443548吨。

民生央企保障粮油盐食品供应，高效生产做好应急准备。中粮集团成立应急小组，确保集团下属湖北工厂和周转仓等米、面、油、糖、肉、奶等粮油副食产品的充足库存和市场供应。中粮集团旗下中粮生物科技填补疫情防控可能发生的物资短缺，产能方向调整为主要供应医用酒精，并全力保障湖北省车用燃料乙醇供应，供应首批365吨医用酒精。为全力保障湖北省车用燃料乙醇供应，累计向湖北省武汉市、孝感市、黄石市供货29车次922吨。中盐集团在武汉市交通管制前，已向武汉调运食盐1000余吨，目前库存各类食盐近5000吨，供应稳定充足。中盐集团所属位于安徽、河南、陕西、江西、江苏、河北等地食盐定点生产企业保持高效生产。中储粮广西分公司贺州直属库作为应急加工点，启动库存大米100万斤调度保障工作。中储粮油脂营销有限公司下发紧急通知,严禁各地经销商上涨小包装油销售价格。中储粮在全国的 28 家分(子)公司严格执行 24 小时值守,做好应急动用准备。

(二)社会基建,风雨同舟

民营企业硬核担当,发挥优势为新基建添砖加瓦,疫情阻挡不住复工复产的步伐。"民企因改革开放而生,因国家发展而壮大,关键时刻理应扛起责任",亨通集团董事局主席崔根良说。习近平总书记指出,民营经济是我国经济制度的内在要素,民营企业和民营企业家是我们自己人。① 新冠肺炎疫情发生以来,广大民营企业牢记习近平总书记嘱托,一方面积极筹措资金物资,助力抗击疫情;另一方面有序复工复产,释放发展潜能,彰显家国情怀和使命担当。据《中国企业家》不完全统计,2020 年 1 月 23 日至 1 月 31 日,超过 350 家企业向武汉及湖北疫区捐款捐物,捐款金额超 120 亿元,其中民企捐赠超 83 亿元。据第一财经网不完全统计,1521 家企业累计捐赠 168.4 亿元。其中,阿里巴巴、腾讯、吉利控股等 34 家企业捐赠达亿元,427 家企业捐赠超千万元,1060 家企业捐赠超百万元。在危急时刻,中国民营巨头们勇当急先锋,既捐助资金,又全力提供防疫物资、调动国内外资源,开通各种渠道,保障线上线下服务畅通。

"需要什么就生产什么、捐赠什么",2 月 1 日以来,每一个万籁俱寂的深夜,红豆集团西服生产车间都是灯火通明,200 多名员工埋头裁剪、缝制、打包,争分夺秒地完成紧急订单任务。着眼抗疫需要,红豆集团"秒改"生产线,将西服生产线调整为国家急需的防护服生产线。几个生产组开启 PK 模式,员工干劲十足,效能不断攀升,量产后一般防护服产能达每月 30 万件。

---

① 习近平:《在民营企业座谈会上的讲话》,《人民日报》2018 年 11 月 2 日第 2 版。

九州通、以岭、人福等医药企业一面捐款捐物，一面紧急全面复工复产，保障供应。疫情初期，医疗防护物资紧缺，广大民营企业纷纷调动优势资源，加紧供应。武汉高德红外加班组织生产的人体温度快速筛查仪被紧急部署到交通枢纽和武汉各大医院。临时建设的武汉火神山医院、雷神山医院更是成为爱心的汇聚点——IT设备由联想捐赠，家电来自美的、TCL和创维，金牛管业捐赠了所需管道产品；春秋航空所有执飞航线免费承运救援物资，传化物流、顺丰速运、京东物流纷纷开通特别通道……

抗击疫情，保障供应尤为紧急。全国工商联农业产业商会及时发出保证供应、稳定物价的倡议，伊利、娃哈哈、洽洽食品等食品加工生产企业纷纷捐赠物资；物美集团设立专项基金，平抑蔬菜等民生商品价格；盒马武汉门店成立专门团队，为医疗单位提供基本供应；苏宁易购下发不涨价通知，物流保持半日达服务；美团增加优质供应商，增加了净菜和半成品类商品……

"需要什么就生产什么，捐赠什么！急需什么就优先生产什么，捐赠什么！现有产能不够，就临时改扩建生产线！"关键时刻，广大民营企业迅速响应，迅速行动，报国为民的满腔热忱令人感佩。

在新冠肺炎疫情突袭考验之下，中国人民团结一致，勇于担当，以坚实的基础设施建设为依托，央民合作风雨同舟，谱写了中华文明伟大乐曲的篇章，展现了文明的底色。

## 第四节　后疫情时代的"新基建"

基础设施是指为社会生产和居民生活提供公共服务的物质工程设施，是用于保证国家或地区社会经济活动正常运行的公共服务系统，一个国家或地区的基础设施是否完善，是其经济是否可以长期持续稳定增长的重要基础。2020年初暴发的新型冠状病毒肺炎疫情对中国和全球经济都造成了前所未有的影响。当前中国经济本身的下行压力叠加疫情冲击，基建投资成为宏观政策逆周期调控的重要抓手，被赋予经济起动机和助推器的重任。"新基建"是服务于国家长远发展和"两个强国"建设战略需求，以技术、产业驱动，融集约高效、经济适用、智能绿色、安全可靠为一体的现代化基础设施的总称。近年来，党中央、国务院高度重视新型基础设施建设，不断加快并完善5G基建、特高压、城际高速铁路和城市轨道交通、新能源、大数据、人工智能、工业互联网等领域的建设布局。"新基建"因兼顾短期拉动经济和中长期释放经济增长潜力的作用，成为点亮中国经济未来的新希望。短期内，扩大"新基建"投资有助于稳增长和保就业；中长期，"新基建"的适度前瞻性布局有助于加快中国经济的新旧动能转换，释放中国经济增长潜力，在国际竞争中抢占先机。

## 一 什么是"新基建"？

当前，"新基建"是与传统的"铁公基"相对应，结合新一轮科技革命和产业变革特征，面向国家战略需求，为经济社会的创新、协调、绿色、开放、共享发展提供底层支撑的具有乘数效应的战略性、网络型基础设施。2018年12月，中央经济工作会议首次提出新型基础设施建设的概念——"加快5G商用步伐，加强人工智能、工业互联网、物联网等新型基础设施建设"，随后党和国家的几次重要会议中，"新基建"的相关概念也成为讨论的焦点（见表3-1）。

表 3-1　　　　　　　　"新基建"概念时间轴

| 时间 | 会议 | 内容 |
|---|---|---|
| 2018年12月 | 中央经济工作会议 | 加快5G商用步伐，加强人工智能、工业互联网、物联网等新型基础设施建设，加大城际交通、物流、市政基础设施等投资力度，补齐农村基础设施和公共服务设施建设短板 |
| 2019年3月 | 全国"两会"政府工作报告 | 加大城际交通、物流、市政、灾害防治、民用和通用航空等基础设施投资力度，加强新一代信息基础设施建设 |
| 2019年12月 | 中央经济工作会议 | 要着眼国家长远发展，加强战略性、网络型基础设施建设，推进川藏铁路等重大项目建设，稳步推进通信网络建设，加快自然灾害防治重大工程实施，加强市政管网、城市停车场、冷链物流等建设，加快农村公路、信息、水利等设施建设 |
| 2020年1月 | 国务院常务会议 | 大力发展先进制造业，出台信息网络等新型基础设施投资支持政策，推进智能、绿色制造 |
| 2020年2月 | 中央全面深化改革委员会第十二次会议 | 统筹存量和增量、传统和新型基础设施发展，打造集约高效、经济适用、智能绿色、安全可靠的现代化基础设施体系 |
| 2020年2月 | 中央政治局会议 | 加大试剂、药品、疫苗研发支持力度，推动生物医药、医疗设备、5G网络、工业互联网等加快发展 |
| 2020年3月 | 中央政治局常务委员会会议 | 加快5G网络、数据中心等新型基础设施建设进度 |

从高层的几次重要会议中可以看出，"新基建"的内涵不断拓展完善，从最初的人工智能、工业互联网扩展到大数据、新能源等，体现出存量与增量的统一、传统基建与新基建发展的统筹考虑。与传统基建不同，新基建不是"四万亿"投资举措的重复，这次的新基建强调的是与新经济、新技术发展前沿——数字化信息技术的开发与运用紧密结合的基础设施建设，也会吸取上两轮抵御亚洲金融危机和国际金融危机期间的投资经验，具体而言，本轮的新基建将会"新"在以下四大方面。

（一）投资领域"新"

作为"老基建"的相对概念，"新基建"主要包括三个领域。一是与科技创新和经济高质量发展相关的领域,如5G基站和相关装备、人工智能、工业互联网、大数据等基础设施领域。二是与新型城镇化相关的领域,如提高都市圈、城市群经济辐射能力和人员流动水平、城市治理水平相关的领域,包括城际高铁、轨道交通、智慧交通、智慧城市大脑等。三是与供给侧结构性改革相关的补短板的领域,如此次疫情暴露出来的应急物资保障及相关设施领域,公共卫生服务和健康等基础设施领域,环境保护、教育、医疗、养老等基础设施领域。

(二)投资主体和融资方式"新"

"新基建"需要以改革的方法来提高基建投资效率,避免走过去基建投资低下的老路。投资主体方面,要进一步放开基建领域的市场准入,扩大投资主体范围,积极吸引民间资本投资。同时,对有较好收益的项目要对民间资本一视同仁。融资模式方面,"新基建"自带科技基因,要吸引高新技术企业参与投资,探索高新技术企业技术入股的新模式。此外,要规范推动PPP等融资模式,避免明股实债等漏洞。

(三)制度保障"新"

"老基建"主要依赖于财政、金融和产业政策等制度支撑,"新基建"大多属于高新技术产业,因而在制度保障方面有新要求。在财政政策方面,要加大研发支出的扣除力度,推广高新技术企业低税率政策,激发企业创新活力。货币政策方面,要在低息融资、专项贷款的基础上,加快推进多层次资本市场建设,并在高技术企业并购、上市、发债等方面给予更多支持。

(四)投资区域"新"

基础设施建设最终要服务于人口和产业,因此"新基建"要紧密结合未来人口流动和产业发展的趋势。当前中国的城镇化率约为60%,对比发达国家80%左右的城镇化率,未来中国的城镇化率仍有明显的提升空间。现在,都市圈已经成为当前经济活动的主要载体,也是未来中国新型城镇化的重要方向。未来,越来越多的人口将聚集于都市圈,从而带来城际高铁、轨道交通、5G等基础设施和教育、医疗等多方面资源压力。因此,都市圈将成为未来"新基建"的重点投资区域,从而扩大都市圈的承载能力和辐射能力。而对于人口流出的地区,则要避免大规模基础设施建设造成的资源浪费。

## 二 为什么要搞"新基建"?

(一)经济下行压力叠加疫情短期冲击,需要新老基建齐发力稳增长

在新冠肺炎疫情期间经济几乎停滞的状况下,尤其需要基础设施建设发挥经济"起动机"和"助推器"的作用。总体来看,疫情对全年经济增速的负面影响不可避免,因此,逆周期调控政策需要加大力度稳增长和保就业。投资作为宏观经济逆周期调控最重要的抓手,在后疫情时代,其托底经济的作用将更加突出。无论是制造业还是服务业,恢复正常的生产经营仍需时日,难以在较短时间内形成有效投资,因而基建投资是当下稳就业、稳金融、稳外贸、稳外资、稳投资、稳预期"六稳"以及保居民就业、保基本民生、保市场主体、保粮食能源安全、保产业链供应链稳定、保基层运转"六保"的重要举措。

对于"老基建"而言,其投资的副作用较大,不再适宜作为投资的重点;"新基建"既能形成对经济增长的有力支撑,又能为创新发展注入新动力。2008年国际金融危机以后,以"铁公

基"为代表的大规模旧基建虽然在当时有力地支撑了经济增长，但也带来了很大的负面影响。例如，在基础设施投资维持在20%以上的高速增长时，中国的宏观杠杆率也在以每年10%的速度被快速提高。对于发力于科技端的"新基建"而言，它不仅能拉动短期经济增长，更将有效促进技术进步，提高全要素生产率（TFP）。国际经验表明，信息通信技术投资（ICT）占总投资比重与全要素生产率之间存在着明显的正相关关系。而以信息和技术为依托的"新基建"，则将有效促进全要素生产率的提升。因此，对于"老基建"而言，"新基建"投资副作用明显更小。

另外，当前"新基建"规模较小，应当认识到新老基建共同应对经济下行压力和疫情冲击的作用。未来，"新基建"将逐步取代"老基建"成为基建投资的核心着力点。现阶段，中国基础设施建设区域不平衡性严重，"老基建"仍有发展空间。"新基建"投资规模依然较小，短期内无法完全替代"老基建"投资。2020年，"新基建"七大重点领域投资总规模约为1.2万亿元，占2019年基建投资总额的7%左右。可见，"老基建"仍是投资增速和稳定的关键因素，"新基建"投资增速较高，并代表着未来投资方向的变化，二者依旧缺一不可。

（二）"新基建"不仅关乎短期经济增长，更是创新驱动发展的基础

"新基建"是中国经济新旧动能转换的内在要求和未来创新驱动型发展的基础，前瞻性布局至关重要。改革开放40多年的经济腾飞，离不开适度超前的基础设施建设。1998年金融危机后，中国增发特别国债，适度超前布局的公路、铁路、港口、电网等基础设施建设，在中国加入WTO后发挥了巨大作用。完善的基础设施和巨大的劳动力成本优势吸引了大量外资来华投资建

厂，有效降低了工厂运营成本和原料、产品运输成本，大大提高了中国制造业的全球竞争力。21世纪初期中国适度超前建设的4G网络和通信基础设施，带来了如今蓬勃发展的互联网经济，使得中国在新经济发展领域与发达国家的差距大大缩小，甚至在某些领域实现了领先。由此可见，中国经济过去的高速发展受益于当时"老基建"的适度超前布局。放眼未来，一方面，中国经济实现创新驱动型增长需要发力于科技端的"新基建"先行；另一方面，中国要在全球信息化浪潮中抢占技术制高点，在未来大国竞争和博弈中抢占先机，同样需要在5G等新型基础设施领域进行适度的超前布局。

"新基建"投资需求并非催生于疫情，疫情只是加快了"新基建"进程。早在2018年底，中央经济工作会议就对未来创新驱动型发展所需要的新型基础设施建设谋划布局，提出要"加快5G商用步伐，加强人工智能、工业互联网、物联网等新型基础设施建设"，"新基建"一词由此诞生。2020年初，疫情冲击之下，以基建投资为抓手的逆周期调控呼声强烈，"新基建"进程提速，主要发力领域包括：5G基建、特高压、城际高速铁路和城际轨道交通、新能源汽车充电桩、大数据中心、人工智能和工业互联网。从短期来看，"新基建"投资有望在助推经济增长中发挥重要作用。从长远来看，抓住5G等"新基建"的历史性机遇对于激发投资活力、优化产业结构和提高经济增长潜力，从而跨越中等收入陷阱具有十分重要的战略意义。尤其是在"新基建"的投资建设中，必然会发现若干理论上无法提前预知的各种实践问题，实践问题的解决，又可以进一步循环提升人们对自然规律的探索，更进一步提升科技水平。需知，创新总是在需求的激发中诞生的。

## 三 怎么搞"新基建"？

"新基建"建设投资主要围绕七大领域展开，如表3-2所示，"新基建"的七大关键领域将在支撑"两个强国"建设、助力数字经济发展、加速构建智慧社会方面发挥重要作用。

表3-2　　　　　　"新基建"关键领域发展现状

| 领域 | 2020年中进展 | 发展规划（2020年） |
| --- | --- | --- |
| 5G基站及相关设备 | 截至目前，有8个地区明确规划了年内计划新建5G基站的数量，合计约27.6万个 | 2020年全国5G基站建设量将约为60万个 |
| 特高压 | 2020年2月国家电网全面复工一批特高压重大项目建设，总建设规模713亿元；新开工一批工程，投资265亿元，共计约千亿元规模 | 《国家电网有限公司2020年重点工作任务》规划：年内确定开工建设与确定建成的特高压线路共计12条，投资规模共计约1500亿元，此外还有年内确定核准的特高压线路1条，投资规模约300亿元 |
| 新能源汽车充电桩 | 截至2019年底，全国新能源汽车保有量381万辆，公共充电桩和私人充电桩总计保有量为121.9万台，车桩比约为3.1∶1 | 《电动汽车充电基础设施发展指南（2015—2020年）》规划提出，到2020年底车桩比接近1∶1 |
| 大数据中心 | 2018年中国互联网数据中心（IDC）业务市场规模突破千亿元，同比增长29.8% | 未来IDC市场规模仍将保持高速发展 |
| 人工智能 | 2015—2018年人工智能市场规模的年复合平均增长率为54.6% | 科技部《国家新一代人工智能创新发展试验区建设工作指引》指出，到2023年，布局建设20个左右试验区，人工智能核心产业规模超过50亿元，相关产业规模超过200亿元 |
| 工业互联网 | 2019年中国工业互联网产业市场规模达4800亿元，较2018年增长6.64% | 2018年工信部发布《工业互联网发展行动计划（2018—2020）》，提出到2020年形成相对完善的工业互联网网络顶层设计，初步建成工业互联网基础设施和技术产业体系 |

续表

| 领域 | 2020年中进展 | 发展规划（2020年） |
|---|---|---|
| 城际高速与城市轨道交通 | 2019年经国家及省市发改委批复同意，涉及的城市轨道交通线路约有59条，约29条线路已处于在建状态（2条进入试运营期） | 约30条线路预计将在2020年全面施工 |

资料来源：中国银行研究院、赛迪智库电子信息研究所。

在"新基建"的投资潜力方面，2020年，七大"新基建"重点投资领域投资规模约为1.2万亿元，占2019年基建总投资的7%左右（见表3-3）。未来，在政策领域继续将"新基建"重点领域作为主要发力点的情况下，"新基建"相关投资增速可能达到两位数，部分细分领域增速甚至更高，"新基建"投资占比也将从当前的7%左右提升至15%—20%，"新基建"投资对"老基建"的替代作用也将进一步增强。

表3-3　　　　"新基建"七大领域建设投资概览

| 领域 | 2020年投资金额估算 | 直接投资 | 带动投资 |
|---|---|---|---|
| 5G基站及相关设备 | 每个基站成本平均约为40万元，共计投资规模为40万—50万元，共计投资规模约为3000亿元 | 根据目前4G基站建设数量及考虑5G基站覆盖能力，预计至2025年，我国5G基站建设数量约为500万座，按照移动5G基站招投标成本50万元/座，5G基站直接投资将达2.5万亿元 | 5G产业链涵盖广泛，5G基站基建将带动多类型终端及人工智能、虚拟现实、高清视频等行业应用市场规模快速上升，预计2025年带动5G全产业链相关投资预计累计超5万亿元 |
| 特高压 | 2020年内特高压相关投资规模为800亿—1000亿元 | 根据国家电网数据，目前处于在建和待核准的特高压工程共16条线路，预计总投资规模为2577亿元。特高压投资周期2—3年，到2025年预计总投资规模将超过5000亿元 | 带动装备制造、技术服务、建设安装等领域业绩增长，推动电力互联网、配电网等智能网络快速发展，预计2025年，会带动相关投资累计超1.2万亿元 |

续表

| 领域 | 2020年投资金额估算 | 直接投资 | 带动投资 |
|---|---|---|---|
| 新能源汽车充电桩 | 预计2020年将新增约公共充电桩15万台，其中公共直流桩6万台（成本为3万—3.6万元），公共交流桩9万台（成本为2000—3000元）；预计新增私人充电桩约30万台（成本为2000—3000元），新增公共充电场站约8000座。照此假设，2020年新能源充电桩建设规模预计为200亿—300亿元 | 根据中国电动汽车充电基础设施促进联盟发布数据，截至2020年1月，公共类充电桩累计达53.1万台。按照每年公共充电桩增长15万台，私人充电桩增长30万台，公共充电桩投资成本为5万元，私人充电桩为2.5万元，预计2025年，投资规模将达到900亿元 | 带动充电桩/充电站零部件快速发展、充电运营更趋合理化、新能源汽车保有量不断增加，预计2025年，会带动相关投资累计超2700亿元 |
| 大数据中心 | 预计2020年相关行业市场规模将达1600亿元左右，大数据中心投资预计为600亿—800亿元 | 根据《全国数据中心应用发展指引》，截至2017年底，中国数据中心机架规模为166万台，增速33.4%。以增速不变计算，到2022年将新增220万机架，以单机架成本70万/架计算，预计新增投资1.5万亿元 | 大数据中心为驱动力基础设施，将带动云计算、物联网产业快速发展，预计2022年会带动相关投资超3.5万亿元 |
| 人工智能 | 预计随着试验区建设的落地，人工智能相关基础设施建设将同步完善，2020年，预计相关投资达到300亿元左右 | 根据IDC数据2019年我国AI芯片市场规模为122亿元。以45%的平均增长速率计算，预计2025年，AI芯片新增投资为1000亿元左右；机器视觉等传感器及AI带来云平台/数据服务/OS新增投资规模将超1200亿元，合计人工智能基础设施建设新增投资约为2200亿元 | 人工智能基础设施建设将带动计算机视觉、自然语言处理等技术快速进步，促进智慧医疗、智慧交通、智慧金融等产业快速发展。预计2025年人工智能核心产业规模超过4000亿元 |
| 工业互联网 | 预计2020年市场规模将达到5500亿—7000亿元，与之相关的基建投资为500亿—1000亿元 | 根据工信部《工业互联网发展行动计划》和《工业互联网专项工作组2018年工作计划》，到2025年，基本建成覆盖各地区、各行业的工业互联网网络基础设施。按照2019年工业互联网6110亿元规模以及13.3%的复合增速计算，预计至2025年新增投资规模将超6500亿元 | 工业互联网基础设施赋能传统工业，向智能制造转型升级，预计2025年会带动相关投资超万亿元 |

续表

| 领域 | 2020年投资金额估算 | 直接投资 | 带动投资 |
|---|---|---|---|
| 城际高速与城市轨道交通 | 2020年城市轨道交通投资规模预计将达4000亿—5000亿元；2020年城际高速投资规模预计约在1500亿元；合计投资规模预计6000亿—6500亿元 | 国铁集团数据显示，2019年底，中国高铁里程约3.5万公里，按照平均每年通车增加5000公里，每公里投资1.5亿元计算，预计2025年投资规模约4.5万亿元 | 带动轨道、道路建设、电工电网、装备制造、轨交车辆及零部件等行业高速发展，推动城市群旅游、人才、民生等经济发展，预计2025年，会带动相关投资累计超5.7万亿元 |

资料来源：中国银行研究院、赛迪智库电子信息研究所、浦银国际。

## 四 展望未来："新基建"大有可为

经过40多年的改革开放，中国已从一个经济总量排在世界10余位、人均国民收入排在世界100多位的落后大国成长为经济总量跃居世界第二、人均收入达到中等收入经济体上半区的新兴市场经济国家。2019年，中国的人均国民收入已经达到1万美元水平，如果未来5—8年仍可保持经济的中高速增长，人均国民收入就有望冲破13000万—14000万美元的门槛而稳坐高收入经济体的交椅。但从国际经验看，在过去70年中，冲关成功的概率仅有10%，绝大多数经济体没能跨过中等收入陷阱，对于追求现代化和平崛起的中国而言，跨越中等收入陷阱将成为历史性考验。

但客观地评价，40余年高歌猛进的发展在使中国成为"世界工厂"的同时，并没能使中国具备引领科技创新世界潮流的高端能力和前沿水平，要想从"中国制造"向"中国创造""中国智造"的方向努力，必须义无反顾地告别传统的粗放经济发展方式，奋力打开"科技是第一生产力"、发挥乘数效应的空间，使信息革命前沿的数字科技的开发和运用，逐步上升到世界领先，这是中国实现"和平崛起"的必由之路,"新基建"在中国大有可为。

如果对中国的工业化做总体评价,我们还只是走到了从中期向中后期转变的阶段;工业化进程必然推进和伴随城镇化,中国的"户籍人口城镇化率"仅为44%左右,其真实的城镇化水平充其量在50%以下,还有20%的城镇化快速上升空间,假如一年上升1个百分点,也还要走20年才能达到国际经验表明的告别城镇化高速发展的拐点70%以上。

与工业化、城镇化紧密结合的市场化、国际化,将有力地继续解放生产力,推进工业化、城镇化潜力空间的不断释放,表现为今后数十年间中国不断追赶、志在赶超的经济成长性。

当今时代的工业化、城镇化、市场化、国际化还必须插上信息化、科技化的翅膀,那么在超常规的发展中,中国再也不可错失新技术革新的历史机遇,在建成现代的未来"新的两步走"战略推进过程中,中国别无选择,必须使高科技化与经济社会发展相辅相成,融为一体,使整个国民经济提质增效。

千年之交之前已经启动,在21世纪前20年已经得到强劲发展的中国高科技产业,已经形成了令全球瞩目的强势产业集群,已经逐渐走向全球科技开发型行业的标杆。但我们必须承认,对比世界上发达经济体的"新经济"发达水平和原创能力,中国绝大多数企业还处于以学习、模仿为主的跟风阶段,我们亟待奋起直追。在追赶过程中,新经济所匹配的大量基础设施,就急需以"新基建"投资来形成。中国现在已经形成较为完整的产业链、相当雄厚的原材料和各类设备的攻坚能力,能与全世界各个经济体搭建起广泛的合作关系,都将为"新基建"大有作为埋下关键的伏笔。

如前文所述,"新基建"的内涵是随着技术与时代的发展而不断更新的。以中国农业保险为例,中国已经将卫星遥感影像应用于农业保险,谁能断言、谁敢断言,今后卫星遥感,就不会成为又一轮"新基建"的组成内容呢?这也是中国经济"发展导向"的一个表现:中国经济,从来不是以一个个利益集团的"利润"为目标进行基础设施建设,而是以满足人民追求美好生活的需要、以追求全社会的发展和生产力水平的提高为目标,不断推动基础设施建设向新的领域进展。

基建的根本出发点,还是中国共产党坚持的以人为本,以发展促进人性目标的实现,任何以资本成本与收益视角对中国基建的评价,其结果必然是南辕北辙。虽然总体上、宏观上的基建规划必然要考虑长期的投入产出,但这种投入产出的考虑是基于发展视角的全盘考虑可持续的投入产出,而非单一项目的盈利与否。中国基建,必须从是否有利于发展视角下的生产要素流动,是否有利于当地人民的生活与发展,是否有利于提高全国产业与技术水准加以考虑。中国基建取得的现有成就是基于此,中国基建未来的规划,同样根基于此。

良剑期乎断,不期乎镆铘;良马期乎千里,不期乎骥骜。"新基建"将以崭新姿态点亮中国的美好未来!

# 第四章　金融似水　实体为根

　　人性的根本就是追求自由与解放，核心是获得对自然约束的越来越多的解放，逐步进入自由王国。当社会经济结构有助于这一趋势时它就是进步的；当社会经济结构阻碍这一趋势时，它就是反动与落后的。追求对自然力约束的解放，根本的路径是发展实体经济，以实体经济创造的超越人类自身投入的价值，进一步投入对未知领域的探索，这就是科技创新活动。从根本上讲，一方面，实体经济的发展才能真正实现科技以人为本，科技为人服务；另一方面，实体经济创造的价值才是科技投入的源泉。金融在发展实体经济、寻求科技进步、实现人的解放进程中实际起到了财富汇聚与资源调配工具的作用，脱离实体经济而独立的金融，除了收割劳动者创造的价值、制造分配不匀外，对科技创新、人性解放毫无意义。因此，从人性的追求角度，现代社会里金融如同财富与资源之水，只有浇灌实体之树才有可能开出生产力发展与科技创新之花。而实体经济之根也离不开金融之水的浇灌，离开了金融的支持，实体经济之树也将逐渐枯萎，无法行稳致远。因此，我们必然要坚持金融支持实体经济的政策不动摇。

　　但是在精英主义者的视角里，生产只是获取利润的一种方式，普通民众是没有资格通过生产获取自我解放的，正如马克思所言：

"资本只有一种生活本能,这就是增殖自身。""资本家害怕没有利润和利润太少,就像自然界害怕真空一样。""资本是没有办法才从事物质生产这种倒霉的事情,它也不愿意去从事物质生产,它总希望有更快、更轻松的赚钱手段。"因此,当玩金融就可以实现资本增殖时,他们为什么要支持实体经济呢?这就是欧美国家只希望通过尖端技术掌握全球产业链,并进而依靠金融资本实现增殖的理念与政策的根源。

## 第一节 脱离实体经济的金融无助人类社会安全发展

自20世纪80年代以来,美国经济逐步脱实向虚,服务业逐步成为美国经济的主要构成部分,特别是金融业的发展,华尔街成为全球经济发展的风向标。但是2020年全球新冠肺炎疫情发生以来,中美先后实行系列财政货币政策,力求最大限度缓解疫情对本国经济的冲击。但双方的财政与货币政策的出发点与导向不同,结果也就发生了显著差异。中方以财政货币政策支持实体产业恢复,辅之以高强度组织工作,使疫情控制与经济恢复很快取得了重大战略性成就;相反,美方以脱离实体经济支持资本市场导向的财政金融政策,却使经济深陷泥潭,人民承受死亡之痛。两相比较,金融服务实体经济的正确、金融服务实体经济的顺应历史,得到了鲜明验证。

**一 中美财政金融政策的不同及其迥异的结果**

2020年初,一场席卷全球的新冠肺炎疫情,如同一张大自然放在人类社会面前的不能不参考的试卷,这张考卷面前各家都拿出了自己的应对手段。以美国为代表的西方社会投入大量的金融资源维系社会稳定，但因为其经济体系已脱实向虚太久，财政货币政策除了助推股市、扩大财富差距外，对控制疫情没有任何作用，直到投入的疫苗研发取得进展，才在控制死亡率方面率先起到了作用。中国同样启动了较大规模的财政货币政策，但中国是以保障生产活动、保障产业链不断裂为导向，不仅为本国人民防疫抗疫提供了充足的物资，也为全球提供了海量防疫抗疫物资，起到了防疫物资方面的"抗疫根据地"的作用。

（一）美国支持资本市场导向的财政金融政策及后果

自2020年初新冠肺炎疫情暴发，到2021年4月，美国先后推出了五轮经济刺激计划，总量达到了7.8万亿美元，其中特朗普时期三期规模合计3.6万亿美元，拜登上任以来两次，规模合计4.2万亿美元。这7.8万亿美元中的4.5万亿美元已经落实。当然，前四次刺激计划侧重点是救助，相当于直接给个人、企业、公共卫生、地方政府以及教育、交通等行业发钱，目的在于解决过去存在的困境；而第五次则侧重于发展，着眼于未来。前四次救助法案中，对居民的直接资金支持占比27%，对小企业的薪资保障计划占比23%，提供给美联储信贷工具的资金占比15%。

相比于防疫措施和财政拨款的推诿难产，美国的货币政策极其果断，包括两次紧急降息至零利率、零准备金率、无限制量化宽松和公开市场操作等，向金融市场投放出了巨额流动性。2020年3月18日美股第四次熔断后，美联储持续采取超常规手段救市，3月19日至4月1日每日购债750亿美元，4月9日则公布了2.3万亿美元的贷款计划。从2020年初开始，美联储总资产扩张占GDP比例直线上升，超过QE3时期累计两年的购买规模，由此推动股票指数在四次熔断后一路上升，几大股指均创历史新高，美股四大科技公司谷歌、苹果、亚马逊和Facebook市值一路上涨。美股指至2021年也依然高歌猛进，成为中国资本市场玩家以上中的"好市场"。同时，伴随着"游戏驿站"类股票及比特币的暴涨暴跌，资本市场成为收割无数参与者的绞肉机。

但是如此强大的财政货币政策的组合带来的是什么呢？

一方面带来的是贫富差距扩大。美国政策研究所2020年的一份关于财富不平等状况的报告显示，从3月18日到9月15日，643名最富美国人共"聚敛"了惊人的8450亿美元资产，其财富合计增长了29%，而亚马逊创始人杰夫·贝佐斯的个人财富增长了64%。根据皮尤研究中心的数据，在年收入低于3.5万美元的家庭中只有不到1/5持有股票，而在年收入超过10万美元的家庭中近九成持有股票。在金融空转叠加失业浪潮的背景下，美国的贫富差距不断加大。美联储报告显示，2020年美国最富的前1%和10%人口分别占全部家庭财富的30.5%和69%，而最穷的50%人口仅占全部家庭财富的1.9%。

另一方面是疫情无法控制，感染与死亡人数不断创新高。至2021年4月9日，美国累计新冠肺炎感染确诊近3200万人，死亡57万多人。可以说，在2020年全年的新冠肺炎疫情阻击战中，美国几乎是对疫情束手无策。

无实体经济支持的金融"独走"[①]，除了让一些金融资本不断获取暴利外，于人民生命安全、于经济正常运转、于社会进步，毫无帮助。

（二）中国助力实体经济导向的财政金融政策

与美联储大放水一心救市相比，中国的各项金融财税政策则

---

① 独走，指脱离实体经济独自发展。

以协同支持保障复工复产为核心。财政政策上，为了对冲企业经营困难，出台了力度空前的2.5万亿元减税降费政策；为了缓解财政收支矛盾，提振市场信心，财政赤字规模增至3.76万亿元，赤字率首次突破3%，达到3.6%以上；为了对冲经济下行压力，增加政府投资，首次发行1万亿元抗疫特别国债，并将地方政府专项债券规模提至3.75万亿元。货币政策方面，中国人民银行守住了正常的货币政策，通过常规手段达到了维护经济平稳运行的目的，1月至9月三次降低存款准备金率释放了1.75万亿元长期资金，1月至4月分三批次落实了1.8万亿元再贷款、再贴现政策。与此同时，中国人民银行于6月1日创设两个直达实体经济的货币政策工具——普惠小微企业贷款延期支持工具、普惠小微企业信用贷款支持计划。普惠小微企业贷款延期支持工具按月操作，累计向地方法人银行提供激励资金47亿元，支持其6月至9月对普惠小微企业贷款延期本金共计4695亿元，加权平均延期期限为12.6个月，减轻了小微企业阶段性还本付息压力。普惠小微企业信用贷款支持计划按季操作，累计向地方法人银行提供优惠资金932亿元，支持其3月至9月发放小微企业信用贷款共计2646亿元，有效缓解了小微企业融资难问题。

中国系列强有力的政策有力地促进了经济复苏。截至4月底，全国规模以上工业企业复工率超过99%，中小微企业复工率达到88.4%，重大项目复工率超过95%，生产活动基本恢复；湖北全省规模以上工业企业复工率、员工到岗率分别达到98.2%、92.1%，整体接近全国平均水平。并且，中国第三季度经济增速由负转正，国民经济延续稳定恢复态势，成为全球率先实现经济正增长的国家。2020年总体经济增长率达到了2.3%，成为全球主要经济大国中唯一经济正增长的国家。同时，通过强有力的基层组织与全国统一的防控措施，中国迅速控制了疫情蔓延，成为全球极少数基本成功控制疫情的国家。

## 二　完整的产业链保障是对抗灾难的保障

面对突如其来的自然灾难，动物界能做的或者是逃跑，或者是忍受，等待自然的优胜劣汰。而组织起来的人类却能在"天行健，君子以自强不息"的精神支持下，依靠自己构建的物质文明，在抵抗灾难侵袭的同时摸索灾难的规律，减少对抗的损失，并寻求最终战而胜之。中国的2020年新冠肺炎疫情阻击战，正是"人"类应有的表现，中国人构建的完整的产业链，成为中国对抗自然灾难的可靠保障。

在疫情防控中，丰裕的物资供应是实现"应收尽收，应治尽治"的必要保障，充足的口罩、防护服、呼吸机等医疗器材和药品的供应是患者得到及时救治、医护人员降低自身感染可能的重要前提。要在短时间内实现某类物资的足量供应，依赖于完整的实体经济产业链。与欧美等国相比，中国作为制造大国，更重视实体经济在国民经济发展中的根本地位，聚焦于自身产业链的完整性建设，具备完善的工业体系，保障了抗疫胜利的物质基础。

（一）从口罩与呼吸机看中外产业

以口罩生产为例，中国在口罩生产基地湖北仙桃被疫情封锁的情况下，通过扩能、增产、转产迅速提升产能。据《抗击新冠肺炎疫情的中国行动白皮书》披露，通过国务院联防联控机制加强协调调度，2月5日，供应湖北省医用N95口罩首次实现供大于需。不仅如此，中国还成为口罩出口的全球基地。2020年1月至8月，中国对世界200余个国家和地区出口的医用口罩总量达114.05万吨，合1140.52亿只。

## 第四章
### 金融似水 实体为根

中国是如何做到短时间内迅速提升口罩产能的呢？大量工业企业转产增产和产业链上下游的紧密配合功不可没。在转产方面，既有三枪内衣、华纺股份、雅戈尔、水星家纺、红豆集团等纺织和服装企业，也有广汽集团、上汽通用五菱、比亚迪等汽车企业，还有富士康、中国石化等其他拥有资源和劳动力优势的大型企业。在转产方式上，包括直接引进口罩生产线、自主攻关设计制造口罩机以及上下游的整合等。莆田采用的是自主攻关方式，以鞋厂改建生产线，在外地采购原材料，经过生产调试后自主生产耳带和鼻梁条，再配上鞋厂的针车、热熔机、紫外线杀菌流水线、高周波机台等机器设备完成口罩制造的熔合工序。上汽通用五菱则选择与车用隔音棉供应商广西德福特合作，利用德福特口罩的主要原材料聚丙烯（也是汽车隔音棉的原材料），共同开展生产研发；再利用通用五菱的品牌和渠道优势，形成强强联合。中国石化则是在自身具备熔喷布生产能力的前提下，与拥有口罩机生产工艺的其他企业合作，搭建出完整的生产线。

为什么转产增产过程在中国实现得如此迅速且顺利？这和中国长期以来坚持金融支持实体经济、坚决防范经济脱实向虚有密不可分的关系。决策层金融支持实体经济这一坚定的意识长期坚持，使中国发展成为世界上最大的制造业国家，具备了全球最完整、规模最大的工业体系，以及强大的生产能力和完善的配套能力。底子厚加上动员能力强，成就了口罩生产上的巨大成功。正是因为底子厚，产业链上下游的各个环节在国内都可以找到提供者，才使得快速增产扩产成为可能。而瑞士等国由于体量小，往往集中于国际分工中的某几个产业或者产业链上的个别环节，才导致其在面对危机时缺乏抗风险能力。

当然，中国能够维持全球最完整、规模最大的工业体系和最齐全的工业门类，也有特定的必要条件，这包括供需两个方面。从需求角度看，中国的市场容量足够大，中国制造满足的是全世界的需求，从而可以摊薄固定成本。即使不出口，国内本身的订单也足以养活一定数量的企业，不至于出现产业链缺环。除了需求方面的市场体量原因，还有供给方面的比较优势原因。一直以来，中国以劳动力成本低的优势承接了西方发达国家的产业转移。现在，虽然用工成本有所上升，但得益于劳动力素质高和交通运输条件好，配套加工能力强，比较优势仍然很有竞争力。

2020年初开始的新冠肺炎疫情给了世界各国的经济结构一个公平的考场——与中国形成鲜明对比的是，除了美国早已脱实向虚、仅在一些尖端科技与高科技产品领域仍占绝对优势外，作为传说中的制造业大国德国的表现也不尽如人意。还是以口罩生产为例，2020年3月4日，德国为储备医疗器材已经禁止包括护目镜、防护口罩、防护服及手套等在内的各类医用防护物资的出口。2020年4月，德国政府开始通过补贴、采购等手段决心进行"口罩生产本地化"。500多家公司迅速转型生产口罩，但因生产标准与质量、利润低等原因，至7月公司的短期转型已宣布"破产"。

除了口罩，呼吸机也是抗疫的重要医疗物资。3月16日，英国政府率先呼吁，汽车制造商转产医疗设备。4月3日，特朗普政府也动用《国防生产法》，宣布通用、福特、波音等必须立刻着手制造呼吸机。但福特、通用，甚至号称拥有"超级工厂"的特斯拉，都没有想到，跨界竟然这么难。比起口罩，呼吸机的生产更加考验一国的供应链及管理能力。呼吸机技术由硬件和软件组成，其中光是硬件部分就包括压力驱动系统、患者回路、过滤器、阀门，每个零件都需要专门的设计和制造工艺，软件的调试更不是一蹴而就的工程。通常来说，生产一台呼吸机的周期大约为40天；而准备一条呼吸机生产线，更是需要好几个月。在美国，呼吸机设备的设计和生产，受到严格的监管，仅接受FDA（美国食品药品监督管理局）测试和审批的过程，就可能长达数年。即使获得总统特批生产医疗设备，也不能草草行事。除了生产线的设计，零配件的采购也是巨大的难题。一台呼吸机由多达上千个零件组成，而零件的生产商遍布世界各地，除非有企业能够单独撑起整条供应链。在美国，最接近这种要求的只有通用汽车；而它们也只能完成零配件生产的九成左右，剩下的配件需要全球采购。在上述种种因素下，通用6月1日才交付第一批呼吸机；而且通用在8月底完成政府的3万台呼吸机订单后，便逐渐减少了呼吸机生产。发言人丹·弗洛雷斯表示："整个通用汽车团队都在为更大的利益而努力，但显然我们的重点需要放在与汽车相关的制造上。"

在疫情之前，中国在高端呼吸机领域所占市场份额很低，但因国内产能恢复迅速，接到了无数海外订单，生产排期已至9月。4月，中国就向智利捐赠了500台呼吸机。仅3月至5月，中国已对外出口呼吸机9.67万台，扛起了世界抗疫的大旗。

说到实体经济就有人批评我们的产业不够高端，中国目前虽然钢铁、水泥等大宗物资产量超全球一半，粮食供应产品养活了14亿人口，电力生产全球第一……但看上去这些都是低端产业啊！然而正是这些低端产业代表着经济的基座，没有这些基座，高端产业就岌岌可危。说到底，经济发展支持技术创新，这里的经济本质并非金融，而是这些生产出来的实实在在的物资产量，能供给庞大的工业人口生活的物资产量——以利润为导向的经济体,在面临重大自然灾难时,即便拥有技术先进的优势,其表现依然如此不堪。

(二) 强韧的实体经济是保障中国抗疫胜利的根基

此外,疫情期间,全球市场低迷引发的外贸萎缩、产业链断裂,以及海外的封锁,并未打断中国社会的正常运行。究其根源,仍在于中国拥有完整的实体经济产业链。

1. 强大的物流运输能力保障了中国防疫政策的顺利实行

自1月23日武汉封城后,中国邮政、顺丰速运、京东物流、中通快递、圆通速递、申通快递、韵达速递、百世快递、德邦快递和苏宁物流等数十家物流企业宣布开通绿色通道,全国各地通过铁路和空运为湖北省调集防疫物资,菜鸟网络还联合了多家海外物流企业,免费从海内外为武汉地区运输社会捐赠的救援物资,确保武汉人民在封城后能有基本的生活保障。国家层面也提出政策支持,根据《关于支持新型冠状病毒感染的肺炎疫情防控有关税收政策的公告》(财政部税务总局公告2020年第8号),对纳税人提供公共交通运输服务、生活服务,以及为居民提供必需生活物资快递收派服务取得的收入,免征增值税。中国强大的物流运输能力,一方面得益于多年基建的投入,另一方面也得益于电子商务的迅速发展——"双11"等网络购物节日对物流系统的效率不断提出更高要求。经济活动的高水平高效率,保证了中国"战时动员"的超水平发挥。

2. 突出的基建能力为中国提供了完善的抗疫所需的医疗基础设施

以武汉蔡甸火神山医院建设为例,这所10天建成的可以容纳1000张专门用于救治新冠危重患者床位的医院,体现了中国在系统工程方面强大的组织能力。在地基构筑阶段,火神山医院

5万平方米的建设工地上有近千台从武汉建工、武汉市政等调集的机械设备；医院的设计图纸则有赖于中国应对SARS时建设小汤山医院的经验，在此基础上由武汉中信建筑设计院完成设计方案并与施工单位进行协商修改；平整土地和给排水工程则调集了高能环境、东方雨虹等业界龙头和武汉航发、中铁重工等国字号精英力量。其间，国家电网和华为、中国移动、中国联通等数十家企业为建设现场24小时不断电、5G信号全覆盖提供保障；直到医院投入使用，上述企业也依然在线，从而保证火神山医院能随时与国内其他医院进行远程会诊。在物资和材料的供应上，更是有诸多企业为火神山医院的建设保驾护航。例如，中石油、中石化提供油品和运输服务；宝武钢、五矿集团提供钢材；中国建材提供石膏板；中粮集团保障粮食供应；而室内装修和医疗器材的安置则在卫浴、安防、医疗器材等数百家企业的合作下，仅耗时三天便有序完成。火神山医院的快速建成，体现的是中国多年基建建设的技术积累，这种技术不仅仅能够实现何种技术突破，更是在保证质量的前提下抢工期的产业链配合经验。

在疫情防控常态化阶段，强韧的实体经济保证了中国经济的正常运行，生活生产没有因为海外封锁发生重大中断。较强的物资调配能力和粮油肉蛋的储存保证了物资供应，使得物价水平上涨势头得到控制，各项居民消费价格指数在经历1月的峰值后逐步回落，第三季度后基本实现可控。同时，完善的产业链大量吸纳就业。充分的国际产业分工，有助于正常经济形势下的效率提升。在疫情防控的非常态时期，较高程度的专业化分工则会使国家面临产业链断裂、出现失业浪潮的困境。在中国，得益于自身完整的实体经济产业链，尤其是制造业的成熟发展，疫情下的"保就业"政策实施效果显著。10月23日举行的人力资源和社会保障部第三季度例行新闻发布会上,人社部新闻发言人卢爱红表示,前三季度城镇新增就业898万人,完成全年目标任务的99.8%,9月份城镇调查失业率5.4%,低于预期控制目标,中国就业形势保持总体平稳、稳中向好。会上,人社部对外发布2020年第三季度全国"最缺工"的100个职业排行,从行业分类看,制造业复苏明显,人才需求旺盛。第三季度,有28个职业新进入榜单,其中,19个与制造业直接相关,占比达67.9%;与第二季度相比,有15个职业短缺程度加大,其中5个职业与制造业直接相关,占比达30%。

一个产业结构单一的国家,在面临诸如新冠肺炎疫情等突发灾害时,难以依靠自身力量化解风险。将国家的经济发展寄托于某一产业或某类国际分工,在工业化起步阶段具有集中力量干大事、发展快的优势,该产业利润提升就能带领该国迅速发展。但要想获得持续性的发展,则有必要在领头行业发展平稳后,同时建设行业的上下游产业链,确保自身实体经济产业链的完整性。依靠某一行业带动一国经济腾飞,会带来行业风险等同于国家风险的弊端,微观的企业利润问题会变成国家层面的税收、就业、社会和政治问题。因此,实体经济不能过分集中于某一行业,产业成"链",才有应对风险的灵活性。

正是由于实体经济的强大和自身产业链的完备,在疫情防控的大考中,中国在社会稳定方面取得了优异的成绩,"在交通管制、全民居家隔离等严格管控措施的情况下,不论是城市还是农村,水、电、燃气、通信不停,生活物资供应不断,社会秩序不乱,食品、药品、能源、基础工业品、基本公共服务等关系国计民生的重点行业有序运转,14亿人民的基本民生得到有效保障,经济社会大局保持了稳定有序"。

## 第二节 中国"发达国家暴利粉碎机"的正义性

### 一 "发达国家暴利粉碎机"

网络曾经广为流传一个帖子,标题为"中国制造:发达国家暴利粉碎机",以翔实的数据与案例,阐述了这样的现象:只要中国掌握了某项技术,这项技术就不再是高科技,世界上原来依赖该技术获取超额利润的企业,就会被中国拉下神坛。典型的例子如开挖隧道的盾构机,中国制造之前数以亿计,中国制造一加入,价格为原来的1/10,只有几千万元一台了;比如水泥厂的磨机用减速机,中国制造加入以前,一台卖上千万元,中国制造加入后,只要300万元。类似被中国制造碾压过的工业制品可以拉出一长串。

不仅工业如此,蔬菜、渔业同样如此。以鱼子酱为例。2013年前中国的鱼子酱只能从野生捕捞的鱼身上生产,因此产量很低,品相无法保证,知名度也不高,在国际上基本没有什么存在感。2013年,中国一个不太起眼的科研单位中国水科院,突破了鲟鱼全人工繁育技术。中国水科院早在20世纪80年代就开始鲟鱼繁育和养殖等研究工作,攻克了野生施氏鲟幼鱼驯养难题,开发了精子低温保存和活体取卵手术和雌雄鉴别等技术方法,实现了鲟鱼全人工繁育的重大突破,开创了我国鲟鱼养殖产业,使我国一跃成为最大鲟鱼养殖国家。于是,中国鱼子酱产业开始发力。2014年中国鱼子酱产量占全球的10%;2015年占20%;2016年占全球的1/3;2017年已经占到全世界的40%;到2018年,我国鱼子酱产量占到了世界的60%,全球鱼子酱里超过六成来自中国。2017年美国媒体报道，全世界最好的鱼子酱由中国生产，一粒价值4元。而普通鱼子酱则从昔日王谢堂前燕，到今天飞入寻常百姓家，100克一罐十几二十元，普通老百姓都随便消费。

中国的这种制造态势，曾经被很多经济学家与工商管理人士批判，他们的观点是，欧美企业以同样的投入就获得了超额的利润，为什么中国企业大量投入只能获取少量利润，中国企业应该向欧美企业学习，要建立自己的标准，树立自己的品牌，赚取超额的利润。这里我们不批评建立标准、树立品牌的建议，就获取利润而言，这其实就是生产活动的两种导向之争了。

2019年，华为年收入8588亿元，大约1226亿美元的收入，利润只有627亿元，大约89亿美元。与它相对应的，思科收入仅493亿美元，利润却达到了112亿美元。其实不仅仅是2019年，近年来华为一直高歌猛进，收入远远超过思科，影响也远超过思科，华为在欠发达国家的市场占有率远远超过思科。直到2019年5月16日美国开始向华为下手时，华为一直碾压西方通信公司，一直在为全球人民提供廉价优质的通信服务。而思科却利用一切机会形成垄断，以占有市场，思科获得高额利润，老百姓付出更多成本，却不能享受越来越便捷廉价的服务。

## 二 "发达国家暴利粉碎机"的正义性

作为世界经济的"火车头"，中国对世界经济增长的贡献率连续14年排名第一，并且已经成为世界上124个国家的最大贸易伙伴。到2012年，中国制造业产值已在总量上超过美国，成为制造业第一大国；到2018年，中国的制造业产量大约占据世界制造业总产量的1/4，在500多种主要工业产品中，中国有 220 多种工业产品的产量位居世界第一。除了总量大，在信息产业和高端装备制造业等高新技术领域，中国正在进行积极的开拓并取得了可喜的成就。中国制造的技术水平和品牌声誉显著提升，世界对中国制造的印象正在从物美价廉向技术先进、价格公道转变。

"发达国家暴利粉碎机"粉碎的是什么？粉碎的是发达国家通过科技霸权和技术垄断牟取超额利润的行为。高新技术，应该是站在全球科技前沿并且有利于人类把握自然规律和应用的科学和技术。目前全球环境问题日益严重，高新技术就是要解决如何用更少的资源消耗，通过物质与技术、设计的结合更好提升人类的幸福感，实现发展的可持续。从本质来说，高新技术应当是为全人类服务的公共品，而现实中的专利制度等却使得高新技术成为先发国家的牟利工具。客观来说，专利制度有历史的进步意义，它通过将创新活动成果所创造的财富中的一部分赋予创新的参与者，激励其从事科研活动、发展生产技术。一种新技术诞生后立刻向全世界公开，是市场福利最高的情况；向全世界公开后每个产品收取少量专利费是次优的结果；最低效的方式就是不公开技术形成垄断，只顾从垄断中获取超额收益而不顾市场的福利水平。技术垄断下的利润，已经不是创新活动所带来的增量财富，而是通过限制供给量，从消费端压榨出的存量财富，并不利于全人类福利的提升。更有甚者，某些先发国家为了维护技术垄断，还会对进行技术攻关的企业（甚至国家）进行全方位打压，直接站在了阻碍生产力发展的历史对立面上。因此，虽然专利制度目前对科技进步的影响主要是积极的，但其与垄断资本结合后的历史局限性也逐渐显露。

制造业的"微笑曲线"，形象地阐述了技术先发国家通过技术垄断获取利益的现象。在"微笑曲线"中,产业链被分为上游的研发环节、中游的生产环节、下游的营销环节,其中上游和下游的附加价值最高,中游附加价值最低。上游的研发是垄断属性最严重的环节,越是高端的技术,掌握的企业越少。这是因为高端科技的研发需要投入大量的资源,而出于消费黏性,消费者并不会立刻转向新公司,这就使得研发的商业前景极其不明朗。并且,高新技术还需要通过消费者的体验反馈进行迭代,追赶者没有自身市场就难以进行技术的改进提升。此时,行业寡头如果再引发价格战,追赶者更是难以承受。这也就形成"造不如买"的现象,技术先发企业往往能够凭借自身的垄断地位守住市场地位。对于中游的生产环节而言,由于全球交通条件的改善和生产存在的规模效应,哪里的劳动力要素最便宜,跨国公司就可以去哪里投资设厂;同时随着国际分工的深入发展,越来越多的人口被纳入世界劳动力市场,低技术含量的生产组装环节的附加价值自然呈相对下降趋势。

凭借人才优势和资金优势,发达国家的企业往往更容易成为技术先发企业(上游企业),这类企业通过对高新技术的垄断获得了巨量的超额收益,但并不利于全球总福利水平的提升。随着国际分工的深入发展,产业链上下游利润分配极端不均匀所导致的国家或地区发展不均衡的问题也日益显露。

正是因为制造业"微笑曲线"的存在,发达国家谋取了过多利润,使全球欠发达国家人民的福利遭到了巨大损害,侵害了这些国家人民追求更好的生活、谋求更快发展的天赋权利。中国人的努力,中国人"暴利粉碎机"的事实,是在践行科技以人为本、为人服务的理念,使全球人民部分地享受到了原本应该享受的科技福利,具有天然的正义性。

### 三 灰度创新——中国制造成为"暴利粉碎机"的机制

"中国制造"曾一度被当作低附加值的代名词,而近年来,系列国产品牌的崛起却表明生产制造和研发之间并非泾渭分明,二者的交集地带存在灰度创新——制造过程中,包含着创新的蜂蜜。欧美等发达国家近些年推行的鼓励制造业回流本国的系列举措,也表明制造业对一国经济发展的重要性正在被重新定义。对中国而言,"制造"绝不是低价值、少创新的代名词,而是以速度换深度的工程化创新,是适应本土市场的逆向再创新。中国制造的崛起,是"国外设计、中国制造"全球化分工的一种全新成就,是速度、规模、成本三要素实现最优组合后造福全球的壮举,因此具有深远的意义。

研发上的源头创新,并不能带来制造难题的自动解决。对此,中国工程师发挥了巨大的创新能力,实现了"研发—制造"的连接和结合。这种结合处的灰度创新,本质是一种"工程化"的能力。规模、速度和成本,是引发制造难题的关键因素;中国工程师靠着自身强大的整合能力,"以速度换深度"的冲击力,完美地解决了这三个难题。

近年来,中国的新能源产业发展迅速,尤其是光伏和风能产业。然而,不少观点认为,该产业的高速发展主要得益于中国政府的大力补贴政策。但是,我们不能忽略这样一个事实:美国政府对太阳能光伏产业也做出了大量的支持,包括能源部的阳光照耀计划、给太阳能 PV 制造商 130 亿美元的贷款担保等诸多政策;而到目前,美国光伏产业仍然没有实现预期中的良好发展。2002 年成立的光伏纳米材料 InnovaLight 公司,尽管受益于美国能源部和国家可再生能源实验室 NERL 的大力支持,但依旧无法实现规模化生产，外部投资者对此极不看好。濒临破产之际，河北晶澳太阳能公司对该公司的技术进行了投资。InnovaLight 的硅墨水技术与晶澳大规模工艺转化的制造能力完美结合，成功地转化成太阳能电池。2011 年 InnovaLight 被杜邦收购，并成为杜邦的亮点板块。

得益于中国本身就是一个广泛的用户市场，灰度创新还有一个重要源头——"制造—市场"的结合部分，也就是"商业模式"的创新。中国的逆向工程，一向被诟病，被认为是中国制造缺乏自主开发能力的一个典型表现。其实，这是对复杂制造背后充满了各种创新的漠视，也是对消费者多元化需求的忽视。

潍柴是一家高度国际化的柴油机公司，在过去十年实现了对法国博杜安发动机、意大利豪华游艇法拉帝、重组德国凯傲集团及林德液压、德马泰克物流等国际强势品牌的并购。尽管有着国际化的强大技术背景，但真正让潍柴柴油机在国内获得广泛好评的，却是它对本土化市场的深入理解。在逆向工程思维中，如何把国外发动机学得更适应于国内市场，就是潍柴极致的目标。随着更多地关注使用者的反馈，潍柴发现一个巨大的市场空隙：中国具有广阔的地理空间，由此带来气候、地形、交通、用户偏好等的诸多不同，如何在国外技术的基础上适应中国多层市场的复杂性大有可为。潍柴这种从市场倒推回来，和制造相结合的"可靠性"理念，突出了对于"本土适应性"的理解，就是一种产品再创新。

全球板块化分工并不少见，但没有一个国家或地区呈现出中国制造如此丰富多彩的生态。很多观点在分析中国制造发展原因的时候，都会谈到"人口红利"，把低成本的劳动力看作中国制造崛起的最重要因素。廉价的劳动力或许曾起到重要作用，但这已经不是目前中国制造的内在动力机制。对比中国东部和西部，可以发现：即使西部的劳动力成本比东部沿海地区要低许多，但重要的制造业仍然聚集在沿海区域。显然，制造业的创新能力与高素质的人才，才是决定制造业迁徙的根本要素。中国制造业能够崛起，正是因为在制造的过程中，早已形成了大量的中国式创新。

中国制造，除了独特的灰度创新之外，还存在意义更为深远的全球正义性。中国人口众多，市场需求也比较复杂，因此中国需要的是总和最大，工业生态最优，而非一味追求"微笑曲线"中的单一利润最高。中国对技术的掌握也打破了原本的垄断局面，将竞争引入世界市场，降低了市场价格，实实在在造福了全世界的消费者。美国一味地强调"制造"与"创新"不可分离，却不愿意提及中国制造对于"创新链条"所做出的巨大贡献。不妨说，中国知识密集型的生产能力，也部分地充当了美国源头创新的拯救者。如今当许多发达国家意欲打破全球化格局，重新提及"制造本土化"时，中国多年来构建的紧凑的供应链关系网，展现了一种护城河般的黏性。

## 第三节　构建支持实体经济实现内外双循环的金融体系

改革开放后中国经济的发展以及从 2020 年起防疫抗疫中的表现充分证明，强韧的实体经济是保障社会经济顺利运行、保障与满足人民美好生活的根本，脱离实体经济自我循环的金融就是无源之水，无本之木，对于人类社会的发展毫无正面意义。但是作为现代经济的核心领域，金融能够通过发挥资源配置的媒介功能，为实体经济提供更好的金融服务，降低流通成本，提高实体经济的发展效率。正如习近平总书记在中共中央政治局第十三次集体学习中指出的，要正确把握金融本质，深化金融供给侧结构性改革，增强金融服务实体经济能力。[①]

## 一　金融服务实体经济的重要作用与时代要求

金融为何要支持实体经济发展？根本原因在于，实体经济发展的市场环境、所需要的资金等要素都与金融密切相关，同时现代金融体系的支持已经成为现代经济发展不可或缺、无法替代的重要力量。

（一）实体经济发展水平全方位受制于金融市场的发展

如前文所述，随着经济社会的发展，今天的世界经济已经发展到了这样一个阶段，即金融已经成为资源调配的指挥棒，金融资源涌到哪个领域，哪个领域就能蓬勃发展，金融资源离开哪些领域，哪些领域就会凋零。要使一个社会有助于人类发展终极目标——人性的解放，就要用好金融这根经济资源指挥棒，使它真正服务于实体经济发展与科技创新。

从金融市场与实体经济的关系来看，实体经济的发展水平受金融市场发展程度制约。不同发展程度的金融市场以不同的方式引导实体经济发展的规模、速度甚至走向，实体经济的发展很难超越金融业所在阶段，也就是说，金融业每向前发展一步，就会对所在市场的实体经济产生更深远的影响，实体经济在更高一个阶段金融市场的引导下，通过自身资本流转模式与金融市场的适应，向更高阶段发展。比如在闲置货币的资本化、生息资本的社

---

[①]《习近平在中共中央政治局第十三次集体学习时强调　深化金融供给侧结构性改革　增强金融服务实体经济能力》，《时事报告》2019年第3期。

会化、有价证券的市场化、金融市场的国际化、国际金融的集成化这些不同的金融市场阶段，其对实体经济产生的影响不同，发挥影响的内在机制也不同。

从金融的外延影响来看，金融业的发展会对市场环境产生重大影响，而市场环境是决定实体经济发展的外因。实体经济的发展，通常受外部诸多宏观环境和微观因素影响，而这些因素中的社会资金总量、资金流通速率、融资困难程度等重要指标都直接取决于金融业的发展，这些由金融业决定的外部要素会深刻地影响和改变企业的运营发展状况。当金融市场发展到更高级阶段，金融投机也会不可避免地存在，金融投机的本质就是一个将金融市场与实体经济市场主体剥离的过程，这个过程会造成实体经济"贫血"、发展不良，而金融在投机操作的参与下过度膨胀。在健康的金融与实体关系中，资金流动的情况是可以反映实体经济各个主体与部门的实际需求与运行方式的，金融市场可以起到一个配置的作用。因此，在发展以金融为代表的虚拟经济的过程中，各种形式的虚拟资本最终都应该落实到满足实体经济发展资金需求上，这样金融才能完成其最初实现社会资源最优化配置的作用，促进实体经济高效运行。

同时，实体经济要实现快速发展，通常需要大量的资金作为基础，而这些资金的规模一般是自有资金无法达到的，因此需要金融业作为其高效融资的支撑。实体经济在运转的过程中，资金的流转以及扩大再生产都需要占用大量的资金，如果仅靠自有资金积累会极大地阻碍发展进程，因此金融也是一个重要的资金"输血"手段。常见的途径包括向银行等金融机构贷款，以及发行债券、股票等有价证券进行融资。金融市场中多元化筹措资金的手段和工具，在为实体经济的发展提供强劲续航动力的同时，也一定程度上分散了实体经济发展过程中的各种潜在风险，利用资金的高效流转促进实体经济发展速度和效率的提高。

（二）中国金融业对实体经济的支持作用尚不充分

金融要支持实体经济发展，除了因为金融对实体经济发展具有理论意义上的重大作用外，还因为现实中中国金融业依旧滞后于实体经济的发展，在推动实体经济发展的能力上有不足，这也凸显出完善金融服务实体经济能力的时代要求。

首先，中国金融市场发展不均衡是影响其与实体经济协调发展的重要障碍。目前，中国的金融市场仍然以银行业为主，而银行业又以国有、集体股份制为主。这种金融结构使私人资本运行与融通比较困难，优质的实体经济产业基本由银行资本参与，而私人投资空间被压缩。更进一步来看，以银行业为代表的金融行业即便占据了规模上的优势，但其制度长期滞后于实体经济发展之需，也难以高质量满足实体经济发展的需要。比如中国长期存在的信贷歧视，就由于信贷市场的落后造成，这导致私营企业与集体企业的融资取得不够畅通；而银行业中由于集体股份占绝对比重使得金融行业受政府的影响较大，市场上资金融通需求无法及时准确反映到金融市场上。随着金融市场的放开，这种情况得到一定程度缓解。但同时，由于金融市场内部治理不科学、程序及信用制度建立的滞后等问题带来的风险却传递转嫁到实体经济。中国证券市场更加不成熟，制度供给缺失导致的股市乱象非常严重，以致股市表现甚至脱离了实体经济的发展。虽然自改革开放后，金融体系与实体经济的改革完善步伐都在不断加快，但整体的金融制度还是落后于实体经济的开放程度，中国的金融市场在有效促进实体经济的增长上还有很长的路要走。

而且，中国存在较严重的货币超发，这导致了严重的经济货币化。过度虚拟化与货币化的宏观环境在挤压实体经济生存空间的同时，也存在引发系统性金融风险甚至经济的潜在风险的可能。在此背景下，泡沫蔓延到金融行业的各个方面，比如理财产品的泡沫化等。种类繁多、结构复杂、相互渗透的理财产品以及资金池背后，大量金融产品无法实现独立的成本核算及规范管理，也给监管带来了巨大的风险。金融领域的泡沫也影响到实体经济，比如房地产的金融属性被炒作者过分强调，自然属性被极大压缩，房地产投资过热持续发酵，住房刚需难以得到满足。这类金融泡沫已经沉重地打击了实体经济的发展，正在成为社会经济运行的重大隐患。

### 二 中国金融服务实体经济的重要政策举措

党的十八大以来，中国进入了全面深化改革的新时代。结合中国金融体系对实体经济发展支持不足的情况，党中央围绕进一步推进金融服务实体经济的命题，提出和制定了一系列政策举措，谋求金融高质量服务实体经济的有效路径。

2013年，中央经济工作会议提出，要适度扩大社会融资规模，保持贷款适度增加，保持人民币汇率基本稳定，切实降低实体经济发展的融资成本。2015年11月发布的"十三五"规划为中国"十三五"期间加大金融服务实体经济奠定了基调，提出要加快金融体制改革，要求尽快健全商业性金融、开发性金融、政策性金融、合作性金融分工合理、相互补充的金融机构体系；构建多层次、广覆盖、有差异的银行机构体系；着眼于服务和支持中小微企业、广大农村尤其是贫困地区，加快发展普惠金融，提高了金融服务实体经济的能力和效率。

2017年3月，十二届全国人大五次会议的《政府工作报告》

明确要"促进金融机构突出主业、下沉重心，增强服务实体经济能力，坚决防止脱实向虚"。在7月举行的第五次全国金融会议上，习近平总书记指出，要加强党对金融的领导，坚持稳中求进工作总基调……李克强总理则提到，要增强资本市场服务实体经济的功能，积极有序发展股权融资，提高直接融资比重；要优化金融资源空间配置和金融机构布局，大力发展中小金融机构，不断增强金融服务实体经济的可持续性，着力强实抑虚。此次会议将"回归本源，服从服务于经济社会发展"确立为金融工作的四项原则之一。

2019年2月22日，中共中央政治局就完善金融服务、防范金融风险举行第十三次集体学习。习近平总书记在会上指出，"金融活，经济活；金融稳，经济稳。经济兴，金融兴；经济强，金融强。经济是肌体，金融是血脉，两者共生共荣"，同时要"要深化对国际国内金融形势的认识，正确把握金融本质，深化金融供给侧结构性改革……深化金融改革开放，增强金融服务实体经济能力……"为此需要"以金融体系结构调整优化为重点，优化融资结构和金融机构体系、市场体系、产品体系，为实体经济发展提供更高质量、更有效率的金融服务；要围绕建设现代化经济的产业体系、市场体系、区域发展体系、绿色发展体系等提供精准金融服务，构建风险投资、银行信贷、债券市场、股票市场等全方位、多层次金融支持服务体系；要更加注意尊重市场规律、坚持精准支持，选择那些符合国家产业发展方向、主业相对集中于实体经济、技术先进、产品有市场、暂时遇到困难的民营企业重点支持"。这次讲话科学精准地对金融服务实体经济做出了重要部署，全面深刻地阐述了金融与实体经济的关系，为深化金融供给侧结构性改革、增强金融服务实体经济能力提供了发展方向和行动指南。

2020年新冠肺炎疫情发生以来，党中央更是多次强调金融对疫情时期实体经济恢复的推动作用，并鼓励金融各业积极行动。以中国农业发展银行（以下简称"农发行"）为例，在疫情防控中，农发行全面贯彻落实党中央决策部署，扎实做好支持经济社会发展各项工作。①切实用好专项政策。1月31日，中国人民银行疫情防控专项再贷款政策出台后，农发行总行随即印发《关于充分运用专项再贷款强化政策性金融支持疫情防控的通知》，要求各级行迅速对接人民银行名单内的全国性重点企业，用好专项再贷款优惠政策，对符合条件的企业加大支持力度。2月1日即利用专项再贷款资金向湖北的重点企业发放应急贷款5000万元；截至3月20日，累计向383家全国性重点企业发放专项再贷款支持的优惠利率贷款182.67亿元。②开辟复工复产绿色通道。在保留疫情防控应急贷款通道的前提下，开通复工复产绿色通道，精准支持脱贫攻坚、粮食安全、生猪产业、普惠小微企业、重要农副产品、农业科技创新、国家重点战略、生态环境保护、农业农村基础设施建设、其他涉农中小微企业10个重点领域的企业和项目有序复工复产，采取不断优化信贷流程、单设中小微企业复工复产信贷额度等措施，促进经济社会发展逐步恢复。截至3月20日，纳入复工复产统计口径的贷款累计投放1676.11亿元，为3061家企业复工复产提供了有力的资金支持。③多途径筹集信贷资金。创新债券品种实现境内外市场联动，在2月5日面向全球投资者发行首单50亿元"阻击疫情"主题债券后，截至3月20日又陆续发行脱贫攻坚、乡村振兴、企业复工复产、生猪全产业链发展、保障重要农产品供应等主题债和常规债共38期，募集资金1979.5亿元，引导境内外市场资金回归实体。同时，大力组织各类存款，积极申领中国人民银行疫情防控专项再贷款、扶贫专项再贷款、PSL资金，为打赢疫情防控阻击战和决战脱贫攻坚提供充足资金。2020年新冠肺炎疫情发生以来，包括农发行在内的金融机构迅速响应，大力支持防疫医疗物资和生活必需品生产、供应，切实为疫情防控物资保障提供高效的金融服务。

## 三 双循环新发展格局下的金融与实体经济

在后疫情时代，金融要更好地支持实体经济的发展，首先应当把握中国经济发展的大趋势。2020年5月14日，中共中央政治局常委会首次提出"构建国内国际双循环 相互促进的新发展格局"；5月23日，习近平总书记在看望参加政协会议的经济界委员时强调，"逐步形成以国内大循环为主体、国内国际双循环相互促进的新发展格局，培育新形势下我国参与国际合作和竞争新优势"[①]；6月18日，国务院副总理刘鹤在第十二届陆家嘴论坛开幕式上称，"一个以国内循环为主、国际国内互促的双循环发展的新格局正在形成"[②]；7月21日，习近平总书记在企业家座谈会上再次强调形成以国内大循环为主的双循环发展格局。[③] 频频被提及的内外双循环，揭示了我国实体经济发展的趋势。

（一）理解内外双循环

双循环既涉及商品的生产、分配、消费、流通之间的循环畅

---

① 《习近平在看望参加政协会议的经济界委员时强调：坚持用全面辩证长远眼光分析经济形势 努力在危机中育新机于变局中开新局》，《人民日报》2020年5月24日第1版。
② 《刘鹤：各类经济指标已经出现边际改善——在第十二届陆家嘴论坛开幕式上的书面致辞》，《中国产经》2020年第13期。
③ 习近平：《在企业家座谈会上的讲话》，《人民日报》2020年7月22日第2期。

通，也涉及要素资源的市场化配置流动、优化配置的循环畅通。其本质在于实现经济循环流转和产业关联畅通，解决各类"卡脖子"和"瓶颈"问题，最终畅通国民经济循环。构建新发展格局，是与时俱进提升我国经济发展水平的战略抉择，也是塑造我国国际经济合作和竞争新优势的战略抉择。

为什么要"以国内大循环为主"？一方面当然是由世界市场决定的。很显然，尽管自2002年第二季度开始我国出口数据体现出了很强的韧性，中国出口在全球市场所占份额大幅上升并达到了历史高点，但是疫情之下，全球市场萎缩速度较快。即使在2021年疫苗加快注射的情形下，欧美各国也只是死亡率有较明显的下降，但疫情传播并未能有效控制。在这种情况下，奢谈扩大进口是不切实际的，同时即便中国出口在全球的市场份额中保持在历史高位，也会面临较大压力。

与此同时，中国经济发展阶段也到了应该以内循环为主的时代，"以国内大循环为主"的科学性，可以从历史中找到依据。改革开放以来特别是加入世贸组织后，中国加入国际大循环，市场和资源"两头在外"，形成"世界工厂"发展模式，对中国快速提升经济实力、改善人民生活发挥了重要作用。然而近几年来，随着全球政治经济环境变化，逆全球化趋势加剧，部分国家大搞单边主义、保护主义，传统国际循环明显弱化。在这种情况下，必须把发展立足点放在国内，更多依靠国内市场实现经济发展。中国有14亿人口，人均国内生产总值已经突破1万美元，是全球最大和最有潜力的消费市场，具有巨大增长空间。改革开放以来，我们遭遇过很多外部风险冲击，最终都能化险为夷，靠的就是办好自己的事、把发展立足点放在国内。

不过，"以国内大循环为主"不等于关起门来封闭运行，超大规模市场也绝非封闭的国内市场，而是开放、包容、联通的国际国内双市场。推动双循环，必须坚持实施更大范围、更宽领域、更深层次的对外开放。从国际循环视角来看，"畅通国内大循环"至少有两个意义：一是以国内的复苏繁荣推动国际经济复苏，发挥中国超大规模市场优势，为世界各国提供更加广阔的市场机会；二是通过发挥内需潜力，使国内市场和国际市场更好联通，依托国内大循环吸引全球商品和资源要素，更好利用国际国内两个市场、两种资源，实现更加强劲可持续的发展。

国内大循环是"双循环"的主体，但在这方面，国内市场和制度环境还存在许多薄弱环节，在技术、土地、资本、数据等要素上都面临不畅通的问题。技术方面，由于产权制度的不完善、不清晰，导致技术从基础研究到工程化生产再到现实应用的渠道不畅，甚至存在一定程度的割裂。土地方面，农村集体建设用地流转受限、城乡建设用地市场割裂、城市中实行招拍挂制度等都导致了较为严重的社会问题；土地具有社会和资本属性，解决好土地资本化问题，可以将历史积攒的财富向产业链高端和中西部欠发达地区延伸，实现地区经济腾飞。资本方面，金融市场的利率、汇率等基础价格的形成机制仍然有待完善，金融服务实体的能力有待提高。数据方面，存在数据资源分散、采集标准不统一、安全保障不足，以及国际规则制定能力不强等问题。

从供给和需求的关系进一步理解双循环，要坚持深化供给侧结构性改革这条主线。当前和今后一个时期内，中国经济运行面临的主要矛盾仍然在供给侧：供给结构不能适应需求结构变化，产品和服务的品种、质量难以满足多层次、多样化市场需求。要坚持供给侧结构性改革的战略方向，提升供给体系对国内需求的适配性，打通经济循环"堵点"，提升产业链、供应链的完整性，使国内市场成为最终需求的主要来源,以创新驱动、高质量供给引领和创造新需求,形成需求牵引供给、供给创造需求的更高水平动态平衡。

在坚持以供给侧结构性改革为主线的过程中,还要高度重视需求侧管理,坚持扩大内需这个战略基点,始终把实施扩大内需战略同深化供给侧结构性改革有机结合起来,使生产、分配、流通、消费更多依托国内市场,形成国民经济良性循环。打通国内循环,需要构建完整的内需体系。推动全流程创新,大力发展数字经济;改善分配格局,大幅降低个人所得税,扩大中等收入群体,加快形成橄榄形收入分配体系等。打通国际循环,需要打造面向全球的高效的产业链、供应链。借力"一带一路"创新合作网络,稳步降低关税水平,积极参与国际经贸规则的谈判与制定,推动对外开放朝着更高、更深、更广的方向发展。

(二)支持、服务内外双循环战略的金融体系构建

"金融活,经济活;经济兴,金融兴。"金融是实体经济的血脉,在新形势下推进双循环战略,金融无疑应该发挥重要的作用。从金融角度看,服务好双循环新发展格局,可以从以下角度着手。

首先,金融制度必须根据科技创新的实践,坚持以服务实体经济为方向,大力提高直接融资比重。推动国内大循环需要提高供给体系的质量和水平,以新供给创造新需求,科技创新是其中的关键;而要畅通国内国际双循环,也需要科技实力来保障产业链、供应链的安全稳定。只有整个金融体系变得更加开放,才能给予新技术、新产业更大的金融支撑。因此,要充分发挥政策性金融补短板的作用,完善金融支持创新的政策,发挥资本市场对于推动科技、资本和实体经济高水平循环的枢纽作用,最终提升

金融科技水平。

其次，要继续发挥金融供给侧结构性改革的核心作用。其一，健全货币政策和宏观审慎政策双支柱调控框架，货币政策要更加灵活适度。当前形势下，可以通过健全结构性货币政策工具体系来加大金融对实体经济，特别是制造业和民营企业、小微企业的支持力度，支持居民提高消费意愿和能力，扩大内需。其二，发展多层次资本市场。要重点培育壮大与科技创新相适应的股权投资和证券市场，打通科技驱动—现代金融—实体经济的良性循环；大力发展供应链金融，增强金融与产业链的融合度和协同性。在双循环新发展格局下，还要加大资本市场对外开放力度，吸引境外优质资源进而深化资本市场制度改革，使中国资本市场和国际资本市场接轨。其三，稳步推进人民币国际化。推动人民币国际使用有利于双循环新发展格局的形成。当前形势下，推动人民币国际使用的重要性日益凸显，且越来越多的企业开始选择将人民币作为跨境结算的币种。应当利用双边本币互换、对外援助、对外优惠贷款等机制来扩大人民币的国际使用。

再次，推进制度型金融开放，实行制度型负面清单管理。制度型开放的核心，是在学习规则和参与规则制定的过程中，更多用市场化和法治化手段来推进开放。以此为衡量标准，中国金融业的开放仍长路漫漫，金融市场的开放程度仍然有很大的提升空间。做好制度型金融开放路径的顶层设计，既要避免功利地根据资本流动形势的预判来决定中国的开放进程，也不能因为要应对资本流动的波动就把制度性安排当作调控性工具。货币可兑换和国际化的国际标准通常采用负面清单列示，因为在负面清单的方式下，开放是原则，限制是例外。只有基于负面清单的制度型开放，才能为支持一种货币成为全球避险货币提供重要的体制保障。可以通过负面清单管理制度鼓励外资和境外金融机构进入中国市场,提升国内金融领域的竞争水平。同时,也要不断优化金融监管制度,提高监管能力,在金融开放中寻求开放与安全的平衡点。在坚持对内改革和对外开放的原则下,加强同世界经济的联系,促进国际国内货物、资金、人力等要素资源的自由流动,实现中国经济良性运转的同时带动全球经济持续复苏。

最后,要注重防范化解重大金融风险,坚决打赢防范化解金融风险攻坚战。2020年及以后一段时期内,打赢防范化解重大金融风险攻坚战,将面临更复杂的国内外经济形势。从国内看,结构性、体制性、周期性问题在中国经济转型升级过程中相互交织,经济下行压力加大。从国际看,当前世界经济增长持续放缓,仍处于后危机的深度调整期,全球动荡源和风险点显著增加。因此,需要将防范化解重大金融风险攻坚战向纵深推进。一是继续完善宏观调控,深化金融供给侧结构性改革。坚持实施稳健的货币政策,加强逆周期调节力度,保持流动性合理充裕和社会融资规模合理增长。二是继续推进对重点领域风险的精准处置。深化处置重点机构风险,着力化解地方中小金融机构风险。继续开展网络借贷等互联网金融风险专项整治,严厉打击非法集资等,大力整顿金融秩序。三是进一步明确和落实各方责任,促进风险处置合力形成。落实金融机构主体责任,守住防范化解风险的第一道防线。四是加强系统性风险监测。加大对大型有问题企业的风险监测力度,及时处理重大风险事件,增强对宏观经济形势、区域金融风险等的分析判断。不断完善各类金融机构和具有融资功能的非金融机构日常监测及报告制度,高度重视跨市场金融风险的监测、评估和防范,稳步推广中国人民银行金融机构评级和压力测试。

# 第五章　政府与市场关系的灵活协调

人类社会有了剩余产品、交换产生的一刹，可以说市场就已经产生了，虽然它与现代市场不是一回事。但是政府如何产生的，却似乎没有一个明确的说法。当然，我们可以从逻辑上推演，当人们为了战胜对手，包括大自然的力量和敌对人类组织的力量时，人们就需要组织起来，组织起来的人们就要让渡部分权力使组织能统一协调资源，这样的过程逐步演化，就形成了政府。

利益以外，人类社会只有在一个共同的、能够压倒一切矛盾的理念之下，才能聚集在一起组织起来形成统一的联合体，在同一个政府管理之下追求自我理念的实现。中国社会就是以传承已久的文明理念，压制了各地域文化与生活的差异；以大一统的国家理念，压制了各区域省份的地域理念；以大灾大难各省份互帮互助共克时艰的国家理念，压制了各省自扫门前雪的自私理念。西方社会可能正好相反，用各种自由理念压制各种族之间天然的排斥，由这些"自由"的人以外在表象的选举选出同一个政府。可以说，不管是什么样的统一理念支持，要形成一个可以传承的国家，都必须在一个有统一理念支撑下的政府的管理下才能正常运营。

市场与政府的关系在西方经济学中讨论得很多。自由市场经济学派认为市场在资源配置中是万能的，但事实上市场失灵现象随处可见，为此，现代主流经济学不得不对此现象从多个角度加以解释，并提出若干以政府功能对市场机制进行弥补的政策措施，但无论如何弥补，始终无法从根本上解决问题。究其原因，主要还是这些国家精英阶层在精英世界观指导下，将市场经济定位为经济运行不可撼动的原则与机制，市场成为筛选精英的最佳机制，能在市场中战胜他人获取超额利润的就是精英，就可以进入统治阶层，其他人，都只能是生产要素中的"人力资源"，政府只是为了使市场经济顺利运行下去的补充角色。

相反，1949年后的中国，社会运行机制的目标是以人为本，以寻求人性解放为终极目标，现阶段目标就是满足人民群众日益增长的美好生活需要。无论政府还是市场的运作都要以此为目标。在该目标下，市场只是资源配置的一个机制，每一个市场主体可以以利润为其目标，但社会运行的目标绝不是为市场赢家赚取利润。当市场主体追求利润的动机与行为有利于社会运行总体目标与现阶段目标时政府就可以完全放任，当市场主体追求利润的动机与行为有违社会运行总体目标与现阶段目标时，政府就有义务对市场主体行为加以矫正甚至放弃市场。这才是自新中国成立以来中国政府与市场之间的关系的本质。

事实上我们相信，不同的文明对世界和自我有着不同的看法，不同的世界观就会产生不同生存方式，哪类文明下的世界观更强，就是文明影响下的世界观较量。世界观的终极较量有一个硬指标，就是政府组织下的人们应对灾难的能力。文明发展必然会遭遇各种祸乱灾难，不能渡过灾难则一切皆休，文明画上句号后，以往的强盛都成为虚妄，成为后人凭吊的遗迹。2020年的新冠肺炎疫情，给了各国政府在不同世界观上的一次考验机会。精英主义历史观世界观的欧美各国，以自由市场经济为豪，信奉小政府大社会，精英将人们作为为资本增殖而生产的必要的"人力资源"，民众无限追求个人"天赋自由"不受干扰，结果其表现如同16世纪，表现出的是政府的无能与市场的无力。群众史观与世界观的中国政府则组织起全国人民采取各种措施，充分发挥政府与市场各自的长处，政府行动果敢迅速，市场运行快速有力，两相结合很快控制住了疫情发展，并先于世界各国包括发达国家拿出了控制疫情的疫苗产品。鲜明的对比让西方社会也不得不部分接受中国经验，逐步组织人民开始主动防疫，有些国家还提出了接种疫苗是公民义务的口号。

## 第一节 市场与政府关系的讨论

在此先以主流经济学视角对政府与市场的关系进行简单探讨。

### 一 市场的诞生与内涵

协作、分工、交换，人类用劳动的方式维持着发展和延续，市场经济与商品交换是一个硬币的两面，当生产资料或者物品转化为商品形态——为了增殖的形态时，市场经济也由此诞生了。中世纪，甚至到十五六世纪，传统、命令、宗教、等级等控制着整个社会，在这一时期，"首先，以个人利益为基础而组织起来的制度的适当性（即使不能说必要性）这一想法还没有生根。其次，一个独立的、自给自足的经济社会，在社会竞争中还没有受

## 第五章
政府与市场关系的灵活协调

到重视"①。但是，一旦物品转变成商品形态，资本主义发展的必然趋势便带给每个共同体以革命性的力量。"商品交换是在共同体的尽头，在它们与别的共同体或其成员接触的地方开始的。但是物一旦对外成为商品，由于反作用，它们在共同体生活中也成为商品。"② 一方面，它瓦解着共同体内部的传统、风俗和旧有的生产方式；另一方面，也有着面向未来的组织形式，蕴藏着新的变革性力量。

在传统精神的土壤之下，"追求自身利益最大化"并不会得到社会和宗教的认可，至少不能作为一套话语描述社会文化氛围，并成为上流阶层的修辞。直到宗教改革之后，资本主义精神才真正被发掘，"求利"一旦能够被接受，人们就会逐渐用利益这一框架来看待问题。土地、劳动、资本、货币等，这些概念的诞生都被纳入生产领域，成为生产的要素。这种生产是资本主义的生产方式，它并不追求满足所有人的需求、公平地分配，而在于这一过程的结果——货币形式。"正因为价值的货币形态是价值的独立的可以琢磨的表现形式，所以，以实在货币为起点和终点的流通形式……表现出资本主义生产的动机就是赚钱。生产过程只是为了赚钱而不可缺少的中间环节，只是为了赚钱而必须干的倒霉事。"③

市场，首先指的是商品流通和交换的领域，它包含时间和空间两个维度，空间上即是指商品交换的具体场所。这一场所并不一定是实在的、地域性的，随着现代互联网技术的发展，线上虚拟市场同样也是市场的一部分，我们购买虚拟的数字产品，比如

---

① [美]罗伯特·海尔布罗纳：《几位著名经济思想家的生平、时代和思想》，蔡受百等译，商务印书馆1994年版，第16页。
② 《资本论》第1卷，人民出版社2004年版，第107页。
③ 《资本论》第2卷，人民出版社2004年版，第67页。

Q币、电子书等，都是在参与虚拟市场。除了虚拟市场之外，还包括一些有形的市场，可以是我们通常所说的"一手交钱，一手交货"的市场，我们去蔬菜市场买菜、去木材市场挑选制作家具的原料，都是在有形市场之中。有形市场往往具有固定的交易场所，以及具体的实物形态。在这一区域，交易比较集中，价格变化快、信息传递迅速。在一定程度上，时间是空间变化的衡量。由此，市场也可以分为现货市场和期货市场，现货市场就包括笔者上述提到的市场。期货市场是指交易期货的场所，期货可以是实物，也可以是金融资产和金融衍生品，它本质上是一种跨期的合约，旨在规避风险、保值增值。

同时，市场也指所有商品交换关系的总和。包括劳动力之间，生产资料和生产工具之间，劳动力和生产资料、生产出的商品之间的供求关系、价值关系、竞争关系等。市场制度诞生以来，它"……并不只是交换商品的一个手段，它是供养和保持全社会的一种机制"①。

弗里德曼曾对市场机制的功能做出经典论述②，他以一支铅笔为例，探究市场机制（价格体系）如何传递信息，产生激励（在现有的资源约束下，以较少的成本取得最高的价值）以及决定收入的分配。人们通过价格，指导自己的行为，并做出正确的反应。这种反应可能是价格的上升激励厂商投入更多，或者鼓励工人到同一行业工资更高的地方去，也可能让消费者减少购买价格上涨的物品，对于厂商来说也需要通过其他方式降低成本。总之，他们总会在一定程度上形成均衡。没有一个主体能够掌握所

---

① [美]罗伯特·海尔布罗纳：《几位著名经济思想家的生平、时代和思想》，蔡受百等译，商务印书馆1994年版，第19页。
② 参见[美]米尔顿·弗里德曼《市场机制与计划经济》，《科技导报》1981年第3期。

有信息，无论他是否需要，或者他并不真正了解自己是否需要，因此每一个主体都很难不加参照地独自判断社会需要多少、应该什么时候行动。所以，收入分配在现阶段难以通过计划实现长久的激励和传递信息的效果。

跳出弗里德曼对市场机制功能的框架，换一种方式来理解市场机制，从市场机制的结果转向市场运转本身，即探究弗里德曼所说的作为价格体系的市场机制是如何形成的，就会发现，这种机制背后是价格与供求的耦合，以及不同市场主体的竞争过程。关键的不同在于后者，即竞争过程。厂商之间无疑是具有竞争性的，消费者会比较不同厂商生产同一种商品的质量、价格、提供的服务等，所以厂商总是在一定资源条件下让商品能够卖得出去。同一厂商的各个部门、同一条生产线的不同环节也是具有竞争性的，在原料使用、人力分配等方面，都希望能够实现成本最小化。消费者之间的效用函数并不相同，在不同条件下的选择也不尽相同，所以他们会从自身的角度出发，选择自己所需要的。在开放的经济条件之下，国际竞争机制便更加复杂，市场需求不断拓展深化，同时也加入了关税、偏好差异等其他方面的因素。

## 二 市场失灵及其原因

在自由市场的神话逐渐破灭的背景下[①]，市场失灵理论才逐渐走向完善。正如上文所说，市场在价格机制、供求机制、竞争机制的作用下传递信息、产生激励并进行收入分配，以实现资源的有

---

① 自由市场神话的破灭指"市场在资源配置中是万能的"这一论断是站不住脚的，除了亚当·斯密所说的国防、关税、法律等方面，随着现代国家的发展和经济全球化之下主权国家之间的普遍交往，经济贸易问题更加复杂，难以存在完全自由的市场，其结果也不符合所有国家以及处于不同发展阶段的国家的发展目标。

效配置，达到帕累托最优状态①。市场失灵就是对这种最优状态偏离。在此对学派观点、市场理论进行一个简单的系统讨论。

市场失灵的根本原因在于，市场主体的利益是多元化的，现代经济学的基本假设仍然是经济人或理性人假设，每个人都做有利于自身利益的事并希望实现自身利益最大化，变化的是表现这一宗旨的方法。一旦市场主体具有多元化利益，并且在资源有限的情况下，市场竞争机制无处不在，那么市场内部很难能够自主调节全部利益，总会有利益之间的相互冲突，所以需要找到一个第三方，它既能够参与到市场之中，在市场中有凝聚性、竞争性力量从而能够平衡各方利益；同时也要求它并不总是追逐自身利益的最大化，必要时做出有意义的牺牲。无疑，对于所有国家来说，政府在市场中能够发挥这样独特的作用。

在探讨市场失灵更为具体的原因之前，有必要关注完全竞争市场的基本假设。完全竞争市场要求：（1）存在大量的生产者和消费者；（2）每个生产者和消费者在社会产销总量中占的份额极小，不足以影响价格水平；（3）厂商和消费者可以自由进入或退出市场；（4）供求双方对市场情况的信息是完全的；（5）未来情况是确定的；（6）生产的产品是同质的。完全竞争市场在现实生活中几乎不存在，但是却为我们探究自由市场的不完备性奠定了基础。

（一）垄断

现实中，市场往往并没有大量的生产者，在某些领域可能只有一家或几家企业，或者只有少量的消费者，交易双方便因此形成了卖方垄断和买方垄断。垄断是市场的极端结果，无论是市场的运行机制还是市场发挥的功能都将消失，企业或消费者无法自

---

① 帕累托最优状态是指一种资源配置的状态已经没有帕累托改进的空间，即在这种状态上，任何改变都不可能使至少一个人的状态变好而又不使任何人的状态变坏。

由进出，价格也将由少数人决定。

垄断现象的形成有地理因素、政府管制、规模经济、自然垄断等基本因素。

首先是地理因素，在交通不发达、运输成本过高的情况下，消费者的选择域很小，且往往被限制在狭小的地域范围内，形成生产者暂时的、区域性垄断。比如煤炭、水泥等体量较大的商品，在交通运输不便的情况下，消费者只能到邻近地区购买所需要的商品。

政府管制行为也是垄断形成的原因之一。一种情形是政府给予某些公司以特许经营权，允许某些企业使用公共财产，或者在某一地区享有特许业务。比如 1600 年英格兰女王伊丽莎白一世授予东印度公司[①]以印度贸易特权，同时莫卧儿帝国皇帝也为其提供建筑工厂的权力，条件是公司向其提供欧洲市场的货物。在这种优惠政策之下，东印度公司迅速扩张，最终垄断了当地的棉花、丝绸、茶叶、硝石等贸易以及殖民贸易。东印度公司由于封建王朝和后期君主立宪制政体对财政、辖域范围和世界市场体系的追求，一直存活至 19 世纪中后期，随着战争消耗、印度民族起义的兴起而失去贸易垄断地位并逐渐衰亡。除了政府主导的特许经营外，还包括商标、专利、企业标志、技术秘密等对他人的特许使用。

英国经济学家马歇尔在其名著《经济学原理》一书中曾揭示规模经济和垄断之间的矛盾冲突，并称为"马歇尔冲突"。规模经济也因此成为形成垄断的重要原因之一。规模经济可以分为两种，一种是外部规模经济，另一种是内部规模经济。外部规模经

---

① 特指不列颠东印度公司（British East India Company）。

济之下，单位生产成本取决于整个行业的规模，行业内由许多厂商构成，厂商处于完全竞争状态且没有行为的变化，产业的产出水平越高，平均生产成本越低，所以规模越大的国家就越具有成本优势。在大量厂商集中的情况下，专业化供应商能够生存并提供专业化网络，厂商可以共享劳动力市场，既降低工人失业的概率，也减少企业劳动力短缺的可能性。外部规模经济的一个重要例子便是基于块状经济的"温州模式"。块状经济产业集中度高、专业化强，同时带有鲜明的地方特色。温州企业家擅长进行家族经营，专门发展小规模企业，以生产和出口低端产品为主，比如世界上的打火机、小摆设、玩具、纺织用品、家具等大都产于温州。由于温州地理面貌相对分割，所以大部分为小规模企业，通过小规模企业的集聚，加之非正式制度和本土文化的影响，小商品行业迅速发展，带动整个温州经济，并在国内和国际产品供应上都具有举足轻重的地位。

在内部规模经济下，企业处于不完全竞争状态，即厂商决策可以影响价格，而在这种情况下市场失灵的现象才最为严重。在垄断竞争之下，厂商数量的增加导致竞争加剧，且推动价格的降低，而规模较大、生产效率较高的企业占据更多优势，所以往往不愿意向其他企业开放其市场，或者兼并小企业导致市场的集中。

以中国的房地产行业为例，这似乎是一个典型的垄断市场。自1996年以来，中国住宅市场的勒纳指数[①]均在0.3以上，说明房价中30%以上的部分为非成本因素。房地产市场垄断竞争和寡头垄断的市场结构的出现有自然的、社会的和经济的原因。首先是房地产产品的非同质性、不动产属性。房地产是一种不可重复

---

① 勒纳指数通过价格和边际成本偏离程度的度量，反映市场中的垄断力量，衡量市场结构。

生产的非标准化产品，房产的套型、品质有很大差别，其所处的不同地段、周围环境和配套设施更增加了房地产的非同质性。房地产的不动产属性客观上造成了房地产市场的地区分割、经营的区域性和局部垄断。一个地区的房地产只能在当地出售，即使相邻地区市场的房地产价格有巨大差异，也无法通过运输和交易方式来平衡房价。地区分割还使得房地产商倾向于固定在特定地区经营，这造成了房地产市场中"占山为王"的局面，甚至在同一城市的不同区域也存在不同的占主导地位的房地产商。其次是房地产生产要素即土地供给的稀缺性。

  房地产的垄断造成了严重的市场失灵，一方面，垄断造成生产低效、供给不足、结构失调以及对价格的控制；另一方面，高房价导致对使用需求的抑制与投资需求的强化。真正有潜在使用需求的消费者由于房屋生产标准或房价过高，超过个人经济承受能力而无法买房，或者推迟买房，或者强制买低于潜在使用需求的房屋，从而造成对房屋使用需求的抑制；同时，房价越高，人们投资的欲望越强烈。中国社会科学院发布的《2010年北京社会建设分析报告》指出，以一般家庭每户住宅面积90平方米计算，2009年11月北京住房的平均价格为17810元/平方米，需要支付160万元，相当于一般家庭25年的可支配收入。这意味着住房价格快速上涨严重超过了一般家庭的支付能力。同时，国家统计局的数字显示，2008年全国有1亿多立方米商品房尚未售出。而近年来，随着政府宏观调控力度增大以及对民政问题的关注，房价逐渐呈现一定下降趋势，但各地方仍存在较大差异。

  还有一种是自然垄断，在一定程度上，这种垄断也是企业规模经济的结果。从市场需求的角度看，对某类产品的需求有着庞大而稳定的市场，而提供如此庞大市场需求的商品也需要达到如此的生产规模。从生产者的角度看,生产者可能通过先发优势达到内部的规模经济效应,最终垄断整个行业以满足全部的市场需求。这些行业往往具有一定特点,使得垄断经营更符合双方利益。例如,一个城市的自来水厂,广大管道网络建设的成本难以被一个小企业所承担,虽然初始投入资金多,但一旦管道建设成功,所提供自来水产品的边际成本却大大降低。对于规模较大的企业来说,能够承担起基础设施建设成本的长期回收,从而在本地的自来水行业获得垄断地位。对于其他企业来说,重复建设管道资源浪费严重且耗费巨大,行业的自然性质导致其门槛较高,从而难以进入。

现实中也有很多特殊行业的垄断,除了上文所提到房地产行业,还包括电信行业。20世纪七八十年代前,大多数国家电信行业都具有强大的垄断力量,美国的通信垄断巨头AT&T(美国电话电报公司)原来便垄断了美国的全部电话通信业务,即全部的短途和长途电话服务,在1983年销售收入高达624亿美元。在20世纪90年代全球性的公司并购浪潮中,AT&T通过兼并和收购其他公司,逐渐走向大规模的全方位发展方向。但大规模的优越性不足以弥补合并后的复杂性带来的各种不利后果。80年代中期,美国政府对其进行第一次改革,将其分割为地方电话业务市场和长途电话业务市场,通过在双方市场引入一定竞争性企业形成竞争性局面。虽然改革初给人们的生活带来一定不便,但长期来看市场竞争的压力推动各个公司进行技术革新,以提供更多更好的服务。其次,改革实施五年后,消费者的电话租用费用下降了50%,长途电话费用下降40%,由于AT&T用长途电话费用补贴短途电话费用,所以短途电话费用相应上涨。90年代中期,为了解决规模过大带来的效率低下问题,AT&T再次拆分,拆分后的 AT&T 保留原公司的核心业务即电信运营服务,贝尔电话实验室和计算机公司被剥离出售给股东,成立了朗讯技术公司,再将前 NCR 公司剥离出去。①

不仅在国外,中国的电信行业仍然有着相似的处境。20 世纪 80 年代初,中国根本没有形成电信行业市场,邮电部是唯一监督、调控和供给电信服务的政府机构,由于没有引入市场机制,所以放松计划后导致电信业形成垄断定价,电话初装费用不断上升,但电信服务质量却没有明显改善。经过一系列的市场化改革,如今中国政府最终在电信行业合并成了三家基础电信企业即中国移动、中国联通、中国电信,消费者获得了更大利益,电信产业也逐渐实现长足发展。

(二) 公共物品提供

公共物品是指不通过直接交换而消费的物品,其具有两个显著特征:一是消费上的非竞争性,二是供给上的非排他性。前者是指一个人的使用不影响或减损他人的使用,即消费者的边际成本为零。纯粹的公共物品一般具有不可分割的性质,比如国防、安全、环境改善、电视广播信号等。以国防为例,当国家受到外来侵犯,国防发挥作用时,我们既不会因为一个人受到保护而让另一个人排除在这种保护之外,也不会减损另一个人享受到这种保护的水平和程度。供给上的非排他性是指,不可能将拒绝为产品支付费用的个人或厂商排除在公共产品和服务之外。一方面,从技术上和社会公平、公共道德角度上,比如企业提高环保标准而带来的环境改善,对于一个消费者来说,呼吸到新鲜的空气、饮用到干净的纯净水并不会对其他人的享受造成影响,这种享受无法因为个

---

① 参见 [美] 约瑟夫·斯蒂格利茨《〈经济学〉小品和案例》,王尔山等译,中国人民大学出版社 1998 年版。

体而分割,也并不违背社会的公共道德。另一方面,从经济上讲,某些可以在技术上实现排他,但排他成本过高导致效率低下,同样具有非排他性。比如街上的路灯,可以只让为其付费的车辆享受灯源,但是会造成交通不畅、成本过高等问题,排他的收益低于成本,所以对于消费者"搭便车"的行为也不应予以制止。

广义的公共产品大致可以区分为三种类型:一是同时具有非竞争性和非排他性的纯公共物品,如国防、环保、安全;二是具有竞争性和非排他性的公共资源,如产生拥挤的公共牧场;三是具有排他性和非竞争性的准公共物品,如电影院、不拥挤的火车桥梁等。还有一种物品就是具有竞争性,同时又具有排他性的纯私人物品。

由于公共物品的非竞争性或非排他性,导致公共物品供给不足。一方面,消费者"搭便车"的消费行为引起的成本无法收回,无法盈利,导致私人业主不愿意提供公共产品,市场机制决定的公共产品供给量远远小于帕累托最优状态,这是市场失灵的表现之一。另一方面,私人部门提供公共物品往往低效率,造成社会福利的损失。这里以大桥为例加以说明:大桥有一个临界通过能力,即过了这一点会产生拥挤。如果由政府生产,可以有两种选择:(1)过桥人数低于临界通过能力,选择免费通过,因为增加一个消费者的边际成本几乎为零,免费可以增加社会福利;(2)当高于临界点时,政府选择收费,其收费标准等于建设桥的边际成本(不亏损的水平),这时的社会福利最大。如果私人生产桥梁必然收费,因为利润是其最终目标。由于生产桥的厂商是垄断厂商,所以它的定价标准是垄断情况下的标准——结果是定价高于政府定价,过桥人数会相应减少,导致社会福利净损失。当然,政府也可能以高额利润为目标,这涉及其他如政治体制、民主约束等。同时，私人部门在提供公共产品时往往难以调动较为庞大和广泛的资源，其中还往往涉及制度性的交易成本，最终导致私人部门提供公共产品效率低下。

例如，对于公共产品，我们经常会听到被毒蛇咬伤救命血清一剂难求、各大医院遍寻无着的案例。目前，我国只有上海赛伦公司一家生产抗蛇毒血清，别无分号。抗眼镜蛇毒血清自 2010 年停产，至 2013 年底再启动生产，保质期至多 3 年，生产周期则要 9 个月，这也造成近年抗眼镜蛇毒血清频频告急。而短缺的更深层次原因，则在于被剧毒蛇咬伤毕竟属于偶发，赛伦公司在血清生产上长期处于单品亏损状态。由于需求量和利润都有限，涉事企业难免不感兴趣。而使用率偏低、保质期偏短、报废率较高、需在特定温度下才能保存，也会让医院选择弃用。正因"市场失灵"，抗眼镜蛇毒血清才会一剂难求。

在没有血清的情况下，会给患者带来巨大的医疗成本，为此需要政府进行调控，行使其职能，以人民为中心。例如，政府可以财政补贴来弥补蛇毒血清生产企业的亏损，避免该企业因亏损而停止生产；打破全国只有一家企业生产蛇毒血清的状态，增加其他卫生企业在这一领域的投资；对于医院因储备蛇毒血清带来的亏损，予以财政补贴，解除医疗机构血清储备不足的现状。

（三）外部性

外部性又叫外部成本、溢出效应、外部效应。外部性往往难以给出一个准确的定义。沈满洪等将其定义大致分为两类：一类是从外部性产生的主体角度，比如萨缪尔森和诺德豪斯认为，"外部性是指那些生产或消费对其他团体强征了不可补偿的成本或给予了补偿的成本"；另一类是从外部性的接受主体来定义，如兰德尔所定义的：外部性是用来表示"当一个行动的某些效益或成本不在决策者的考虑范围内的时候所产生的一些低效率现象；也就是某些效益被给予，或某些成本被强加给没有参与这一决策的人"①。其关键都是在于一个经济主体决策对于另一主体行为的影响是不确定的，这种影响是让他人或社会受益的，并且受益者不需要为此付出代价，这种现象则被称为正外部性，反之则被称为负外部性。

外部性的核心在于，它表现了一种差异或扭曲，这是经济活动中个体成本与社会成本、个体收益与社会收益之间的差异。这种收益和成本之间的关系可能是此消彼长的，也有可能是同方向变化，但总是存在一定差额。

沈满洪等将外部性从七个角度进行分类，比如从生产和消费角度区分，并由此产生生产者与消费者之间的四种关系和八种正负外部性分类方式。除此之外，还包括时间角度区分的代内外部性与代际外部性，从产生外部性前提角度区分的竞争条件下与垄断条件的外部性，从外部性的稳定性角度区分的稳定和不稳定外部性，从外部性方向上区分的单向外部性与交互外部性，从外部性根源角度区分的制度外部性与科技外部性等，在此就不再一一介绍。

上文笔者曾提到，马歇尔提出了经济内部和外部的区分，这种区分为之后的经济学家提供了巨大的想象空间，比如庇古和科斯，他们也成为探讨外部性解决办法的里程碑式人物。税收与补贴是解决市场外部性的方法之一。在私人收益与社会收益、私人成本与社会成本相背离的情况下，市场的自由竞争无法实现社会福利的最大化，因此，政府可以对企业活动对外部的影响进行判断并做出相应的对策。"对于边际私人成本小于边际社会成本的

---

① 参见沈满洪、何灵巧《外部性的分类及外部性理论的演化》，《浙江大学学报》（人文社会科学版）2002年第1期。

部门实施征税,即存在外部不经济时,向企业征税;对边际私人收益小于边际社会收益的部门实施奖励和津贴,即存在外部经济效应时,给企业以补贴。"① 这就是著名的"庇古税"。

科斯是新制度主义经济学的奠基人,其最关键的成就在于发现了交易费用和所有权对经济活动的意义,从而形成了"科斯定理"。科斯定理指出,在交易费用为零的情况下,不需要庇古税,在产权明晰的情况下,自愿协商同样能达到优化成果;在交易费用不为零的情况下,任何一种制度安排和手段需要经过比较和权衡才能确定是否实行。正是由于交易费用的存在,每种策略行为都带来不同的资源配置和福利效果,因此需要明晰产权。在完全竞争性市场的运行之下,我们知道信息流动的市场能够自发调节,但科斯却警示我们市场自主运行本身是"耗能的",信息传递需要成本,市场机制运行本身也有成本,政策和制度安排也有成本。

但科斯的结论并不是政府的必然干预,恰恰相反,他正是自由主义经济新的引路人。比如某一工厂排放污水影响了附近居民的水质,工厂和居民之间完全可以达成一项交易,相当于居民出售了工厂排污的权利并得到补偿,或者工厂提供补偿以获得居民的允诺。这种市场化的解决方式可能并不需要政府来完成,政府的法律规定或横加干涉被认为是冗余的。如果这其中存在着交易费用——签订合约的成本,政府的法律可能会起到决定性作用,法律规定公民享有饮用纯净水的权利与规定工厂有排污权利,两者的外部性成本是不相同的,政府需要衡量最小化外部性成本的方式以决定是否要颁布这一行政法规。

无论是庇古税还是科斯定理,在一定程度上都是将外部效应

---

① 参见沈满洪、何灵巧《外部性的分类及外部性理论的演化》,《浙江大学学报》(人文社会科学版)2002年第1期。

内部化的过程。外部效应内部化是将外部"费用"引入成本—收益的分析中，从而激励或纠正买卖双方的行为，本质上是将外部性的边际价值进行"定价"的过程。除此之外，技术创新也被认为是解决负外部性问题的一个重要因素，比如工艺生产中的"变废为宝"，但技术创新往往会产生新的外部性问题。政府的直接管理和控制也被认为是解决外部性问题的方式之一，但是这种策略行为的成本与边界往往是难以把握的，关于这一问题笔者将在下一节继续探讨。

综合上述的外部性分析，我们可以探讨外部性的一个例子。矿产资源开发具备多种外部性问题。首先是生产外部性。因矿产资源是可耗竭资源且存量有限，并且其开采难度不等。从时间维度上看，当代人对矿产资源的开发会影响后代人。从可持续发展的代际视角来看，当代人如果无节制地消耗矿产资源，会剥夺后代人使用资源的权利，并使他们的发展受到资源枯竭的制约。事实上，由于当代人先于后代人使用不可再生资源，出于自身发展的需要，当代人往往过度开采不可再生资源，对后代人的利益造成损害。因此，矿产资源的开发中广泛地存在着生产负外部性。另外，矿产资源开发利用过程中存在区域外部不经济性。矿产资源的开发所造成生态与自然环境的改变等，也影响着消费者的福利。由于污染所导致的负外部性存在，使矿产企业按利润最大化原则确定产量与按社会福利最大化原则确定的产量偏离，这造成了矿产资源开发利用中的区域外部性。对于这一外部性，政府可能会采取税收、政府管制等方式，这既取决于成本收益分析，也取决于政府所追求的政策目标和施政理念。

（四）信息不对称

无论是消费者还是生产者，他们掌握的信息往往是不充分的，因此很难存在完全信息的博弈状况。一般情况下，生产者比消费者知道更多有关产品的信息，而在市场经济之下，掌握信息充分的人往往占据更有利的地位。这种事前信息不对称产生的重要问题就是逆向选择，一个经典的例子就是"柠檬市场"。在二手车市场上，双方在签订二手车的销售合同前，卖方的信息往往比买方的信息更多，两辆车在外观、性能等方面非常相近，但是实际的车况可能相差很大，卖方往往更了解车况，即使是车况较差，却往往能够以市场均价售出，长此以往就会出现"劣币驱逐良币"的现象。

消费者比产品提供者有更多信息的状况也会出现，这种事后信息不对称的情况往往会产生道德风险。例如，一个人购买了汽车保险，投保后其行为可能会发生变化，比如驾驶过程中更不注意车辆保养等，这种行为的变化保险公司没有办法预知。道德风险一个更广泛的例子是委托代理人问题，比如在公司治理中，董事长（或者是家族企业的老板）可能会通过经理人市场选择职业经理人负责公司的运营，而对于经理人来说他的个人利益和公司长远发展的整体利益不是完全相同的，所以经理人在应聘成功后可能会更加关注短期利益或者个人利益的最大化，而忽视长远的规划，这也存在一定的道德风险。

这种信息不对称的原因有很多。可能是市场本身并不能提供完整的信息，信息本身的传递需要成本，比如时间成本、交通费、咨询费等。同时，在信息的处理能力上，厂商或产品和服务的提供者往往有更强的信息处理能力。在这种信息不对称的情况下，劣质品有了盈利空间并促进其生产，而优质产品被驱逐，反而因为无法盈利而不能扩大再生产，稀缺资源流向低效率者，从而产生资源配置的无效率，即市场失灵现象。在这种情况下往往需要政府进行质量监制、信息公开、制定技术标准等。

（五）收入分配不均与不完善市场

在本章导言中笔者便提到，市场多元主体的利益不统一导致资源分配扭曲，收入差距的两极分化成为现代国家面临的普遍状况。

从市场机制角度看，收入分配不平等的原因也有很多。首先是资源禀赋，不平等的状况并非一代形成的，而是不断积累而成，所以在市场机制的作用下，每个人的社会经济状况不尽相同，不同起点和禀赋的市场主体在市场竞争中甚至存在马太效应。在罗宾逊的分配理论里，她强调资本主义经济增长的不稳定性，即"增长不一定会使贫困减轻，反而有可能使绝对贫穷增大，即出现'富裕中的贫穷'。为此她主张必须改变国民收入分配结构，即从改变利润和工资在国民收入中的相对份额入手，通过税收和社会服务等国家干预举措达到收入均等化目标，以实现'平等化的经济增长'"①。卡尔多从储蓄倾向角度提出了分配问题，从古典经济学派到如今的主流经济学都或多或少地涉及分配理论，在追求平等化和市场自由化的谱系中寻找自己的定位。

收入分配不平等有着重大的经济影响和相应的"外溢效应"。收入分配不平等往往阻碍市场经济的健康发展，伤害了诚实劳动合法经营者的积极性和主动性，使人们对提高效率采取消极态度。除此之外，会导致社会发展成本的加大。收入分配的失衡，极易引起社会动荡，若局面长期得不到解决，矛盾进一步激化，必将引起社会和经济动荡，不可避免地加大社会发展的成本。额外的社会成本和经济的外部性将耗费大量有限的生产要素，从而

---

① 王璐、王洪朋：《"琼·罗宾逊的遗产"和经济学的批判与回归》，《政治经济学评论》2014年第5卷第1期。

导致总体社会需求数量投入的减少。同时还面临着国家政治体系构建的成本加大与收益的失衡。从成本与收益关系的角度看，每一次国家政治体系的构建必将是一个重新分配社会财富的过程，以追求改革成本和收益的均衡，而这往往需要付出巨大的成本。

不仅是西方国家，中国也面临着收入分配不平等的问题。李实等根据中国住户收入调查项目（CHIP）的数据发现，衡量收入差距的基尼系数自1985年来有先增大后缩小的趋势（见图5－1），而在收入差距不断增大的阶段，富裕阶层增长过快（见图5－2），同时伴随着地区、城乡间发展的巨大差异（见表5－1）。近年来收入差距有逐渐缩小的趋势，同时地区间差距增长的速率有所降低[①]。但由于新冠肺炎疫情的影响，中小企业、个体经营户等低收入阶层面临着巨大的打击，这可能加大贫富差距，并不利于市场经济的发展，需要政府在其中发挥重要的兜底和保障作用。

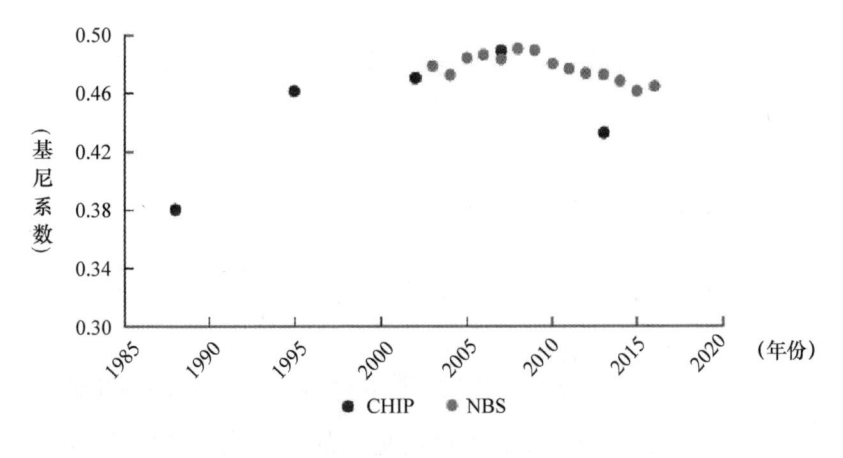

图5－1　中国收入分配的基尼系数

---

[①] 参见蔡媛媛、郭继强、费舒澜《中国收入机会不平等的趋势与成因：1989—2015》，《浙江社会科学》2020年第10期。

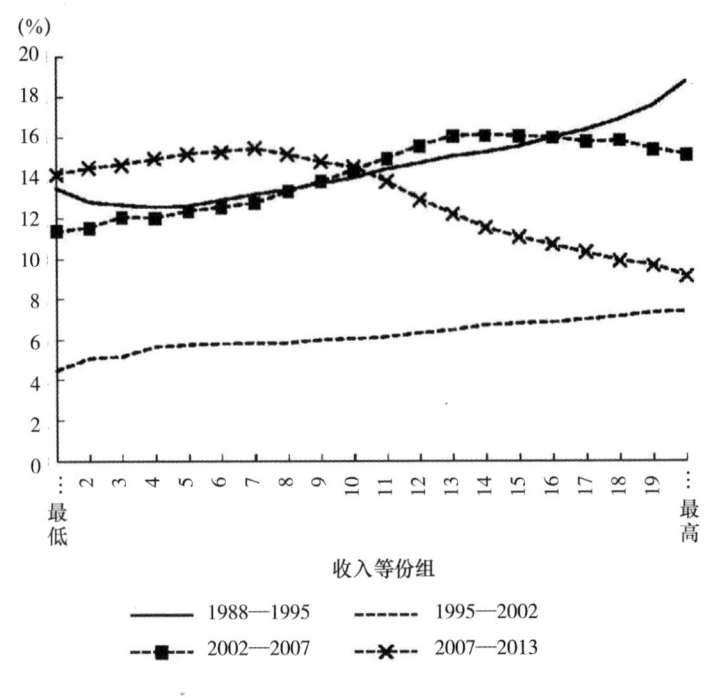

图 5-2　中国家庭人均收入增长发生率曲线

表 5-1　　　　中国地区间收入差距和城乡间收入差距比较

|  | 1988 年 | 1995 年 | 2002 年 | 2007 年 | 2013 年 |
|---|---|---|---|---|---|
| 城镇/乡村 | 2.45 | 2.58 | 3.20 | 4.02 | 2.56 |
| 东部/中部 | 1.42 | 1.75 | 1.86 | 1.84 | 1.53 |
| 东部/西部 | 1.62 | 2.16 | 2.05 | 2.23 | 1.59 |

数据来源：蔡媛媛、郭继强、费舒澜：《中国收入机会不平等的趋势与成因：1989—2015》，《浙江社会科学》2020 年第 10 期。

市场失灵始终在告诉我们一个问题，那就是市场的不完善，无论是垄断、外部性、公共产品的提供、信息不对称还是收入分配的不平等都是市场机制不完善的具体体现。根据不同领域，市场不完善性还融入金融、劳动力、互联网等具体的行业领域，这种不完善是结构性的,并不能通过市场内部机制或对市场的"小修小补"予以解决。

### 三 政府的作用

市场失灵不是政府干预的充分条件,也并非唯一的解决措施。在市场经济条件下,企业仍然是市场的重要主体,而政府更多需要通过政策保证市场的有效运行。

(一)政府的职能

总体来看,在市场经济条件下,政府有以下职能。

(1)制度保障职能。提供法律和规则框架,保证各项经济活动和交易在这一框架的约束下进行。例如,党的十九届四中全会把"公有制为主体、多种所有制经济共同发展,按劳分配为主体、多种分配方式并存,社会主义市场经济体制"三项制度作为中国特色社会主义基本经济制度,体现了理论创新、制度创新和实践创新的结合。

(2)宏观管理职能。通过财政政策、货币政策调节和引导经济活动,促进经济稳定发展。疫情期间,政府推行适当提升财政赤字率、发行特别国债、增加专项债券规模等财政政策,还包括降准、中期借贷便利和逆回购释放流动性,增加信贷供给,降低融资成本,增加中小微企业融资等货币政策。

(3)微观管理职能。微观管理涉及企业和消费者行为,包括社会管制、反不公平竞争、经济管制等方面。社会管制如保障工人权益,防止环境污染,消费者权益的保护等;反不公平竞争管制如反垄断和对兼并行为的管制;经济管制如市场准入、价格管制等。

(4)生产职能。政府也是市场的重要主体,作为公共利益代表者往往提供公共物品,比如直接提供如邮政服务、教育、国防等公共产品。在有的国家,政府还成立国有企业,从事私人产品的生产。

(5)"保险者"的职能。社会保障和商业风险方面的保险,如西方国家对金融机构的保险,还包括中国 2015 年实施的存款保险制度。

(6)政府的再分配职能。通过公共补助、贫困救济等来克服或矫正分配不公的市场缺陷。

政府和市场之间在具体经济活动中相互替代,双方力量也在市场中进行博弈,根据市场经济调节下政府干预的不同程度,政府也担当着不同的角色。首先是"守夜人"角色。政府此时在市场经济中只是起到最低程度的保护作用,即只有当经济生活必须制定某些法律法规,以保护和维持市场秩序和交换关系时,政府才出面发挥相应的作用,在自由竞争的市场条件下,政府被期待为"守夜人"的角色。其次是"仲裁人"的角色。政府在市场经济中不仅起到最低程度的保护作用,而且有时又像个法官,比如处理劳动争议、维护员工福利等。再次是"宏观管理者"的角色。除了上述两个方面的角色外,政府还承担着维持和保证宏观经济稳定增长,实现充分就业和降低失业率,以及调节个人收入尽可能平等分配,处理好公平与效率关系的责任,其主要手段是财政政策和货币政策。最后是"经济的引导者或促进者"角色。除了财政政策和货币政策外,政府还通过制定和实施产业政策,促进或限制某一产业的发展。例如,日本自二战以来,随着经济发展状况的不同制定了不同的产业政策,包括产业扶持与振兴,发布《关于产业结构的长期展望》和"面向 21 世纪产业社会长期设想"及"创造性知识密集型"产业等。

(二) 政府职能的实现手段

在不同的政府角色之下，政府干预市场和经济活动的手段也有不同，大致可分为以下几种。

(1) 行政手段。政府采用行政命令、行政规定、行政指示或下达指令性任务等方法来干预经济生活，指导生产和消费活动。行政手段以权力为基础，层级节制为主要特征。行政手段是权威性和灵活性的统一，但有时行政手段会具有武断性质，容易产生错误。

(2) 法律手段。政府根据法定权限、法定程序实施的具有法律约束力的行为，包括立法、合同、委托、许可、强制实施、处罚、裁决等。

(3) 经济手段。政府利用经济杠杆，通过经济利益的调节来影响经济主体的行为和活动。比如，以出口退税来鼓励生产者出口，以国家提供低息贷款来鼓励高新技术产业的发展，以高额税收限制污染企业的生产等。在消费领域也有经济杠杆来影响消费者的行为，如烟草和酒的高税收，国外无铅汽油和含铅汽油实施不同的税率等。

(4) 说教手段。政府利用舆论宣传工具，向公众灌输意识形态，宣传政府的政策意图，取得公众的理解和支持，由此来影响经济主体的行为。说教手段如果运用适度得当，可以有很高的成本收益比，如果应用过滥或者不当，则会适得其反。把这一手段作为主要的而非辅助的手段，会导致说教使用过于频繁，宣传教育的内容脱离实际等。

(5) 暴力手段。直接利用人身强制和人身伤害手段，迫使经济主体服从政府命令，实施政策。暴力手段在国防和社会治安方面是最有效的，但作为经济领域的干预手段只起辅助作用。

## 四 政府失灵

与市场失灵理论不同,政府失灵理论并没有形成相对完整的体系,一方面,西方国家大部分处于市场经济条件下,政府干预较少从而没有产生研究政府行为的需求;另一方面,政府行为有很强的跨学科性质,包含政治学、国际关系等方面的分析,并非完全归属于经济领域。萨缪尔森对政府失灵的定义是:"当政府政策或集体行动所采取的手段不能改善经济效率或道德上可接受的收入分配时,政府失灵便产生了。"[1]

从大萧条到二战后的经济复苏,凯恩斯通过政府干预保持总需求,利用财政政策维持充分就业的经济思想风靡一时,与此相伴随的是20世纪70年代前长期的经济繁荣、高就业率和低通货膨胀率。但凯恩斯的政府干预政策,导致西方国家普遍出现财政赤字,1973年和1979年的国际石油危机导致美国产生经济"滞胀",给凯恩斯主义带来巨大打击。政府的地位下降,就会有对市场力量的回溯,以弗里德曼为代表的货币主义在70年代逐渐转变为西方国家制定经济政策所遵循的规范。与凯恩斯主义重视财政政策不同,货币主义自然注重货币政策,他们反对凯恩斯主义的"相机抉择"政策导向,强调稳定的货币政策即"单一规则",注重控制货币数量的稳定变化而非控制利率。弗里德曼的货币是新自由主义经济学的重要组成,在他看来政府的失灵程度比当时人们想象的要更大,私人经济和市场自身便可以实现稳定,并不需要政府的积极干预。

货币主义理论虽然持续时间较短,却深刻影响了西方国家后

---

[1] [美]保罗·萨缪尔森、威廉·诺德豪斯:《经济学》,人民邮电出版社2004年版。

40多年经济思想的基本气质。20世纪70年代,新古典宏观经济学也作为一个经济学学派登上历史舞台,他们的信念在于,资本主义市场经济具有自身调节和稳定功能,政府无法做到比个人更理性,经济主体预期的调整、市场供求的调整会让经济重新回到自然状态,任何政策都是没有效率的,反而可能因为政策的时间不一致性降低效率,损害政府的公信力。

我们可以从外部性视角看待对凯恩斯的批评,对政府干预政策带来的影响都在说明,政府干预没有效果或产生负外部性,产能过剩问题。产能过剩是一个带有普遍性的经济现象,在市场经济条件下适度的产能过剩是一种自然现象,可由市场自行调节,也有利于形成有效的市场竞争,但中国曾经长期处于产能过剩状态,如20世纪90年代和21世纪初以及金融危机后严重的产能过剩问题,据IMF估计2011年中国产能利用率跌至60%,近年来随着国外投资增加、产能转移和供给侧结构性改革的推进,中国工业产能利用率有所提升,但仍处于70%—80%,产能利用率增长缓慢(见表5-2)。除市场因素外还有体制机制、管理方式、发展方式等诸多深层次的原因。

表5-2  2019年中国第三季度工业产能利用率

| 行业 | 第三季度 | | 前三季度 | |
| --- | --- | --- | --- | --- |
| | 产能利用率(%) | 比上年同期增减(百分点) | 产能利用率(%) | 比上年同期增减(百分点) |
| 工业 | 76.4 | -0.1 | 76.2 | -0.4 |
| 其中:采矿业 | 74.7 | 3.6 | 74.1 | 1.7 |
| 制造业 | 76.9 | 0 | 76.8 | -0.2 |
| 电力、热力、燃气及水生产和供应业 | 72.1 | -2.3 | 71.5 | -1.8 |

续表

| 行业 | 第三季度 | | 前三季度 | |
|---|---|---|---|---|
| | 产能利用率（%） | 比上年同期增减（百分点） | 产能利用率（%） | 比上年同期增减（百分点） |
| 其中：煤炭开采和洗选业 | 71.5 | 1.4 | 70.2 | -1.2 |
| 石油和天然气开采业 | 90.7 | 1.4 | 91 | 3.1 |
| 食品制造业 | 71.9 | -3.1 | 72.9 | -2.8 |
| 纺织业 | 77.6 | -2.3 | 78 | -2.6 |
| 化学原料和化学制品制造业 | 76 | 2.3 | 74.8 | 0 |
| 医药制造业 | 75 | -1.5 | 76.7 | -1.1 |
| 化学纤维制造业 | 82.8 | 0.3 | 83.1 | 1.1 |
| 非金属矿物制品业 | 71.4 | 0.1 | 70 | 0 |
| 黑色金属冶炼和压延加工业 | 79.4 | 0.7 | 79.9 | 1.8 |
| 有色金属冶炼和压延加工业 | 80.2 | 1.4 | 79.9 | 0.7 |
| 通用设备制造业 | 78 | 2.5 | 78.3 | 0.9 |
| 专用设备制造业 | 78 | -0.4 | 78.3 | -0.6 |
| 汽车制造业 | 76.1 | -3.5 | 76.8 | -3.8 |
| 电气机械和器材制造业 | 79.4 | 2.1 | 79.6 | 1.7 |
| 计算机、通信和其他电子设备制造业 | 81 | 0.6 | 79.7 | 0.7 |

资料来源：国家统计局（http：//www.stats.gov.cn/tjsj/zxfb/201910/t20191017_1703306.html）。

首先，政府对微观经济的干预过多，部分地方政府以追求经济和财税收入的高速增长为目标，通过低地价甚至零地价供给，税收减免、财政补贴、信贷扶持等资源配置方式招商引资，扭曲了市场信号，影响了企业的正常投资决策。其次，由于土地、能源、资源等要素价格不合理，社会成本、环境成本未能全部体现在企业的经营成本中，市场配置资源的决定性作用难以有效发挥。除此之外，对违规审批项目的地方政府缺乏有效的约束和责任追究制度，而且审批本身也存在着一些过度干预企业经营的问题，在竞争性行业依靠行政性审批的管理方式难以有效地遏制产能无序的扩张。

对这一政府失灵现象系统的理论分析来自公共选择学派，在凯恩斯主义盛行时期，由于政府与市场的密切联系，逐渐产生了对政府行为的研究。

公共选择与公共政策学者关注每一种形式的集体选择，韦默和维宁将政府失灵归结为四个一般性特征的固有问题，即直接民主制、代议制政府、官僚主义供给和分权政府（见表5-3），从而认识到政府也不一定推动社会的发展。"我们常常不能准确地预测出政府失灵的精确结果（其自身的不确定性有时就是一种可预测的结果）！然而，如果我们打算避免最无效和最不明智的干预私人选择的行为，我们必须认识到它们是可能出现的。"① 我们可以从以下几个维度综合地探讨政府失灵的类型和原因。

表5-3　　　　　　　　政府失灵的根源：概要

| | |
|---|---|
| 直接民主制所固有的问题 | 投票悖论<br>（委托的意义含糊不清） |
| | 偏好强度和偏好成果<br>（少数派承担成本） |
| 代议制政府所固有的问题 | 被组织和被动员的利益的影响<br>（通过寻租和租金浪费造成的） |
| | 地理性选民<br>（无效的政治拨款分配） |
| | 选举周期<br>（过大的社会贴现率） |
| | 为引起公众关注而摆出姿态<br>（限制性议程和对成本概念的曲解） |

---

① ［美］戴维·L. 韦默、艾丹·R. 维宁：《政策分析——理论与实践》，戴星翼等译，上海译文出版社2003年版，第181页。

续表

| | |
|---|---|
| 官僚主义供给所固有的问题 | 代理损失<br>（X-无效率） |
| | 评估产品价值的困难<br>（分配和X-无效率） |
| | 有限竞争<br>（动态无效） |
| | 包括公务员限制在内的事先规则<br>（因稳固性导致的无效率） |
| | 作为市场失灵的官僚失败<br>（对组织资源的低效使用） |
| 分权制度所固有的问题 | 分散权力<br>（执行问题） |
| | 财政外部性<br>（地方公共物品的不平等分配） |

资料来源：［美］戴维·L.韦默、艾丹·R.维宁：《政策分析——理论与实践》，戴星翼等译，上海译文出版社2003年版，第180—181页。

## （一）公共物品的过剩与无效率

由于缺乏一定的竞争和激励机制，政府对公共物品的供给可能会过剩。一方面，由于市场缺陷增强了公众意识，政治组织与公民参政权利变化，政府对自己克服市场缺陷过于自信，负担与义务分离，市场对公共物品的需求往往会被夸大，导致供给公共产品过剩。另一方面，确定和度量产出往往具有一定困难，政府作为单一的生产来源具有一定的垄断性质，现有的监督机制也是不健全的，缺乏基准线和终止机制，从而产生信息不对称的情况。同时，维持公共产品供给活动的收入与生产它的成本无关，那么当获得一个给定的产出时，就会使用较多的资源，而不是必要的资源。政府机关没有动力降低成本，这也并不是他们的首要目标，低效率是可以被允许的，这也造成了非市场性缺陷①,导致供给过剩。

(二)公共组织的私人目标与内在性:政治家和利益集团

市场缺陷理论的核心是外部性,非市场缺陷理论的核心是内在性。预算最大化是公共组织内在性的表现之一。由于不能把利润作为推动或评价其运行的标准,非市场机构至少是要将其预算规模作为其主要的内在性。于是便根据机构成员和下级单位对扩大预算和保护其免受削减所做出的贡献来对其行为做出评价。机构内的动力是来自对那些能够"证明成本的合理性而不是减少成本"的成员的奖赏。这种预算内在性可能使机构活动的规模发生扭曲,进而体现政府的膨胀和扩张现象。

政治家行为动机理论和官僚行为理论解释了个体如何维护其私人目标。公共选择理论普遍认为,社会中存在两种市场:经济市场和政治市场。在经济市场中,人们进行商品和服务的交易,交易的媒介是货币;在政治市场中,选民和政治家之间进行权力和福利的交易,交易的媒介是选票——老百姓用选票赋予政治家权力,期望政治家利用权力为自己谋取更多的福利。经济市场上生产者追求利润最大化,消费者追求有限收入下的效用最大化;政治市场上选民追求福利最大化,政治家追求权力最大化。由于关注点的不同,政治家很容易做出经济上的错误决策。对于政府官僚也是如此,他们没有受到产权约束,绩效即产生公共利益的效果往往难以衡量,对自身利益最大化的追逐也面临经济上无效率的状况。与私人组织大部分自己承担决策损失不同,政府决策的失败往往由公众承担,因此,政府组织的内部效应可能带来巨

---

① 市场与非市场的基本区别在于,市场组织的基本收入来自市场上出售产品的价格,在那里购买者决定他们要买什么或者是否要买。而非市场组织的主要收入来自税收、捐赠或其他非价格性的来源。非市场活动中负担与义务分离、成本与收入之间的分离意味着资源的错误配置程度大大地增加了。

大的负外部性。

为了维护集团利益,政府还会进行一定的寻租活动,即利用自身垄断的某种权利,对市场利益进行再分配,政府干预给政府机关带来了以"租金"为形式的经济利益。"作为一种非生产性活动,寻租的特点是利用各种合法或非法的手段以获取拥有租金的特权,并不增加任何新的社会财富,只不过改变生产要素的产权关系,它使资源配置扭曲甚至使资源的配置无效。另外,寻租活动也会导致不同的政府部门之间争权夺利,影响政府的声誉增加廉政的成本并最终造成社会资源的浪费,因此会导致政府失灵。"①

(三)公共政策的外部性:社会复杂性与调节的有限性

社会现象涉及人与人之间、制度与结构之间、人与自然之间的关系,经济活动也是如此,所以对人类行为及其政治组织行为所造成的外部性的考察是极其复杂的。例如,上文提到的放开电信部计划性,结果由于厂商的单一造成垄断定价,服务费升高,质量却没有任何改善。政府在做公共决策过程中需要首先识别公共利益是什么,但这一过程便是相对困难的,并不能通过个人利益的简单相加而获得,在这一过程中总是存在一定的信息不对称性,不仅难以在技术上取得完全信息,也难以担负获取完全信息的成本。每种公共政策的制定体制都有其固有的局限性,其内部缺陷也是阻碍做出正确公共决策的重要原因。在政策执行上,任何一个政策的施行都受到外部环境、执行机构等方面的重要影响,总是存在着一定的"随机扰动项",可能导致事与愿违的情况。

---

① 张建东、高建奕:《西方政府失灵理论综述》,《云南行政学院学报》2006年第5期。

因此，政府的干预和调节本身是有限的，政府只能在一定范围和程度上控制和减少市场干预，从理论上探讨，政府干预调节本身也有局限性。首先，调节效应具有滞后性，这也是对凯恩斯主义的批评之一。滞后包括认识滞后、判断滞后、选择滞后、政策效应滞后。从问题显露到政府认识之间，从认识问题到决定采取决策，从决定调节到调节方案和措施的出台，从政策落地实施到其收到效果都存在一定的时间差异。其次，调节效应具有不平衡性，对于不同调节对象有不同的效果。如对于价格、工资、福利、就业等具有刚性变量，对其调节往往需要注意限度，其刚性的存在可能导致某些政策的失效。同时，政策调节在不同行业产生的效果也不同，如压缩建设投资对小型服务行业见效快，但对大型建设项目见效慢，增发货币对不同行业的通胀效应也不尽相同。最后，调节效力也具有递减规律。对于不同的时间段，公共政策有着不同的失效率，从而形成"浴盆模型"（见图5-3）。随着客观环境的变化，政策可能难以适应环境要求，政策本身具有的负外部性也逐渐显现，政策受众可能会根据政策效果调整自

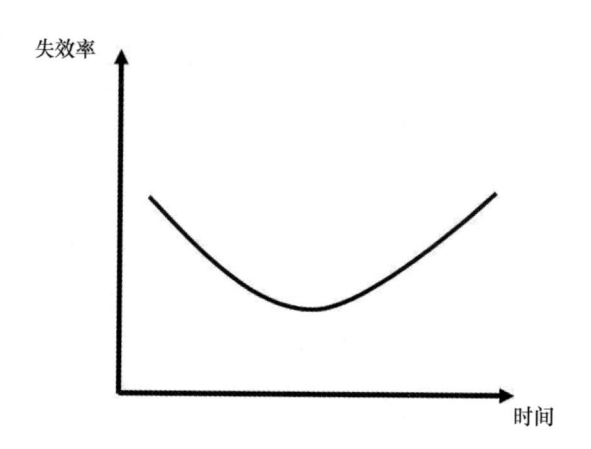

图5-3 公共政策的"浴盆模型"

己的行为模式，重新实现自身利益的最大化，政府失灵的现象便由此产生。

不仅是市场行为，政府的权力和特权、政策偏差、组织内部的寻租活动、政治家和官僚的行为动机都可能导致国家经济运转出现无效率的情况，也会带来收入分配的不平等和社会成本的加大。所以，盲目的政府干预所导致的政府失灵，可能比市场失灵带来的后果更加严重。

## 五 政府与市场的博弈

从逻辑上讲，市场经济的终极理论基础其实就是弱肉强食赢家通吃。从传统意义上讲，市场经济体系中供给主体就是通过满足客户的需求，以销售价格高于成本来获取利润，因此，一方面企业某种意义上讲也是为人民服务的，另一方面为了获取超额利润企业就得努力探索新科技，从而一定程度上推动了科技的发展与进步，符合人类发展的根本目标。所以市场经济在人类发展特定阶段，是有其积极意义与作用的。但是在欧美市场经济体系下，到了金融资本时代超额收益与科技进步之间的关系不再是必然的甚至相关性也不太高，欧美市场经济中的若干规则已经纯粹沦为资本的"打手"，已经成了阻碍科技发展的桎梏。应该说，市场经济在配置资源方面有其高效的一面，同时也有阻碍社会进步的一面。为了"人"的最高利益，理应有一支力量成为资本的对冲力量，但是市场起不到这个作用，这个角色，只能由政府来担纲。

### （一）经济学对政府与市场间博弈的讨论

经济学作为一门学科诞生以来，政府与市场的关系始终是重要的问题。主流所认可的18世纪后期到19世纪70年代的古典经济学，也常被称为经济自由主义，对现代政府与市场的关系仍有着深刻影响。亚当·斯密被认为是"现代经济学之父"，对市场自由放任是其重要的理论贡献之一。斯密的经济自由主义思想以"经济人"的行为假设为前提，在斯密这里，"经济人假设"来源于个人的利己主义本性和人类天生的交换倾向，人们会追逐自身利益。这一假设随着经济学的发展也有了更广泛的内涵，它表示市场主体（企业、消费者）能够追求效用最大化或利润最大化，能够以函数的形式表现出来。这里还暗含着，市场主体的信息是对称的，每一个市场主体都能通过一定手段获得自己所需要的全部信息，并因此做出效用最大化的决策。

1. 自由主义的问世与破灭

斯密作为现代经济学的开创者自然没有如此理论化的发展，但交换本能和利己主义构成的"经济人假设"足以作为他分析市场的基础。利己在斯密看来并不是一种道德批判，原因在于，个人利益最大化与公共利益的实现被一只"看不见的手"捏合在一起。"他通常既不打算促进公共的利益，也不知道自己是在什么程度上促进那种利益。由于宁愿投资支持国内产业而不支持国外产业，他只是盘算他自己的安全；由于他管理产业的方式目的在于使其生产物的价值能够达到最大程度，他所盘算的也只是他自己的利益。在这场合，与其他场合一样，他受着一只看不见的手的指导，去尽力达到一个并非他本意想要达到的目的。也并不因为事非出于本意，就对社会有害。他追求自己的利益，往往使他能比真正出于本意的情况下，更有效地促进社会的利益。"[①]"看不见的手"由此作为市场竞争的体现塑造了20世纪30年代前经

---

① ［英］亚当·斯密：《国富论》（下卷），郭大力、王亚南译，商务印书馆2014年版，第30页。

济学家们对市场的崇拜。

新古典经济学发端于19世纪70年代的边际革命,以边际效用价值论为基础,使用抽象演绎的数学方法,强调需求端主观效用的作用。在边际学派之下形成了新古典经济学中的完全竞争性市场和一般市场均衡理论,在完全竞争性市场之中,有无数的买者和卖者,所以每一个个体都无法独自地影响市场的供求状况,他们代表着市场的供给和需求,但却都是价格的接受者。边际革命作为"革命性"力量,对古典经济学中的诸多方面有着颠覆性的发展,此后,马歇尔为新古典经济学创造了新的概念基础,包括我们今天所熟悉的消费者剩余、生产者剩余、弹性概念等,但所有这些仍然没有脱离"经济人"的假设和对市场的崇拜。边际学派对"经济人"的分析提供了方法论上的变革,与古典经济学相同,强调市场对资源配置的决定性作用,推行自由放任的经济政策,强调最小化的政府干预。这一开创也构成了古典经济学的基本气质。

但自由市场的神话在经济大萧条之后逐渐破灭。在古典经济学充分就业的假设之下,经济体不会产生如此巨大的危机形式,古典的分配理论也不能解释大危机的爆发,政府与市场的关系也将重新被思考。凯恩斯无疑是这一时期最伟大的人物,《就业、利息和货币通论》首先推翻了充分就业的假设,古典经济学有自愿失业、摩擦失业,但是却没有能够包含凯恩斯所认为的"非自愿"失业。"古典学派的两种失业范畴能概括全部失业现象吗?事实是总有一些人愿意接受现行工资而工作,但却无工可做。"[①]在市场自发调节的情况下,由于有效需求不足导致市场总是会产

---

① [英]约翰·梅纳德·凯恩斯:《就业、利息和货币通论(重译本)》,商务印书馆2006年版,第12页。

生不充分就业的状况,即产生很多非自愿失业。为此,凯恩斯重新思考政府的最小化干预理论以重新扩大总需求,在凯恩斯看来,走出困境的唯一办法是"通过借债来为政府扩大开支筹集资金……政府开支主要用于政府购买和政府投资。政府投资主要是兴办公共工程,而不是生产竞争性的产品或服务"[①]。经济学家们对政府的关注要远远落后于政府的完善过程,而政府和市场的关系始终作为一个问题,但对于经济发展和财富积累来说,它的重要性似乎在大萧条之后才得到显著提升。

2. 新自由主义的兴起

20世纪中后期的全球化进程以及新自由主义的浪潮席卷全球以来,市场更加发挥出从它诞生以来便展现出的,对社会生活的巨大塑造力量。对于生产商品的资本家来说,市场是必要而"冗繁"的内容,他们既需要从市场中卖出商品,也要面临无法卖出、增加成本的风险,这违背了他们追求利润的动机。市场有商品交换领域和交换关系两种理解,市场机制本身也既包含价格、供求、竞争机制,同时也传递信息、提供激励和进行收入分配。

市场与现代意义的政府并不是同时产生的,只有在民族国家逐渐成熟后,才会产生国家对经济的认识和对市场的宏观调控。市场首先被斯密放置在了至高的位置,这无疑是对强调国家干预经济、具有民族主义气质的重商主义的反叛,也是对重农主义和古典经济学先驱们推崇的自由放任的延续。这一气质被新古典经济学继承下来了,尽管马歇尔仍然认识到了企业外部和内部有着规模化的垄断倾向,琼·罗宾逊也看到了不完全竞争市场。政府与市场的博弈在经济大萧条前后才发生了逆转,面对现实问题,

---

① 方福前:《当代西方经济学主要流派》,中国人民大学出版社2004年版,第45页。

凯恩斯主张国家需要在危机时刻通过借债等方式加大政府赤字，以求达到充分就业状态，而并不能指望市场自发形成。

凯恩斯之后，或者是从20世纪初开始，市场的不完善性就引发了对市场更加深入的探讨，主流经济学更加关注市场究竟是如何运行的，并为之提供修正方案，由此，笔者综合地探讨了市场失灵的几大重要因素与表现：垄断、公共物品提供、外部性、信息不对称、收入分配不平等与市场的不完善。

(二) 新自由主义的失败

2020年新冠肺炎疫情暴发以来，西方国家不仅为我们展现了市场的塑造性力量、政府和市场的博弈过程，让我们看到了政府在处理市场过程中的无力感，也为我们展现了疫情如何突出了市场失灵，导致了西方国家的抗疫失败。

首先是公共产品的提供。对于中国的医疗保障制度来说，医疗保险是具有排他性和非竞争性的准公共物品。其他人的参保并不影响参保人行使医疗保障的权利，参保人数越多反而越可能扩大医疗保险基金金额，从而提高参保人的利益，因而具有非竞争性；如果有人拒交保费便不能享受保险待遇①。在这一公共物品的提供上，通过对未来的消费者"征税"而帮助目前的消费者，对于资本主义市场来说是难以做到的。对于西方国家，尤其是美国来说，公共健康不是国家利益问题，而是市场的商品。对于美国的整个医疗体制，医生诊所是整个服务体系的基石，也解决了大多数常见病、多发病，只有病情较严重的情况下才会去门诊中心（多科室联合诊所）或急病治疗医院，其大多只提供住院服

---

① 中国农村最低生活保障制度（以下简称"低保"）之下，个人缴纳的医疗保险部分由政府补贴，各地政策有所差异，并非不用缴纳保费，所以低保下的医疗保险仍为准公共物品。同时医疗保险是社会保险的一部分，职工医保在缴纳规定年限后才能享受免缴待遇。

## 第五章
### 政府与市场关系的灵活协调

务。在这种医疗体制下,经济停滞将严重影响医疗体系的运转。疫情的扩散也让人们对门诊、急诊产生了超乎寻常的需求。市场传递信息、提供激励的作用消失了,爆发性的需求导致基本医疗服务出现短缺且根本无法在短期内解决,推高医疗服务费用的同时却没有可靠的融资和供给体系。

保险支付是美国医生和医疗机构的主要收入来源,支付标准与支付方式由双方定期协商。美国医疗保险分为私人医疗保险和政府医疗保险计划,整个体系十分复杂,且美国没有全民医疗保险,医疗价格也比较昂贵,如加利福尼亚州和佛罗里达州的基本医疗保险每月要花费450美元,而纽约类似的保险计划每月要花费超过600美元。美国医疗费用高昂,首先是因为医生数量相对较少,高行业标准形成职业垄断格局。同时,住院费用也是医疗费用昂贵的主要原因之一,美国医院行业是一个强势利益集团,拥有强大的政府游说能力,先进的医疗设备、更优的住院服务也推高了医疗成本,美国的日均住院费用为1850美元,而OECD国家的中位数只是600多美元。[①] 如此高昂的成本让美国弱势群体、农村居民、无法支付医疗保险以及无法获得医疗保险的人在疫情中更加受挫。与市场带来的收入差距相同,医疗保障在高收入和低收入群体、不同种族之间也呈现出巨大差异,很多低收入群体、拉美裔美国人等面临没有医疗保险的情况,但他们往往占据确诊病例的重要部分。

上文提到,医师的行业标准往往形成职业垄断现象,这种垄断现象并非由于企业或机构的规模经济,而主要来自行业性质和管制措施。职业医生本身具有较高的技术标准,而美国作为发达的

---

[①] 参见昝馨、朱恒鹏《美国医疗体制的特征及其对中国的启示》,《比较》2016年第6期。

资本主义国家对医疗设备、医师准入等更是有高标准的要求。同时，这种垄断现象也有其行业内部的人为因素，为保证这种高利润现象，需要减少无效的内耗，为各方提供更大的利润空间。

再以疫苗研制和大规模核酸检测为例。疫情的早期阶段，美国核酸检测并没有能够下放各州，同时也不具备大规模检测能力，导致美国没有办法广泛地识别和控制新型冠状病毒的传播，由于各州不同的理念和施政方略，同时还包括美国人民对政府的不信任文化，戴口罩、保持社交距离等举措也难以完全推行，导致美国确诊病例和病死率居高不下。疫苗研制是长期过程，没有充足的激励很难促使医药企业主动研发，而3月初政府才投入83亿美元积极推动联邦机构和私营合作。疫苗研制与核酸检测由于其具有公共物品的性质，一旦完全由市场调节一定会产生低效率的资源配置，从而产生市场失灵现象。相比于美国，德国初期病死率较低便有赖于核酸检测能力的及时跟进。但由于其核酸检测往往只依靠社会和社区力量，加之整体防控形势的严峻，导致其防疫效果仍然不足。

我们可以换一个视角看待疫苗研制等技术研发，即通过外部性看待其如何造成市场失灵。大部分经济学家认为，技术往往会带来正外部性或正向的外溢效应。疫苗以及类似技术的研发特点在于，科研的固定资本以及人力资本投入较高，而制造成本相对较低，社会和私人投资的回报率往往有巨大差异，私人企业不仅难以承担这一巨大成本，同时也很难意识到其正外部性作用，所以一旦交由市场调节，私人企业生产总是不能满足社会需求，从而产生市场失灵现象。

对于政府而言，他们更加关注社会利益的最大化从而保证其统治的合法性，对于西方国家的私人企业来说，个人利益最大化与社会利益最大化往往不是统一的,从而不愿意承担相应的社会责任,更不愿意通过自主研发的方式让政府受益。从全球角度看,各国政府也不一定愿意推动技术正外部性的实现,他们的目标往往不是全球福利的最大化,因为技术产品一旦生产出来就意味着每个国家都有从中"分得一杯羹"的动机,美国政府疫情初期阻碍疫苗技术研发的交流也体现出其并不希望做"不平等的交易"。此时,中国政府积极开展疫苗研发工作,并承诺疫苗为世界公共产品、向世界市场开放,与其他国家的举措相比,中国更展现出其大国担当。

为了实现对企业研发的激励,各国政府也有不同的举措,以推动外部效应内部化。美国政府选定五家公司,并给予联邦资金支持;法国、意大利、德国和荷兰组成"疫苗联盟",与多家制药企业合作,以推动疫苗的本土化研发;日本希望在东京奥运会前夕建立能够接种疫苗的相应体制,提供支持疫苗开发生产的相关费用。

与此同时,疫情无疑会给世界经济带来巨大的负外部性。比如,新冠肺炎疫情可能会将新兴市场和发展中经济体自 2008 年以来在减轻不平等方面取得的进展抹去,福利水平也将下降(见图 5-4、图 5-5);疫情导致全球遭受了自 2009 年国际金融危机以来最大的经济衰退,2020 年世界平均真实 GDP 预计同比下降 3.0%,发达国家预计下降 6.1%,新兴市场经济体和发展中国家预计下降 1.0%[①]。这种负外部性是对产出的总体影响,在全球价值链的形成过程中,疫情所带来的市场失灵和流动性降低将对经济有更深远的影响。

---

① IMF:《世界经济展望》,https://blogs.imf.org/2020/04/14/the-great-lockdown-worst-economic-downturn-since-the-great-depression/。

## 全球化的中国方案

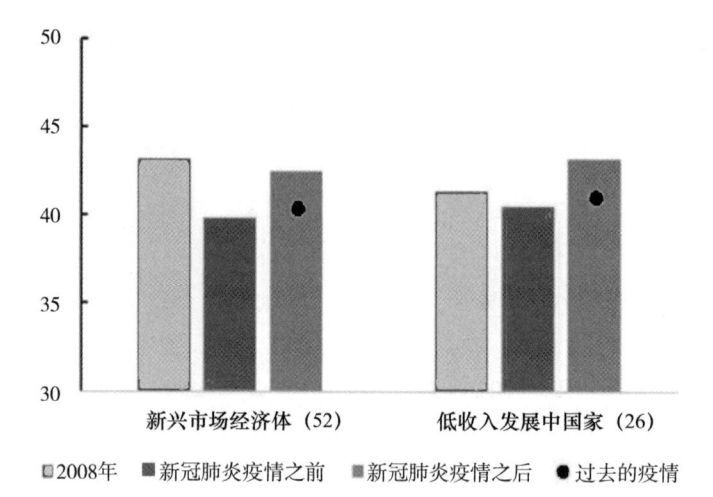

图 5-4 新兴市场经济体和低收入发展中国家基尼系数

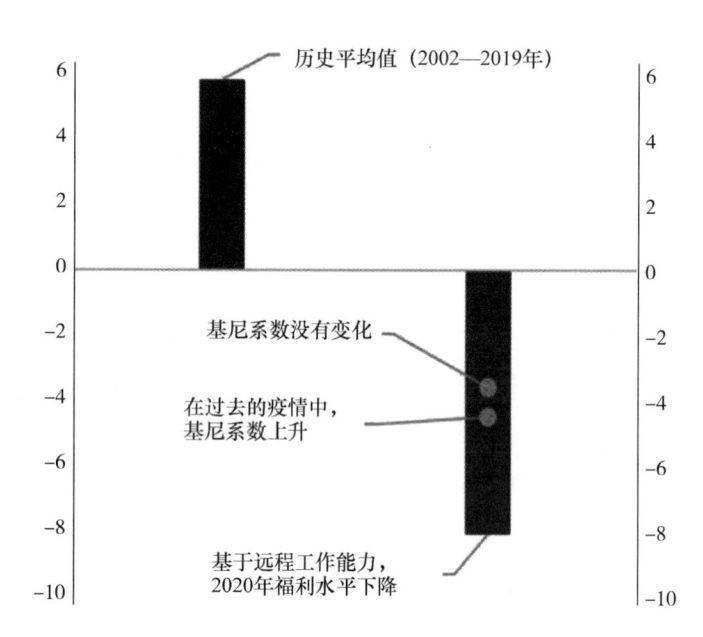

图 5-5 相对于 2020 年的年化人均增长，56 个经济体的简单平均值

数据来源：2020 年 10 月《世界经济展望》第一章专栏 1.2，https://www.imf.org/zh/News/Articles/2020/10/29/blog-how-covid-19-will-increase-inequality-in-emerging-markets-and-developing-economies。

在疫情之下，个体抉择仍然是理性的吗？可能并不是。个体难以认识到自身行为的外部性。例如，价格机制可能会抬高口罩的物价水平，在口罩供给不足的情况下，低收入群体可能没有办法获得口罩，一旦其成为感染人群将不利于社会总福利的提升，哄抬物价的行为也将因此产生负外部性影响。同时，是否戴口罩是个体行为，如果从社会福利最大化角度看，隔离受感人群、扩大社交距离、佩戴口罩等将有利于减少病毒的传播，但对于个人而言，人们可能因为其他因素（可能是信息不对称或文化性因素）无法捕捉到这种外部性的存在，以及这一微小行动的收益。与此相关的是疫情带来的信息不对称，对于经济主体（企业或个人）来说难以通过预期判断未来的经济走向，也很难决定收入与产出的关系，从而导致经济形势难以预测，市场失灵状况由此产生，在缺乏政府干预、政府力度不足或出现时滞的情况下，都将出现西方国家所面临的疫情失控与反弹现象。

## 第二节 有效市场和有为政府

政府和市场的博弈结果逐渐转变为区分各种经济体制和政治体制的标准，现代国家的一个区分标准就是政府与市场的替代程度，中国自改革开放以来逐渐建立和完善社会主义市场经济体制，市场经济体制不仅进一步巩固了中国特色社会主义的发展，也为中国战胜各种困难稳步发展奠定了坚实基础。

党的十九届五中全会审议并通过的《中共中央关于制定国民经济和社会发展第十四个五年规划和二〇三五年远景目标的建议》提出，"坚持和完善社会主义基本经济制度，充分发挥市场在资源配置中的决定性作用，又发挥政府作用，推动有效市场和有为政府更好结合"。"推动有效市场和有为政府更好结合"是党对政府和市场关系的最新论断,这一理论的提出是我党总结历史经验、探索理论创新的最新成果,既不让"看不见的手"推向市场失灵,也不让"看得见的手"引领政府失灵,从而找到政府和市场之间的均衡点,既发挥市场在资源配置中的决定性作用,又让政府进行宏观调控,弥补市场机制的弊端。

## 一 中国政府与市场关系的演化历程

(一)社会主义计划经济阶段(新中国成立至1978年改革开放)

改革开放前,由于历史的原因及国内国际社会政治的影响,政府主导国家一切经济社会活动。社会产品的生产、分配、交换和消费在政府的统一指挥和协调下按计划进行,社会资源在国家的统一分配下实行计划配置,不允许有国家计划外的经济活动,社会功能完全处于一种被弱化的状态。这一时期,只存在计划经济条件下的产品市场,但这一计划经济在前期也保证了中国向社会主义的和平过渡。

1. 计划经济体制的萌生阶段(1949年10月至1950年6月)

1949年底,我国没收了2858个官僚资本主义的工业企业,建立了国营工业以掌握国民经济命脉,开始建立社会主义公有制。对非公有制的私营工商业进行调整,使私营企业初步纳入了计划生产的轨道。在组织机构方面,1949年10月建立了中央财政经济委员会。之后又相继成立了其他专门负责计划管理的中央机构,如全国编制委员会、全国仓库物资清理调配委员会,指定中国人民银行为国家现金调度的总机构等。通过这些机构,国家开始对经济活动实行行政指令的直接管理。1949年冬,中央确定实行全国财政经济统一管理的方针,并通过1950年2月召开的全国财政会议,以指令性方式提出了"六个统一":财政收支统一、公粮统一、税收统一、编制统一、贸易统一、银行统一。这一时期已开始提出发展国民经济的某些计划和措施。在此期间,还进行了某些年度计划的试编工作,如 1949 年底编制出《1950 年全国财政收入概算草案》,1950 年 5 月又试编了包括农业、工业、文教卫生等 20 多项内容的《1950 年国民经济计划概要》,为后来编制中、长期的国民经济计划摸索了经验。1950 年 6 月举行的党的七届三中全会认为,这一时期在对旧的社会经济结构进行不同程度的重新改组的同时,老解放区特别是东北,已经开始了有计划的经济建设,但在新解放区"还没有获得有计划地进行经济建设的条件"。

2. 计划经济体制的初步形成（1950 年 6 月至 1952 年 8 月）

党的七届三中全会以后,开始在全国范围内创造有计划地进行经济建设的条件。1950 年 8 月,中央召开了第一次全国计划工作会议,讨论编制 1951 年计划和 3 年的奋斗目标。这次会议初步形成了中国计划经济体制决策等级结构的雏形,即决策权归国家,决策权力的分配采取行政方式形成条块分割的等级结构。以后,中央首先加强了对国营工业生产和基本建设的计划管理。在基本建设方面,把建设单位划分为"限额以上"和"限额以下"两种具体投资额,并确定把重点摆在交通运输的建设上。其次,在对农业、手工业的计划领导方面,在 1951 年 9 月召开的第一次互助合作会议上,提出在完成土改的地区,通过开展互助合作运动,克服农民分散经营中的困难,以保证国家农业生产计划的实现。并积极地推广生产互助组与供销合作社的"结合合同"制度的经验,使互助组有计划地生产和消费,供销社实现有计划的经营。对手工业生产,中央要求各地将组织和发展手工业生产合作社的计划，纳入地方工业计划，并以国家和上级合作社的订货作为发展手工业生产的关键。再次，在1950年调整私营工商业的基础上，要求私营工商业遵照执行政府制订的产销计划。最后，在市场管理方面，国家指令要求国营贸易公司正确地执行价格政策。总之，在党的七届三中全会以后初步形成了中国计划经济体制的决策结构，在国家的集中统一领导下，以制订指令性的经济发展计划的形式，对国民经济各方面开始实行全面的计划管理，计划经济体制已初步形成。

3. 计划经济体制的基本形成（1952年9月至1956年12月）

1952年9月，毛泽东提出了"10年到15年基本上完成社会主义"的目标。为了实现这一目标，计划经济体制进一步健全并得到法律的确认，在已建立的各种专门性的计划管理机构的基础上，1952年11月成立了国家计划委员会，1954年4月中央又成立了编制五年计划纲要草案的工作小组。该小组在1951年以来几次试编的基础上，以过渡时期总路线为指导，形成了第一个五年计划草案（初稿）。经过法定的审批程序之后，"一五"计划由国务院以命令形式颁布，要求各地各部门遵照执行。1954年中国制定和颁布了第一部宪法，其第十五条规定："国家用经济计划指导国民经济的发展和改造，使生产力不断提高，以改进人民的物质生活和文化生活，巩固国家的独立和安全。"这表明，计划经济体制已成为中国法定的经济体制。

4. 计划经济的变动期（1957—1978年）

"大跃进"时期，"左"的思想占了上风，经济决策出现了一系列重大错误，服从于实现"大跃进"的目标，经济体制也有很多突然变化。第一，在所有制上，急于追求"一大二公"，企图尽快实现单一的全民所有制的国有经济和国家经营。农村掀起人民公社化的运动,把小社并成大社,基本上取消自留地,实行政社合一。城市改造"残存的私有制",基本上取消个体经济和个体经营,限制集体经济和集体经营,有的转为或并入国营企业。这都脱离了当时的生产力发展水平,导致了"共产风""浮夸风"和瞎指挥。第二,在中央和地方的关系上下放管理权。第三,在国家和企业的关系上,扩大企业权限,规定减少指令性指标,实行全额利润分成制度,企业有权调整机构和配置人员,自行处理固定资产。由于缺乏正确的领导,层层抬高指标,企业失去正常管理,经济效益大大下降。第四,在分配制度上,无论农村还是城市,都搞"一平二调",使平均主义进一步发展,极大地挫伤了农民、职工的积极性,劳动生产率不断下降。

(二)社会主义市场经济阶段(改革开放至今)

1. 第一阶段:冲破僵化体制的束缚,尝试市场经济手段

这一阶段大致从1978年12月党的十一届三中全会召开到1984年10月党的十二届三中全会做出《中共中央关于经济体制改革的决定》之前。

早在1978年12月,邓小平就在《解放思想,实事求是,团结一致向前看》的讲话中指出,要落实责任制,允许一部分人生活先好起来,带动其他人民[1]。1979年邓小平又专门提出对市场经济的看法:"我们是计划经济为主,也结合市场经济,但这是社会主义市场经济……同样地,学习资本主义国家的某些好东西,也包括经营管理方法,也不等于实行资本主义。"[2] 直到1984年10月20日党的十二届三中全会通过的《中共中央关于经

---

[1] 《邓小平文选》第2卷,人民出版社1994年版,第149—153页。
[2] 参见《社会主义也可以搞市场经济》,载《邓小平文选》第2卷,人民出版社1994年版,第236页。

济体制改革的决定》依然重申我国实行有计划的商品经济。由此可见，从1978年12月至1984年10月，我们已开始大胆尝试市场机制的作用，但对计划和市场的关系还停留在以计划经济为主、市场调节为辅的认识阶段。

首先，在农村引入了市场竞争机制，实行联产承包责任制，极大地调动了广大农民的积极性。其次，在增强企业活力，扩大企业自主权方面引入了市场竞争机制，使企业改革取得初步成效。再次，在国家宏观经济调控上，适度引入了市场机制，适度放开了部分商品，由市场机制来调节供求关系，开始学会运用经济杠杆调节经济。最后，在收入分配上也适度引入了市场经济机制，打破了平均主义的障碍。党的十一届三中全会以来，我们在分配领域开始逐步引入市场竞争机制，允许一部分人通过勤奋劳动先富裕起来，充分认识到只有允许和鼓励一部分地区、一部分企业和一部分人依靠勤奋劳动先富起来，才能对大多数人产生强烈的吸引和鼓舞作用，并带动越来越多的人一浪接一浪地走向富裕。

2. 第二阶段：突破"主""辅"之分，加大市场机制的调节力度

这一阶段大致从1984年10月党的十二届三中全会做出《中共中央关于经济体制改革的决定》始，至1989年11月党的十三届五中全会做出《中共中央关于进一步治理整顿和深化改革的决定》止。

在这一阶段里，中国加大了市场机制在各个领域的运用力度。从宏观调节体系上看，逐步健全以间接管理为主的宏观管理体系。从市场体系上看，逐步建立和培育了社会主义市场经济体系。改革了价格体系，理顺了商品价格和各种生产要素价格，除少数重要商品和劳务由国家计划定价外，其他大量商品和劳务价

格都由市场机制来调节。

3. 第三阶段：结束"社""资"之争，确立社会主义市场经济体制

这一阶段大致从 1989 年 11 月党的十三届五中全会做出《中共中央关于进一步治理整顿和深化改革的决定》始，至 2002 年 11 月党的十六大止。

改革开放以来人们对社会主义经济体制的探索，从有计划的商品经济，到社会主义市场经济，一直没有停止；对社会主义与市场经济结合的产物到底是属于社会主义性质，还是属于资本主义性质，一直争论不休。1992 年 1—2 月，邓小平南方谈话从根本上冲破了长期以来人们一直把计划经济和市场经济看作社会基本制度范畴的僵化思想的束缚，从而结束了长期困扰人们的"社""资"问题之争。1993 年 11 月 14 日，党的十四届三中全会把十四大确定的社会主义市场经济体制改革的目标和基本原则更进一步明确和具体化，至此，中国社会主义市场经济体制初步建立。

4. 第四阶段：进一步发展和完善社会主义市场经济体制

这一阶段大致从 2002 年党的十六大至今。

2002 年 11 月召开的党的十六大提出了建成完善的社会主义市场经济体制的任务。2003 年 10 月，党的十六届三中全会通过了《中共中央关于完善社会主义市场经济体制若干问题的决定》，标志着中国经济体制改革进入完善社会主义市场经济体制的新时期。

党的十八大以来，习近平总书记在关于全面深化改革"坚持社会主义市场经济改革方向"方面，提出了一系列重要思想、重要论断和重要举措，强调要明确市场在资源配置中起决定性作用，政府减少对微观经济的直接干预，强调宏观调控；提高开放

型经济水平，用对外开放深化对内改革；坚持公有制为主体，鼓励、支持、引导非公有制经济发展等。

(三) 中国政府与市场关系演变的合理性

从中国领导阶层的导向看，中国政府的作用在于审时度势，及时调控国家方向，以最大可能发展生产力，满足人民群众美好生活的需要，率领全体国民走在真正实现人的解放的道路上。无论是计划经济体制还是市场经济体制，都要服务于这个目标。

1. 新中国成立初期计划经济的必要性

新中国成立初期，不考虑欧美等国对中国的封锁，即便欧美对中国不加封锁，中国也适宜走计划经济。不同之处无非在于，走的可能是开放经济环境下的计划经济道路。无他，在当时落后的生产力条件下，要实现本国生产的进步，必须依靠工业化，而要实现工业化，就必须实行计划经济。

我们可以设想一下，如果当年我们完全放开实行市场经济。市场经济的根本特征就是利润导向，在当时的环境下，中国几乎没有什么重工业，如果直接实行市场经济，最能盈利的，一定是劳动密集型轻工业。这种时候民间资本投资重工业一定是最不明智的行动。无他，重工业投资期、回收期长，稍一个方向失误就可能投资失败。但工业时代任何竞争最终都是机器之间的较量，一台蒸汽纺纱机完胜一百个人力纺纱机。如果实行市场经济，民间资本明智的选择，绝不会是靠着本国机械致富，而是靠欧美机械致富。因为下游轻工业再怎么发达，也是要依靠重工业制造出来机械，而当时的中国连这样的机械可能都没有。即便国家有心搞重工业，重工业部门也不会得到投资的青睐。无他，市场经济是讲投入产出的，技术条件比不过欧美，自己研发的成本远超直接购买，那当然是造不如买、买不如租，其结果印度就是我们的一个借鉴。如此，最终形成的格局，就是欧美依靠中国海量劳动力升级本国的工业化。而中国工业化，永远只能是图纸与领导人脑中的梦。因此，如果新中国成立伊始就实行市场经济，那么中国就永远不可能形成本国的具有自我升级能力的独立的工业体系，那中国就永远只能作为其他大国的附庸与劳动力提供者。以欧美各国今天表现出的对人类命运的漠视，等待中国的只能是悲剧。

2. 社会主义市场经济的必然性

当中国已经初步形成自己的一套具有自我升级能力的独立的工业化体系之时，再继续坚持实行计划经济，可能就不合适。无他，计划经济本质上是违背市场规律的。比如在计划经济时代，对生活必需品的生产中厂家根本不会考虑消费者的需求，只会按照国家指定生产标准进行，厂家达到了指定的产量就算完成任务。因为不考虑经济利益时，生产就是制度约束下的任务，质量标准是死的，完全没有对消费者的反馈。随着国家重工业体系的建立，在政府掌控下的有序开放，不会让中国经济一下受到过于严重的冲击而溃败，同时各级政府对那些只有商业利润、技术水平却较低下，甚至没有什么技术的行业已经逐渐看不上了。与其这样，不如放开搞市场竞争，让这一部分经济活跃起来，让市场需求来决定制衣、餐饮、农副产品加工等轻工业的优胜劣汰，让这些工厂实现自我技术进步来适应市场需求。

另一个大国其实给我们提供了一个深刻的教训。这个国家在计划经济时代，一切重大的科技研发都要靠财政投入，财政的来源只能是税收或国企的利润。巨大投入产生的科技创新仅仅运用于与他国竞争的军备竞赛之中，无法反馈给市场主体，广大人民无法最大可能地享受到科技进步的好处，从而整个市场的份额受制于技术水平而无法扩大。经济总量不足够大，税收与国企利润上交比例再大，财政总额也做不了太大，于是在保障国民基本生存之余，可投入于高新技术的财政资金就比较有限。相反，在实行市场经济的国家，由于经济活跃，经济总量巨大，仅通过税收就可以筹集巨额财政投入科研。与此同时，只要提出要求的技术标准，国家通过对民营科技企业如波音、空客等企业的采购，也可以实现民营资本在科技上的投入。以美国为例，美国科技的头部力量是以 NASA 为主的国家力量，第二梯队是以贝尔实验室、波音为主的大资本，第三梯队就是"硅谷"等科创企业聚集地。通过头部力量与第二梯队研究出的成果，再通过第二梯队、第三梯队的力量民营化，形成市场有效的供给，增大的市场容量贡献出更多的税收，更多的税收又供给了更大财力给第一、第二梯队的科研，于是形成了国家科研力量与民间消费市场的良性循环。以上计划经济下的全财政投入、国家科研与民间消费割裂下的模式，与市场经济下财政税收与采购合力、国家科研与民间消费良性循环间的差距日积月累，带来的不仅仅是经济实力的差距，更有科研水平的差距。

因此，在中国逐步形成了自己的一套工业化体系之后，政府就有必要放开市场，这个逐渐开放的过程是十几二十年的一个过程，先从低端个体户开始，逐渐放开编织业、自行车民用摩托制造等轻工业，做大市场后国家再通过税收汲取日益庞大的消费市场的收益，以及利润刺激下民营企业自发研发的新技术，进一步投入重工业与新科技领域，从而逐步形成了科研与市场的良性循环。

但是中国的市场经济与欧美的市场经济天然就有不同。欧美市场经济几乎是社会运行的基石，政府只为市场的运行服务，这样的市场，就是国内某著名经济学家"不把国有经济成分降到 10% 以下就不是市场经济"的市场。然而这样的市场，只符合资本利益，对人民利益是有害的，下文将继续讨论。中国的市场经济，必须服务于人民群众美好生活的需要，必须服务于人类最终解放的需要。在这样的市场经济下，政府负责未雨绸缪适时调节经济体系，维系保障市场正常运行的法律体系，政治上依法治国，国家战略上以追求科技与制造能力的进步为长久国策，上游尖端产业、矿物开采、重化工业主要在国有企业管控下展开市场竞争，直接与民众需求接触的下游产业则主要交由民营企业，以市场刺激提高下游技术提高。当然，上下游、尖端产业与普通产业，会随着技术发展而动态变化，从而国有与民营也并非铁板一块，会适应形势进行不同趋势的资本融合，共同促进社会进步、人民生活水平的提高，以及科技与产业的发展。

## 二 自然灾难视角下的中西方政府与市场

2020年暴发的新冠肺炎疫情给了我们一个观察自然灾难下中西方政府与市场关系优劣的机会。自新冠肺炎疫情暴发以来，中国政府与西方国家在政府举措和市场运转上呈现出巨大差别，而从政策效果看，中国举措被证明对疫情控制具有决定性的重要作用，而西方的政府无能与市场过度自由导致的结果则非常恶劣。这既展现了中国举国体制的制度优势——社会主义的凝聚力、创造力、战斗力、动员力，也增强了人民信心，增强了人们的制度自信与文化自信。两种体制的结果鲜明展现了各自优劣，使中国人民对现行体制的认知达到了空前的统一。

（一）中国的有为政府与有效市场

1. 有为政府果敢迅速的决策指挥

新型冠状病毒具有极强的传染性、隐秘性和扩散性，中国政府积极介入、主动作为，采取了限制人口流动、暂停工业服务业活动、集中力量加强设施建设、拓展生产能力、加强医疗科研投入等多方面工作。所有这些动作对防止疫情扩散具有积极作用。

党和政府在本次疫情中的核心工作与根本宗旨就是坚持人民生命至上，因此党政机关集中力量稳定工作、生活和社会秩序，保障人民需要。在工作策略上，中国政府利用现代信息技术保证各种防控信息、疫情状况公开透明，并随时接受社会监督，保证与群众的联系，密切反映群众的要求和呼声。保障信息的对称性，不仅给民众吃下了一颗"定心丸"，而且也为市场释放出稳定信号，保证市场运行的背后有强大的政府支持，从而保证国家复产复工的进程。党和政府坚持科学防控，在全面防控的情况下有侧重，坚持因时制宜、因地制宜，紧抓防控、救治和物资保障，并调动全国资源向重点地区倾斜。在湖北疫情严重，本地医疗物资和救治力量严重不足的情况下，党中央和政府积极协调各省先后向湖北地区派遣5万多名医护人员，组织队伍紧急修建雷神山、火神山医院和方舱医院，调动国防军队和企业力量，提高战略物资的生产能力，并组织开展科研工作。在群众的生活保障方面，也不断组织志愿者团队、社区和基层政府部门形成组织化力量，同时加强跨省物资的调配，保证配送和运输工作的正常进行。

物流行业的正常运转，在线市场的蓬勃发展以及由此推动的产业升级，中国国际贸易的恢复和国际市场对中国的投资信心，都体现出有效市场对中国经济发展的重要作用。同时，在疫情中，有为政府也对保持中国经济稳定、推动企业复产复工、传递善好信息等发挥了重要作用。

国家政府机关积极配合相关部门进行疫情防控，协助市场进行物资的配置。截至 6 月 5 日 24 时，全国各级交通运输部门配合当地卫生健康部门在服务区、高速出入口、普通国省干线、客运站、客运码头设置卫生检疫站 6961 处，6 月 5 日当天一线投入疫情防控人员 61.3 万人。全国通过铁路、公路、水运、民航、邮政快递等运输方式向湖北地区运送防疫物资 177.58 万吨，运送电煤、燃油等生产物资 422.05 万吨。公路运输车辆累计向湖北运送医疗酒精、消毒液、医疗器械、口罩、测温仪、应急帐篷、防护服等疫情防控物资及生活物资 50.93 万吨。国家铁路集团累计装运防控保障物资 18057 批、48.22 万吨，其中防疫物品 8807 批、4.67 万吨。邮政快递累计承运、寄递疫情防控物资 47.03 万吨、包裹 3.88 亿件，发送车辆 8.41 万辆次，货运航班 760 架次。武汉水域累计保障载运重点物资船舶 1565 艘次，保障运输电煤 333.1 万吨、燃油 88.9 万余吨、粮食 30.1 万余吨。物资保障办公室受理运输需求并下达紧急运输指令 153 项，累计运输货物 3.79 万吨。民航系统累计向湖北地区保障 986 个航班，运送防控物资 179.98 万件，累计 1.31 万吨。[①]

不仅是交通部门的合作，在口罩的生产上，政府在沟通协调、原料供应等方面也发挥了重要作用，国企和民企加强合作助力口罩生产。熔喷布作为生产口罩的重要原材料价格约为疫情前的近 20 倍，高昂的价格和原材料的缺失极大地限制了口罩的生产，而熔喷布的原料来自聚丙烯，中国石化是中国最大的聚丙烯生产商，其下属企业同样能够供应一定的熔喷布，从而为一些企业解决了原料难题。不仅是熔喷布，耳线、纺粘布等都是生产口罩的重要原料，特殊时期采购非常困难，也缺乏大

---

① 《战疫 24 小时 | 累计向湖北地区运送防疫和生活物资 177.58 万吨》，中国交通新闻网（http://www.zgjtb.com/zhuanti/2020-06/06/content_244154.htm）。

型生产厂家，而国企民企不断合作，在省内、国内和境外积极联系货源，推动供应方积极调整以满足需求，保障物流通畅，为口罩生产打下了坚实基础。口罩生产线和口罩机也是口罩生产的重要问题。如今口罩的生产都是流水线自动化作业，在需求膨胀的情况下生产能力很难跟上。中国石化委派专门团队多方采购，与国机集团等央企、地方国企签订合同，制作口罩机，拓展生产线。组织管理精英、高级工程师等人员的互通与调配也得益于政府部门的调控力量。

  从整体经济的宏观调控上，政府实行积极的财政政策和稳健宽松的货币政策。在财政政策方面适度提升赤字率，加强对地方的转移支付，同时重点扶持受疫情影响较大的地区、行业和群体，创新地方债发行额度、减免税费、延期缴纳社保、减免租金、专项补助、发放消费券、政府采购和贴息等多种措施。货币政策方面降息降准，充实商业银行资金和成本，引导实际利率下行，减轻商业企业还本付息压力和经营成本，加大对疫情防控和受影响相关领域的信贷支持力度，减免债务和成本，保障企业的资金流供应，更好地服务实体经济。[①]

  同时，中央和地方齐发力，给予市场主体以稳定预期，助力复产复工。中央应对疫情工作领导小组加强统筹，督导有关部门根据疫情严重程度划分疫情等级，分类采取防疫措施；督导中央产业部门按与国计民生的重要性、疫情防控的关联性、国际供应链的紧密性、软性生产和弹性时间的生产特点、智能化和自动化的程度、生产的区域布局等情况，编制指导目录，进行分类指导，有序、分类扶助企业复工复产，避免阻碍产业链、供应链的

---

① 参见《观察｜政府、市场、社会协同突破中国制造业的疫情壁垒》，澎湃新闻网（https://m.thepaper.cn/newsDetail_forward_6016038）。

正常运行,引导务工人员错峰返程,避免大规模、集中性的务工返程高峰,预防疫情扩散风险。各地方根据中央总体要求和地方具体情况,划分疫情等级不同的区域,给予市场主体以稳定经济预期,对在产业指导目录内的企业用工、物资运输等不得随意进行封路、劝返、隔离、设关卡等措施而阻碍供应链正常运转。复工过程中,指导企业对员工进行必要防护,并扶助企业获得防护用品保障的充足市场供给。①

2. 有效市场的迅速行动

经过多年的发展,中国逐渐形成了有效市场和有为政府相协调的局面,有效市场和有为政府相结合也成为我们区别于西方国家,取得抗疫胜利的关键因素。

疫情期间,线上购物激增,物流行业的正常运转为保障广大消费者的基本生活做出了重要贡献。同时,线上教育、电商平台互联网企业等在疫情期间都推动了网络经济的巨大发展进步,成为中国经济复苏的重要支柱之一。

物流是资源调配的集中体现。疫情期间,集装箱运输业务量下降,集装箱航运企业反映,第一季度运量同比下降40%—50%,武汉的铁水联运企业表示,第一季度总体业务量同比下降77%;从事铁路集装箱运输的企业反映的情况不尽相同,部分企业铁路运量小幅增长,但大部分企业的运量同比降低20%—50%,从事综合物流和多式联运承运的企业反映,1月份运量同比减少10%左右,2月份运量同比减少50%—70%,3月份运量预计同比减少20%—40%,其中铁路运力保障相对稳定,公路运力受冲击最大。综合分析,全行业第一季度集装箱运量预计同比减少30%左右。

---

① 参见《观察|政府、市场、社会协同突破中国制造业的疫情壁垒》,澎湃新闻网(https://m.thepaper.cn/newsDetail_forward_6016038)。

运量的下降让企业亏损成为定局,第一季度,企业营业收入同比减少20%—50%,同时年度收入预计普遍下调10%—30%。疫情也导致供应链成本加大,尤其是承担"门到门"运输的多式联运承运人和综合物流商。企业流转率大幅下降,应收账款风险也在增大。但截至3月10日,集装箱相关港口、驳船、铁路、多式联运企业复工率100%,员工到岗率达90%以上,集装箱拖车、仓储企业复工率达90%。公路集卡运力恢复较快,各地区存在一定差异。疫情期间,国家重点培养的物流通道在保证运输中起到了关键作用,中西部地区中欧班列出现逆势增长,西部陆海新通道海铁班列同比增长47%。疫情冲击下,相比于公路、海运、空运的大面积停运,铁路货运行业和快递行业始终保持畅通,部分依托铁路运输和集装箱多式联运的物流通道出现逆势增长。[①] 依托现有基础设施建设,市场始终在资源调配中发挥着积极作用。

除此之外,互联网产业的发展也十分亮眼,数字化正以前所未有的速度改变着中国人民的生产、生活和工作方式,也推动产业进行数字化、智能化的转型升级,推动着"宅"经济的快速发展。"宅"经济可以大致分为移动办公(包括云视频、协作办公、线上会议等)、社交(微信、微博、QQ等)、生活(电商、在线医疗问诊等),以及休闲娱乐(手游、直播等)几大类。

《2020年中国移动互联网"战疫"专题报告》指出,疫情期间,线上时长大幅增加,网民的移动互联网使用时间持续走高,人均单日使用时长比平日增长21.5%。全行业齐心协力积极抗疫,推行无接触配送、农—家对接、对口帮扶、物流补贴等,保障生活有序进行。推动医疗服务、实用工具和新闻资讯等微信小

---

① 参见《疫情应对彰显政策弹性市场韧性——我国集装箱运输和物流市场一线调研报告》,中国交通新闻网(http://www.zgjtb.com/2020-03/26/content_239587.htm)。

程序助力用户更高效地获取疫情和防护信息。由于民生刚需和疫情信息、防护知识的获取于传播的刚需，生鲜电商日均活跃用户规模达到1244万，比平日增长60%，春节期间增长最快的App也主要集中在社交和泛资讯领域。在线模式被激发，远程办公、在线教育、在线医疗等行业渗透率稳步提升。在线娱乐行为加深，短视频、在线视频、手机游戏这三大领域在疫情"宅"经济中顺势增长。直播+场景更加普及，拓展到云综艺、云游玩、卖房、教育等场景。线上品牌商、零售商的数字化、再细化转型带来了结构性用户和增量。全场景布局、生态中积累更多的私域流量，在短视频、直播等新媒体中营销，实现增长新契机。①互联网行业的特点是轻资产、波动大，而疫情为互联网行业创造了稳定的、多样化的用户需求。

国际市场上，随着中国经济的复苏，中国市场的消费能力也不断提升，进出口总值也不断复苏（见表5-4）。跨国公司更加看好中国市场的前景，跨国公司的发展也更加依赖于中国的投资环境。2020年11月4日，中国国际进口博览会在上海开幕，这表明中国通过需求侧助力全球贸易的决心，代表了中国在国际市场上的重要地位，推动中国制造业发展和转型升级。

表5-4　　　　2020年3月至10月中国进出口贸易状况

| 时间 | 进出口总值当期值（千美元） | 进出口总值同比增长（%） | 进出口总值累计值（千美元） | 进出口总值累计增长（%） | 出口总值当期值（千美元） |
| --- | --- | --- | --- | --- | --- |
| 2020年10月 | 415922000 | 8.4 | 3712657400 | -0.8 | 237182600 |
| 2020年9月 | 442516723 | 11.4 | 3296735410 | -1.8 | 239757675 |
| 2020年8月 | 411592986 | 4.2 | 2854218807 | -3.6 | 235259186 |

---

① 参见QuestMobile《2020年中国互联网"战疫"专题报告》，2020年第2期。

续表

| 时间 | 进出口总值当期值（千美元） | 进出口总值同比增长（%） | 进出口总值累计值（千美元） | 进出口总值累计增长（%） | 出口总值当期值（千美元） |
|---|---|---|---|---|---|
| 2020年7月 | 412933153 | 3.4 | 2442625821 | -4.8 | 237631279 |
| 2020年6月 | 380727151 | 1.5 | 2029692426 | -6.3 | 213574174 |
| 2020年5月 | 350699571 | -9.3 | 1648617437 | -8.0 | 206812825 |
| 2020年4月 | 355134209 | -5.1 | 1298175462 | -7.6 | 200233629 |
| 2020年3月 | 350359336 | -4.0 | 943006086 | -8.5 | 185146228 |
| 2020年2月 | | -11.0 | 591992771 | -11.0 | |

数据来源：国家统计局，https：//data. stats. gov. cn/easyquery. htm? cn = A01&zb = A0802&sj = 202010。

有效市场和有为政府双管齐下，相互配合，无论是在资源调配、传递信息方面，还是在形成动员能力、推动企业复产复工方面，中国都为世界做出了表率。有效市场和有为政府的结合，正是中国向世界提出的中国方案，贡献的中国智慧。

（二）西方的政府无能与市场失效

与中国政府和市场发挥的积极作用相比，无论是西方国家的政府举措，还是市场这只"看不见的手"，都没能对疫情防控起到决定性作用。总体来看，政治方面，一方面，随着时代的长久和平，西方国家的政府逐渐丧失紧急状态的动员能力，政治权力的势力范围有着缓慢的衰减趋势，并逐渐被社会治理和个人自由侵占；另一方面，以美国为首的新自由主义也正逐渐转向，美国人民一面依据宪法反对政府的越权，一面又背靠中产阶级受损的利益而希望政府有所作为而不是变小。新自由主义按照市场经济原则全面行使政治权力的方式正在受到强烈质疑，中央和地方政府的不协调也印证了政府的两难境地。市场方面，20世纪70年代"滞胀"现象发生后，自由市场的原则始终被西方资本主义国家奉为圭臬，市场的多元主体利益不统一且政府无法做到统筹规划，导致资源始终无法流向最需要的地方，并面临着不断扩大的贫富差距和中产阶级的空心化。

由于市场的逐利性，市场主体往往寻找获得最大利润的投资方向，并尽可能降低成本。以美国为例，作为世界上经济体量最大的、最富有的国家，在疫情期间却始终面临着防护器材短缺，如一次性口罩、护目镜、手套和防护服等的短缺，以至于医护人员无法得到防护，普通大众需要口罩时却也没有其他渠道能够获得。这正显现出，在市场调节和全球化的进程中，海外地区的低成本更能够吸引制造业的投资，与服装、玩具等产品相同，口罩的生产也几乎全部转移到海外，尤其是东亚和南亚国家，中国便生产了全球的绝大部分口罩。医疗作为公共产品之一没能得到资本主义市场经济政府层面高度重视，作为一个行业也因为市场的自发调节而导致行业产品的结构性缺失，以及突发卫生公共事件发生时的战略失利。口罩的生产逐渐依赖企业的"慷慨"与"节制"，而这种生产力的建立还需要很长的周期，包括机器设备的引入、劳动力和管理等多个方面。自美国2009年H1N1流感肆虐以来，防护性装备作为战略物资始终成为一个巨大的隐患，但在美国政府和市场的漠视下，口罩似乎没有办法与全球产业链中的其他产品相提并论。在疫情期间，美国的医疗系统始终处于过载状态，医疗网络也面临着全新的挑战。

除了口罩之外，呼吸机也是重要的医疗资源。由于新型冠状病毒本身的特点，往往对人的呼吸系统产生巨大影响，全球的很多患者需要使用呼吸机，甚至是人工心肺来维持生命。与口罩不同，呼吸机并非低成本生产的医疗器械，反而是发达国家对呼机有着较高的技术标准和质量要求。根据美国重症医学会估计，全美可能需要96万部呼吸机，但无论是现有的呼吸机数量还是战略储备和生产力，都无法达到这一水平。美国为了进口医疗物资动用了《国防生产法》，旨在弥补呼吸机的巨大缺口，动员一切生产力量，同时也为了现实需求相应放松了进口管制。不仅是美国，其他国家也面临着同样的状况。德国的德尔格及万曼公司等都是世界知名医疗公司，同时也是呼吸机的制造大厂。但在疫情期间，德国医院原有的呼吸机也面临短缺，德国联邦政府及其他国家向其公司开设巨大订单，让德尔格呼吸机生产线全天24小时运作，以期盼能够完成订单。但全球巨大的呼吸机需求量是任何一个企业甚至是国家都无法负担的。相比西方国家，中国在这一方面表现出色，不仅利用本身的战略力量加紧生产，应对国内需求，同时也为世界其他国家提供了众多呼吸机，远超其他发达资本主义国家，提供数量约占全球的1/5，体现了中国的大国地位和应有的责任担当。

  同时，与中国人民的统一性、文化心理与爱国热情不同，对个人、平等、自由等观念的强调，导致西方民众在疫情大流行期间产生价值观念的撕裂状态，而在政治理念的引导下也不断呈现文化上新的样态。

  中西方对政府与市场的不同理解导致双方对政府、市场和各主体之间的双向互动关系及其内在的机制理解产生严重不同，而相当长一段时期，由于西方经济相对发达，导致国内主流经济学对政府与市场的关系更多向西方靠拢，主流经济学语境中的"继续深化改革"的潜在含义，基本都是指向欧美学习。然而疫情期间双方作用在防疫效果上产生了巨大差异，使广大群众对过去主流经济学界的意见产生了怀疑。在此，我们对政府与市场的合作协同效应、市场失灵何以导致抗疫失败及市场失灵条件下资源高效配置的方式进行探讨,并对中国政府与市场关系的历史进程做简要回顾,总结中国"有为政府与有效市场协同"的抗疫经验,并据此提出后疫情时代实现国家治理能力和治理体系现代化,并面对国际复杂局势及时调整政策的政策建议,提出坚持有为政府与有效市场协同,为企业提供稳定的现金流支持以保障中小企业和国有企业的发展,激发市场主体创新能力,促进科技竞争和创新等建议。

## 第三节 新时期的政府与市场

### 一 坚持有为政府和有效市场的协同

在发展社会主义市场经济中,政府和市场这两只手,都不可或缺,也决不可分割。因此,"使市场在资源配置中起决定性作用"和"更好发挥政府作用",不是互相排斥的,而是统一的。一方面,要从广度和深度上推进市场化改革,以更好发挥市场作用的功能和长处,增进社会经济活力和效率,激发各方面的积极性和创新精神。另一方面,必须全面正确履行政府职能,实施科学的宏观调控、有效的政府治理,以更好发挥政府的功能和长处。这样,才能实现社会经济更有效率、更加公平、更可持续的健康发展,促进社会公平正义和共同富裕。关键在于,政府和市场两只手要有效配合、优势互补、相互促进、相得益彰。

在经济、社会、政治、文化、生态各个不同领域,在宏观、微观不同层面,政府和市场发挥作用的范围、程度、方式、形态应有不同,需要深入研究和准确界定,防止二者功能错位、越位、不到位,避免发生错误和损失。在经济活动微观领域中,发挥市场配置资源的决定性作用是必要的、可行的，在其他领域则要正确、合理把握政府和市场各自作用的范围、程度和表现形式。这也是保证社会主义市场经济持续健康发展，中国特色社会主义道路沿着正确方向前进的大问题。

市场经济中，政府的主要经济职能就是稳定宏观经济、提供公共服务、维护市场秩序、调节分配不公，尤其在资源配置的宏观层次上，如供需总量的综合平衡、部门地区的比例结构、自然资源和环境的保护、社会资源的公平分配等方面，以及涉及国家社会安全、民生福利（住房、教育、医疗）等领域的资源配置方面，要充分发挥政府的功能。

改变政府的管理方式，实现政府的服务功能。随着我国社会主义市场经济体制的建立，政府必须改直接的微观调控为间接的宏观调控，给市场以充分的发展空间。同时必须改变单纯依靠行政力量干预经济生活的方式，采取行政、经济、法律等多种手段对经济生活进行灵活多变的管理，使市场经济的稳步发展与政府效能的提高能够相互促进。减少行政审批事项，进行行政审批制度改革。建设阳光政府，保证信息的公开透明。

从市场方面讲，我们要继续加强市场机制的建设，充分发挥竞争机制的作用，重视市场内在规律，使其价格能够充分反映供求关系并且真实合理。健全市场的法律法规，填补法律法规的空缺，并根据市场经济的发展，完善法律法规，真正做到有法可依。加强公民的法律意识，加强我国监督机制的作用，使法律真正起到规范、约束、制裁的作用，完善我国的市场体系建设。

新时期对每个国家的风险治理体制和市场经济运转方式都提出了极高的要求，坚持有效市场和有为政府相结合是进行风险管理、推动发挥多元主体协同作用的必然要求，面对不同的供给需求不对称状况,国家和社会治理的不确定性,要坚持这一基本要求以推进国家治理体系和治理能力现代化。

## 二 加强国有经济及混合所有制经济

在2020年的疫情大考中,国有市场主体发挥了重要作用,无论是生产生活物资的生产与提供,还是医疗卫生事业的奉献,都可圈可点可歌可泣。可以这样说,国有经济成分实质上就是保障我国政府施政方向的有力武器,没有国有经济主体仅靠民营经济自主决策,无法充分有效保障国家战略方向。

事实上,中国在涉及国计民生的行业,特别是自然垄断企业、基础设施建设领域、重要战略物资领域、关系国家安全的军工等领域都会设立国有企业。2015年8月,中共中央、国务院印发《关于深化国有企业改革的指导意见》,指出国有企业改革要以提高国有资本效率,增强国有企业活力为中心。随后陆续出台了诸多配套细则,即"N+1"体系。2017年国务院办公厅转发《国务院国资委以管资本为主推进职能转变方案》,力求从国资监管层面突破,增强企业活力。2020年6月30日召开的中央全面深化改革委员会第十四次会议审议并通过了《国企改革三年行动方案(2020—2022年)》,国企混改、重组整合、国资监管体制改革等方面都将快速推进,以取得更实质性进展。

国有企业发展并非让其完全市场化,下放权力,而是在适当引入市场机制的同时做到权责一致,同时按照党中央的要求明确自身定位。国有企业还需要不断强化风险管理能力,坚持稳定的现金流,保障国有资本保值增值,做大做强国有资本,优化资产布局,提高工作效率。在投资过程中要相对谨慎,管控风险,保证自身能够随时发挥保障国民经济发展的底线作用,发挥"压舱石""顶梁柱"作用。

本次疫情我们看到国企和民企相互合作，共同解决了产品的原料、机器供应等问题。未来，国有企业与民营企业需要更加紧密合作，加强产业链供应链的上下游协同，携手打造优势产业集群，国有企业要对民营企业健康发展发挥带动作用，产生重要影响力。

在保证国有企业稳定现金流的同时，国家也将大力推进国有企业混合所有制改革，旨在引入民营企业灵活的市场应对机制和管理体制创新，激发国有企业的活力与竞争力，同时带动非公有制经济的发展。对于混合所有制改革对象，要优先选择能够带来先进管理经验的龙头企业，同时也要关注具有技术和产品优势，但缺乏资金、难以获得贷款和金融支持的小企业，以实现国企和民企之间的优势互补。

推动混合所有制改革，要"因企制宜"，为符合条件的民间资本和民营企业解决市场准入门槛过高、行政审批过多等问题，根据企业的实际情况和行业性质，确定国有资本的股权分配，对资源进行优化配置，扎实稳步推进股权主体的多元化。同时，要建立科学的国资评价机制，推动国资监管体制改革，完善公司的治理结构，建立长效考察、激励和追责机制，探索员工持股制度，促进技术革新。

## 三 鼓励支持与引导非公有制经济发展

新的历史时期面临若干新情况，多数企业都不断适应新情况，采用智能办公、远程办公、自动化生产等方式复产复工，同时用采用新方式节约成本、开拓新市场、发展新的业务模式。2020年的疫情危急时刻，许多企业也展现了其社会责任感，即使在春节期间,仍然不断为一线工作者提供各种形式的援助与支持。各行各业当时都受到了不同程度的影响。住宿、餐饮、交通运输、修理等服务业受影响最大,停工停业造成生产进度拖延,市场订单下降,资金链断裂,工人成本过高,缺乏劳动力等都是当时企业所面临的重大难题。为了解决企业所面临的难题,国家发展改革委、交通运输部、人社部、工信部、央行、银保监会等机构均出台政策,加大中小微企业金融专项债券的发行力度,阶段性减免企业社保费和职工医保费,实行阶段性和有针对性的减税降费政策,部分银行还设立专项信贷额度。

民营企业在我国经济发展、保障就业等方面发挥着关键作用,是中国经济的活力所在。未来,我们需要进一步支持非公有制经济发展,为民营企业创造良好的营商环境,促进减税降费政策的落实。拓宽中小微企业直接融资渠道,创新互助性融资担保形式,为中小企业提供金融支持。推动中小企业长足发展,提升企业的管理水平,帮助其建设现代企业制度。同时,政府还要建立公平竞争的市场环境,构建亲密的政商关系,推动各项政策落实,破除市场隐形壁垒,增强技术、人才知识在企业、行业、区域之间的流动,加强企业之间的联动发展,形成集聚效应、规模效应,建立完全的产业链、价值链,培育具有战略性的新兴行业。

还需要进一步扩大改革开放,提升开放型经济发展水平。民营经济在推动中国企业"走出去"的过程中也发挥了重要作用,要鼓励和支持有实力的民营企业开拓海外市场,增强产品在国际市场中的竞争力和影响力,并提升产品的质量水平和技术水平。同时也要进一步加强国际交流与合作,积极推进产业转移,引进国外先进的技术、管理经验、行业标准等,从而倒逼中国民营企业的转型升级和创新能力的提升。

总之,新历史时期的政府与市场各自都应有相应的定位,政府理应能在新技术、新模式等情况下,早做规划,引导国家经济的正确走向,提前布局国有与民营经济的定位与导向,尽可能引导市场主体于追求利润的激烈竞争中,实现服务于人民美好生活的需求、服务于促进人性解放的远大目标。市场则应发挥高效的资源配置功能,以市场机制保障技术与管理先进者获取高收益,以市场机制对落后技术与产能进行淘汰,从而激活整个经济生态,实现社会主义市场经济的根本目标——共同富裕,并继而为更高的社会形态做好物质与精神理念的准备。

# 第六章　人类命运共同体，全球化的中国方案

全球化是生产力发展的必然趋势，也是生产力进一步发展的基础条件与要求，是科技发展与经济规律的共同结果。欧美等发达国家引领与支持下的全球化，主观上是这些国家的跨国企业谋求全球利润分配的结果，客观上促进了全球生产力与技术进步，但正因为是利润导向的全球化，因此也给全球带来了若干重大问题。同时，当全球化不再能为发达国家保持全球价值链顶端优势从而有利于其攫取利润时，逆全球化就成为他们的政策选择。但这种逆全球化不符合历史规律，也不利于解决全球问题。与欧美等发达国家不同，中国的全球化理念与国内各项政策一脉相承，坚持"发展才是硬道理"，坚持生产力发展导向，秉持开放、包容、合作、共赢理念，顺应全球化趋势，团结一切可以团结的力量，为全球经济发展与技术进步、为人类命运共同体的远景目标而努力。因此，中国人提出的人类命运共同体目标引领下的全球化方案必然受到各国人民的欢迎，人类命运共同体必将成为全球化的未来。

## 第一节  全球化推动了人类社会的进步与发展

数十年来,生产力的发展推动了生产要素的全球协调,全球化浪潮推动了贸易、投资、技术、人员等超越国界的流动,各国通过对外贸易、资本流动、技术转移、提供服务、人员交流,进一步促进世界经济持续发展,形成"你中有我,我中有你"互联互通的一体化世界经济格局。全球化是生产力发展至今的必然趋势,既给现在的人们带来了进步与发展,也将继续给未来带来更好的发展前景。

### 一  全球化是进步与发展的结果与动力

从人类发展史看,生产力的发展必然伴随着生产要素组合空间的放大,太空时代来临前的人类发展必然以全球化为最终标志。全球化既是生产力发展的必然结果,也是生产力进一步发展的必然要求。

(一)科技发展促进国际分工,有利于发挥各国比较优势

1. 科技发展是促进国际分工进而推动全球化的根本动力

马克思主义的国际分工和国际价值理论认为,国际分工是一国社会分工走出国界后在国际范围内的延伸,它是形成国际贸易和世界市场的基础。作为国内分工高度发展的必然产物,国际分工是不以人们的主观意志为转移的客观存在。一方面,科学技术的进步对国际分工的产生和发展起了决定性的作用。科学技术的进步,推动了社会生产力的发展,使一国生产社会化朝着国际化方向发展,形成国际分工或国际生产专业化。另一方面,自然条件也是影响国际分工的一个重要因素。自然条件主要是指一国所

处的地理位置、国土面积、气候条件、土壤、地上、地下以及海域资源和人力资源等。气候、土壤直接影响一国农业生产的构成及在国际分工中的地位，矿产资源的状况直接制约着一国工业生产的结构及在国际分工中的地位。虽然一国的自然条件直接影响这个国家生产发展状况和在国际分工中的地位，但是离开了科技进步，自然资源将无法得到有效的开发和利用，以自然资源为基础的国际分工将无法实现。目前，以科技进步为基础的国际分工正在取代以自然资源为基础的国际分工，成为国际分工的主要形式。同时国家的经济关系和对外政策等也直接影响国际分工。随着国际分工的发展，促使各国、各地区发生日益广泛的经济联系，跨国进行商品生产和商品流通成为普遍现象。推动经济全球化的直接原因，是发挥国际分工和世界市场的作用，从而在全球范围内有效地配置资源，促进整个世界经济的发展。

2. 科技进步推动下的全球化有助于各国发挥自己的比较优势

如果国际经济秩序中分配制度合理，那么一国可以放弃本国机会成本较大的产品生产而专门从事机会成本较小的产品生产。比较成本理论是经济全球化情况下，世界经济正常运转、实现资源最优配置的重要依据，也是每个国家取得竞争优势、实现生存和发展的重要依据。比较成本理论是一个国家经济发展必须遵循的基本理论，它有利于各国发挥比较优势，取得较好的经济效益。由于各国的自然资源禀赋和各方面的技术水平的不同，劳动生产率有别，生产同种产品的成本价格和所得利润有高有低，各国为了扬长避短，都要尽力按照比较成本原理实现专业化分工，生产相对密集地使用本国较充裕的生产要素的产品，降低成本价格，提高生产水平，然后相互交换，从中受益，增进本国和世界国民的福利。经济全球化的本质就是使各国充分地发挥自己的比较成本优势,在全球有效地配置社会资源。经济全球化使资本和技术在全球范围内自由地流动,大量发展中国家参与国际分工与协作的空间更加广阔,也为其注入了新的活力和提供了发展机遇。因为,发展中国家在参与经济全球化的过程中,可以依靠自身劳动力资源丰富、产品销售市场广阔和由此带来的劳动成本和本土市场的比较优势,以及可以充分地发挥发展中国家在借鉴先进国家成功经验、吸取其失败的教训等方面的后发优势,使本国的技术和管理水平在不断提高的基础上获得更快的发展。另外,参与经济全球化,也使发展中国家增强了竞争意识和危机感、紧迫感。所以,经济全球化必将促进发展中国家的经济迅速发展,为其在较短的时间内赶上发达国家提供了机遇和希望。

(二) 全球化有利于实现规模经济

规模经济效益是指随着边际成本的下降而带来的边际收益大幅度提高的"收益递增"现象。经济全球化有助于实现规模经济。全球化过程中形成的跨国公司成了经济全球化的载体,又是公司实现规模经济效益的有效途径和方式。现代规模经济理论认为,企业规模和生产经营范围的扩大,可以降低产品成本,占有更大的市场份额,在利润上实现 $1+1>2$ 的效果,带来收益的增加。特别是对于生产批量大、规格差别不大、产品需求稳定的企业,尤其如此。在现代经济中,许多资本密集型产业具有较高的规模经济的要求,如果达不到经济规模,企业的效率就很低。跨国公司可以扩大企业规模,获取规模经济效益。

跨国公司扩大企业规模的途径有两条。一是企业内部扩张,即通过资本积累,凭借自己的技术优势、管理优势、资本优势来扩大企业的生产经营规模。这是企业自身力量渐进的、自然的扩张。二是企业的外部扩张,即企业通过联合或兼并的手段,把别的企业纳入自己的麾下,扩大生产经营规模。这是企业规模扩大的最迅速、最有效的手段。企业外部扩大可以通过纵向联合和横向联合两种方式来实现。企业纵向联合是指把产品的零部件或加工环节放在分公司或下属公司进行,是一种经营单位向其产品加工和销售各阶段的延伸。纵向联合可以弥补市场失灵和降低交易费用,消除企业外部环境中的不确定性。企业的横向联合是指把同一种产品放在不同地区的不同分公司或下属公司生产。企业实现横向联合后,原来使用相同原材料、技术、管理方法或销售渠道的各个企业由竞争对手变为合作伙伴,增强了企业同原有供应商和客户讨价还价的能力。企业合并后,扩大了企业的绝对规模,提高了企业产品的市场占有率。上述一切,都会产生规模经济效益,最终都带来企业利润的大幅度增加。

## 二 全球化带来了全球繁荣与发展

在获利本能驱动之下,跨国公司在全球范围内高效组合生产要素,推动了技术进步与经济发展,使当今世界飞速进入了互联网时代,信息技术全面融入传统经济的各个领域,改变着传统的生产和生活方式,同时便利全球资金的瞬时流动;集装箱海运技术极大地降低了原材料燃料国际流通的成本,高铁、飞机等快捷运输工具加快了人员等要素的流动速度。从国家看,无论是新兴经济体还是发达经济体,都与国际经济保持着千丝万缕的联系;从地区看,各大洲之间都离不开国际大市场的互联互通;从产业看,无论是传统产业还是新兴业态,无论是"互联网+"还是工业4.0,都离不开全球产业网络;从行业看,无论是贸易还是投资,都需要利用国际金融大平台。随着"互联网+"的发展,全球经济在无形或有形中日益融合,使一国经济与世界经济难以分割，由此推动经济全球化进程。科技进步、信息技术发展已使经济全球化变得不可逆转，这是任何机构或组织、国家或个人都无法逆转或阻止的。从指标上来看，一是国际分工方面，跨国公司的海外资产还在扩张，2013年到2016年几个典型的跨国公司中，大众海外资产占总资产的比重从39.6%上升到45.7%。二是跨境分工方面，跨境投资增长趋势仍在延续。根据贸发会议的最新统计，2016年全球跨境的直接投资同比下降2%，为17500亿美元，主要是新兴国家的暂时困难，发达国家还增长了5%；预计2017年达到18000亿美元，2018年达到18500亿美元，说明跨境投资还处于增长趋势。三是国际贸易方面，根据IM的预计，2017年和2018年世界贸易都要重新恢复到实际增长超过4%，也就是高于GDP的增长率，因为GDP增长分别是3.7%和3.8%。发达国家特别明显，2017年、2018年分别是增长4%、3.8%，而它们的GDP增长分别是2.2%、2.0%，也就是差不多又回归到过去的常态，贸易增长速度等于GDP增长速度的两倍。全球化浪潮的席卷取得了科技与经济多方面的进展，也为进一步全球化打下了技术与经济的基础。

一方面，在世界范围内，各国、各地区的经济相互交织、相互影响、相互融合成统一整体，即形成"全球统一市场"；另一方面，在世界范围内建立了规范经济行为的全球规则，并以此为基础建立了经济运行的全球机制。在这个过程中，市场发挥了资源配置的最根本作用，生产要素在全球范围内自由流动和优化配置。因此，经济全球化是指生产要素跨越国界，在全球范围内自由流动，各国、各地区相互融合成整体的历史过程。

一是贸易自由化。随着全球货物贸易、服务贸易、技术贸易的加速发展，经济全球化促进了世界多边贸易体制的形成，从而加快了国际贸易的增长速度,促进了全球贸易自由化的发展,也使得加入WTO组织的成员以统一的国际准则来规范自己的行为。

二是生产国际化。生产力作为人类社会发展的根本动力,极大地推动着世界市场的扩大。以互联网为标志的科技革命,从时间和空间上缩小了各国之间的距离,促使世界贸易结构发生巨大变化,促使生产要素跨国流动,它不仅对生产超越国界提出了内在要求,也为全球化生产准备了条件,是推动经济全球化的根本动力。

三是金融全球化。世界性的金融机构网络,大量的金融业务跨国界进行,跨国贷款、跨国证券发行和跨国并购体系已经形成。世界各主要金融市场在时间上相互接续、价格上相互联动,几秒钟内就能实现上千万亿美元的交易,尤其是外汇市场已经成为世界上最具流动性和全天候的市场。

四是科技全球化。它是指各国科技资源在全球范围内的优化配置,这是经济全球化最新拓展和进展迅速的领域,表现为:先进技术和研发能力的大规模跨国界转移,跨国界联合研发广泛存在。以信息技术产业为典型代表,各国的技术标准越来越趋向一致,跨国公司巨头通过垄断技术标准的使用,控制了行业的发展,获取了大量的超额利润。

## 第二节　欧美利润导向的全球化给人类带来了严重问题

欧美主导的全球化,本质上是服务于资本获取利润的本能的。欧美主导下的全球化本质就是利润导向下的全球化,这种全球化浪潮给全球带来了诸多问题,涉及了人类社会的方方面面,从经济发展到政治治理，从自然环境到社会文化，等等。而且当全球化带来的技术扩散等导致资本获利能力下降时，原先推动全球化的进步力量就会成为阻碍全球化的反动因素。

### 一 环境破坏

首先，由于资本推动全球化的目的是赚取利润，因此对环境的关注远远不足，从而造成了严重的环境问题。比如粮食需求的增加导致对土地资源利用程度的加深，耕地扩展侵占了大量森林与草原，从而对生态系统服务功能及生物多样性产生深刻影响。为提高粮食产量，生产中大量使用化肥，从而造成陆地生态系统的富营养化。农业生产大量释放温室气体引起气候变化，使用的大量杀虫剂改变了生态系统服务功能。全球森林面积持续减少，改变了生物栖息地，造成生物多样性减少，引起生物疾病传播等。工业发展带来的人口城镇化导致大量农村人口迁入城镇，造成城市水资源紧张及土壤、大气污染，同时增加城镇对自然资源和环境服务的需求。城镇化引起地球陆地表层的改变，建筑材料晚间释放白天吸收的热量，导致最低温度升高；城镇化容易导致地表硬质化，从而产生城市"热岛效应"等。因此，虽然城镇面积占地球表面的面积不到2%，但对全球变化产生了较大影响。

全球化带来了国际分工深化，发达国家制造业大量向发展中国家转移，从而导致发展中国家承担了更多的环境污染，如碳排放较快增长。发达国家大量的钢铁设备及生产能力由于环境标准的提高大量转移到发展中国家，发达国家在享受清洁环境的同时，却对发展中国家碳排放问题提出批评。在环境污染治理方面，发展中国家又增多一部分发达国家转移过来的碳排放，按人均计算，发达国家的高消费导致更高的碳排放量，因此应负起更主要责任。全球化的发展为发展中国家现代化进程带来了契机，在经济发展中，伴随着发达国家的技术转移大量低端产品生产也转移到发展中国家，从而对生态环境造成很大影响。全球化扩大了人类活动的范围，加速了人类活动的影响程度，从而导致全球环境变化加速。全球化和全球变化引起了世界各国的关注，在享受全球化带来积极影响的同时，保持人类的可持续发展成为目前重要的议题。

## 二 战争与文化冲突

全球化交流引发战争与文化冲突问题。事实上，全球化带来的跨文化交流不仅可以表现为国家间的友好交往与国际援助等温和的一面，同时也可以表现为冲突、对抗和战争等残酷的一面。"9·11"恐怖袭击后，多年来愈吹愈响的反恐号角、愈演愈烈的核危机、持续飙升的国际油价、如幽灵般徘徊在中亚的"颜色革命"、被破译的生命密码、行走在传统与现代之间的阿拉伯世界、"令俄罗斯人无法释怀并寄托了民族复兴期望的斯大林主义"等逐一呈现。正是文化的差异影响了国家的利益，并导致他们的对抗。所以，塞缪尔·亨廷顿说："最可能逐步升级为更大规模的战争的地区冲突是那些来自不同文明的集团和国家之间的冲突"，因为"哲学假定、基本价值、社会关系、习俗以及全面的生活观在各文明之间存在着重大的差异"。

## 三 技术垄断与停滞

技术进步促进了全球化，为赚取高额利润，资本力量在推动全球化过程中又促进了技术扩散。但为了依靠技术赚取更多利润，发达国家却又成为技术垄断者并带来了技术停滞问题。

### 全球化的中国方案

全球化的基本趋势是鼓励自由流动，解除对产品和要素的保护，但对技术的规定却明显相反，对技术的保护越来越严格，实现了技术垄断企业的要求。因此全球化进程中，技术垄断成为一个明显的趋势。生产全球化、金融全球化和贸易全球化，无不体现着技术垄断企业的要求，维护着技术垄断企业的利益。这种框架下的技术输出，大多是技术垄断企业的要求。技术垄断企业的要求上升为国家意志，并通过知识产权保护、高技术出口限制和技术标准等形式在全球化过程中不断强化其统治地位。技术垄断形式：一是严格的知识产权保护。知识产权保护在关贸总协定中没有明确规则。关贸总协定中涉及的知识产权问题主要是假冒商品贸易。1991年关贸总协定总干事提出了乌拉圭回合最后草案的框架，在美国的单边威胁下，其中《与贸易（包括假冒商品贸易在内）有关的知识产权协议》通过。《知识产权协议》是一个具有实质性义务，并且漏洞很少的协议，它确定了保护知识产权的最低标准及实施该标准的义务，建立了一个有效的多边争端解决程序。除依靠多边协议外，发达国家还独自不断要求其他国家加强对知识产权的保护。二是高技术出口管制。对有些可能对技术垄断形成威胁的国家，体现技术垄断要求的发达国家为确保技术垄断地位，还会对其进行高技术出口管制。比如中国的低工资使中国的产品成本低、价格低，在劳动密集型产品和低技术产品上具有较强的竞争力；而美国科技发达，劳动生产率较高，在高新技术产品上有很强的竞争优势。然而美国对华却实行高新技术出口管制政策，并不惜以严重影响贸易平衡为代价。直至今天，美国仍以国家安全等为借口，限制美国企业对华出口高新技术设备。三是贸易中的技术壁垒。当技术垄断企业开发出新技术后，如果和传统技术相比，这些新技术并不具备明显的商业优势，发展中国家采用传统技术生产的商品具有更强的竞争力,这时,发达国家就在贸易中设置技术壁垒,迫使发展中国家采用垄断企业的新技术,保证技术垄断企业的利润。技术壁垒多以技术标准的形式出现,技术标准有助于提高产品质量、维护产品安全、保障生命安全和保护环境,有增加人类福利的作用。但在技术垄断企业追求超额利润的要求下,很多技术标准在今天形成了阻碍国际贸易发展的最复杂、最难对付的壁垒,标准越来越高,要求越来越苛刻,检验制度越来越严格。在技术垄断企业的操纵下,发达国家的技术标准既不体现全球福利,也不体现本国居民福利,而是技术垄断企业要求发展国内市场的结果。

技术垄断又进一步带来技术停滞。技术垄断的三种形式有些具备合理的成分,并且有一些是促进技术与经济发展所必要的工具,但被用来限制技术的发展、保护技术垄断,显然不具备合理性,甚至在某种程度上会造成技术停滞。创新或者说技术发展的一个"瓶颈"在于,由于技术发展导致微小领域泛滥,在这些小的领域中存在个别垄断技术的公司或人物,他们既是领军人物同时也是阻碍发展的人物,后果是近亲繁殖,对其他领域漠不关心或者不了解,这些导致需要跨学科的技术发展出现了停滞。因为垄断企业来定义问题和领域,难以获得更广泛领域的意见和信息。美国经济学家泰勒·考恩的著作《大停滞》的面世,在西方掀起轩然大波。考恩在书中提出了一个令人咋舌的观点:美国经济已经陷入停滞,20世纪70年代以来的科技创新停滞是最根本原因。他认为:停滞,并不只是一场金融危机,而是一代人的偷懒与不思进取,我们这一时代坐拥18世纪和工业革命以来的生产力成果,却没有创造出同样的创新成绩。考恩指出,美国的高速发展,源于过去300年来一直处在物质财富唾手可得的状态中。至少从17世纪以来,美国就享用了无数"低垂的果实",考恩将其总结为三种:大片闲置的土地、大量的移民和强大的新科技。然而过去的40年间,这些"低垂的果实"开始消失。

### 四 全球范围内的两极分化

全球化改变了过去二三十年的世界面貌,使资本成为最大赢家,让社会付出了巨大代价,产生了1%大于99%的对立,普通民众的生活水平持续下降,美国中产阶级人口历史上第一次成为少数。经济上的两极分化引起了政治上的极化现象。经济、政治上的两极分化撕裂了人们向往的全球一体、四海一家、公正民主等价值观念,劳资矛盾、城乡对立、精英与民众的对抗、本国人与移民的冲突甚至上一代与下一代的隔阂正在欧美蔓延。处于社会底层的人们认为全球化是富人和当权者的游戏,是穷人和普通人的噩梦。从反全球化运动到占领运动再到去全球化,人们一直在抗议全球化不公正的一面,但是这一状况至今没有改变。以前作为大多数的中产阶级不复存在,许多中产阶级的生活水准和社会地位大幅下降,幻灭感严重,但精英统治者却无视也无力解决这些问题,民众只好求变求异,这是反贸易、反移民、反建制、反全球化大行其道的根本原因。

## 第三节 人类命运共同体指引下的全球化未来

技术扩散带来的全球技术进步引起发达国家资本收益的下降与市场竞争的加剧,发达国家表现出了逆全球化趋势。但逆全球化对解决全球化问题毫无帮助,全球化仍然是不可逆转的大趋势。以中国实践为基础的人类命运共同体理念、在此理念指引之下中国发展道路的国际化推广，将是真正引领全球摆脱困境、实现人类共同理想的最佳方案。

## 一 发达国家逆全球化解决不了全球问题

### （一）发达国家的逆全球化

技术壁垒带来了高额利润，高额利润使得技术进步的动力不足，而全球化生产布局又使得技术不可避免地扩散，技术扩散使得发达经济体竞争力下降从而对资本赚取利润的能力带来了挑战。为了应对这种挑战，发达经济体不是勇于面对，增强本国本民族的危机感，而是开始出现逆全球化趋势，企图以封闭本国市场与科技，迫使他国接受他们的不公平政策来维持自己的超然地位。

2016年，全球化进程遇到了前所未有的挑战，甚至被冠以"逆全球化元年"。从英国脱欧，到美国特朗普胜选、意大利修宪公投失败，一连串小概率事件成为现实，出乎国际社会的预料。2018年开始美国对中国挥起了贸易制裁大棒，2020年的新冠肺炎疫情，发达国家的逆全球化进程越走越远。

在美国，特朗普上台后对全球化政策改弦更张。一是经济上推行保护主义、本土主义。特朗普认为美国是全球化的受害者，北美自由贸易协定（TPP）为"史上最大的盗窃"，跨太平洋伙伴关系协定是"掠夺美国"的举措。他因此要求美国跨国公司撤回本土，退出TPP，甚至扬言要退出WTO，重谈全球贸易规则。同时更是于2018年3月启动了对中国大规模史无前例的贸易战。二是政治上信奉孤立主义、保守主义。特朗普标榜"美国优先"，以"购买美国货、雇用美国人"为执政准则，宣布将减少对盟国的长期军事义务，减少对外援助，不再花费大量经费为他国安全充当国际警察，内顾自保倾向十分明显。三是社会政策上的排外主义、民粹主义。特朗普把美国的问题归因于外部因素，认为移民抢走了美国人的饭碗，直言要将1100万非法移民赶走，修建高墙以阻挡墨西哥人，甚至上台后不久就推出了举世震惊的"禁穆令"。这一系列言论与举措标志着全球化旗手易帜，美国领导人对全球化下达"刹车令"。原本希望拜登上台会对特朗普政策有所修正，但似乎拜登政府的国际政策丝毫没有"拐弯"迹象。而欧盟作为区域一体化的典范，也面临着分崩离析。欧洲难民危机对欧盟的一体化政策产生了极大冲击。面对来势汹涌的难民潮，欧盟有心无力、难有作为，它出台的政策、公摊的配额与建议的措施应者寥寥，成员国之间各行其是，相互推诿，有的阳奉阴违，有的强烈抵制，有的甚至诉诸法庭。难民政策的失败使欧盟一体化典范、全球化先锋的形象大打折扣。2020年新冠肺炎疫情暴发以来，欧盟各国拦截抢夺防疫物资，不顾邻国需求囤积疫苗，更是使其一体化形象面临崩溃。

英国脱欧是欧洲一体化进程的一个重大挫折，也是逆全球化的一个重要标志。英国脱欧宣告一体化政策在与民族主义的拉锯战中败下阵来，脱欧派人士打出的一大口号就是要"重新夺回主权"和"夺回边境控制权"。作为全球第五大经济体、欧盟第二大经济体和预算贡献大国，英国的离开对欧洲统一进程来说是一个重大打击。"黑天鹅"乱舞的背后，反映出当前全球化动力由强转弱，进入阶段性调整期的现实。

（二）逆全球化的原因

笔者认为，近期全球"逆全球化"的原因是多方面的，本质是欧美全球化错误道路导致的。一是全球化成为当今世界矛盾和问题的替罪羊。欧美国家近些年遇到的不少问题，有些是其发展中深层次的结构性矛盾造成的，有些是受到国际政治因素的影响，与全球化并没有因果关系。始于2008年的国际金融危机，其影响到目前为止还没有完全消退，造成世界经济持续低迷。对英国脱欧产生重要影响的则是难民问题。在一些人眼里，全球化是这些矛盾和问题出现的根源，民粹主义和保护主义思潮也就随之高涨。国际金融危机是金融资本过度逐利、金融监管严重缺失的结果，而导致难民问题的原因则是战乱、冲突、地区动荡，把困扰世界的问题简单归咎于经济全球化，既不符合事实，也无助于问题解决。二是全球化对发达国家带来的负面影响成为关注的焦点。过去，发达国家总是认为自己是全球化的赢家，特别是跨国公司能够利用全球资源，实现要素的全球化配置。但随着全球化的深入，对西方发达国家，特别是高福利国家的负面影响逐步显现。最受影响的当数就业，高福利、高保障意味着高税收，这对于企业来说就是高成本、低利润。于是，先是生产加工部门，最后整个企业转移到成本低廉、税收优惠的国家，进而导致本国就业岗位减少，失业率上升，税基下降，国家税收收入减少，高福利制度的基石受到动摇。面对发展中国家在全球化中的低成本优势，发达国家主动和非主动选择"去工业化"，直接造成了本国制造业的萧条，失业的制造业工人成为本轮反对全球化的主要群体。三是发达国家对全球化的主导能力和意愿趋弱。一直以来，发达国家是全球化的主要推动者，但在发达国家内部也逐步对全球化产生了疑虑。一方面，全球化追求要素效率和利润至上，对环境、资源造成破坏，如全球气候变暖，不良后果已经成为危及人类生存的重大问题。另一方面，发达国家之间也存在差异，毫无例外的高标准协定，如跨大西洋贸易与投资伙伴协议（TTIP）未必适合全球化的发展需要，而过度的主权让渡也与民族国家的国家认同产生了不小的矛盾。

国与国之间的关系最根本、最核心的就是利益关系。现在之所以出现逆全球化这种不同的声音，就是因为利益的不平衡。欧洲出了几件事，英国脱欧、难民问题、恐怖主义，还有一个思潮就是民粹主义和反对全球化。这一系列事情反映在国与国之间就是利益失去了平衡。欧洲认为，美国在 TTIP 中是占主导的，如果达成目前的这种协议，欧洲利益就要受损，所以拒绝在这种情况下签署 TTIP。英国之所以脱离欧盟，也是英国人感觉他们在欧盟中的利益受到了损失。离开以后，起码有利于英国国民利益的最大化。全球化是历史的潮流，是不可逆转的，但反复和曲折不可避免。"逆全球化"只是一些国家在某个发展阶段寻求自我保护的手段，是利益阶段性调整的产物。欧美逆全球化的根本原因在于，全球化的进一步推进已经不利于他们赚取期望的利润，但具体原因与表现可归结为以下几个方面。

（1）经济发展动力转换导致全球化失速。近年来，贸易和全球国内生产总值的增长速度同步走低，贸易火车头的拉动作用不断下降，造成全球经济增长的"硬伤"。2008—2009 年的经济和金融危机引发了这种去全球化，这一危机始于美国和欧洲，并在全世界蔓延。虽然一些富裕的世界经济体如美国，已大部分从危机中恢复，但经济衰退的影响在数年后依然能感觉到。一方面，危机重创资本主义中心地带。从 1980 年到 2007 年，世界实际国内生产总值（GDP）增长约 145%，即每年平均增长约 3.4%。2008—2015 年，世界平均 GDP 增长率仅为 2.19%。欧盟一些国家陷入了比 20 世纪 30 年代"大萧条"还严重的经济衰退，西班牙失业率是德国失业率的 4 倍，意大利工业生产退回到 20 世纪 80 年代的水平。另一方面，贸易萎缩已经成为全球化弱化的一大表现。20 世纪 80 年代以来，全球贸易增长一直高于全球产出增长，其中 1991—2011 年贸易增长大约是 GDP 增长的两倍。但金融危机之后，世界贸易增速急剧下降，近 5 年增速持续低于世界生产增速，2016 年更是创下金融危机以来增幅最小的纪录。其原因主要在于以下两点。一方面是周期性因素。国际金融危机后，生产下降，欧洲国家复苏有限，新兴市场国家增长乏力，全球商品价格下降，尤其是大宗商品的需求减少对贸易量产生了直接影响。另一方面是结构性因素。最突出的是全球价值链扩张倒退，新兴国家与发达国家之间成本差异缩小，自动化、数字化都使产品在不同地点生产的差别优势减少；关税和其他保护主义措施增多技术创新因素也是贸易下降的重要因素。新一轮科技和产业革命正孕育兴起，国际分工体系加速演变，全球价值链深度重塑，全球化原本的推动力量与旗手在新一轮全球化中并不全面占优。

（2）体制积弊带来全球化失效。在欧洲，债务危机、难民危机冲垮了半个多世纪的一体化工程，金融救助引起南北欧对立，移民问题触发东西欧对抗，"欧洲梦"面临破碎。在美国，金融危机向经济危机、社会危机、政治危机蔓延，收入下降打破了"美国梦"神话，"大熔炉"效应减退降温，中下层和移民相互仇视，劳动者和精英渐行渐远，各个族群之间的不信任在加深。欧美经济危机、政坛异变、社会乱象轮番上演。这些现象折射出深刻的问题，主要体现在以下四方面。

其一，经济失衡。欧美的经济模式是否适应时代发展？能否将全球化引入正途？金融危机给出了答案。虚拟经济比例过大、实体经济日益空心、金融资本过度逐利是造成金融危机的根本原因；贷款多储蓄少、福利多盈余少、进口多出口少等一系列失衡是造成欧债危机的直接原因。欧美危机的导火线都在内部，一些政客却将其归为一体化的错、全球化的错、外国移民的错，特朗普甚至向伊斯兰国家、墨西哥和中国等开炮，其实都是在避重就轻、转移话题。

其二，政策失误。从国家角度看，欧美都是全球化的赢家，但亲资本轻劳工的新自由主义政策并未使其国内的中下层民众从全球化中受益，反而让他们首当其冲地受到福利减少、产业外移、移民涌入的冲击。危机一来，普通民众又成为替罪羊，勒紧裤腰带为精英犯下的错误买单，而危机的制造者、金融大亨照样坐享红利。政府没有采取有效措施保护弱者，这是造成社会底层甚至中产阶级迁怒于全球化的重要原因，反抗政治流行、右翼势力抬头莫不与资本主义政府奉行"利润高于人民"的政策立场有关。

其三，民主失灵。全民公决被称为"最彻底、最直接的民主"，然而英国的"脱欧"公决却投出了令很多民众后悔的结果。公决结果尘埃落定的第三天，就有100多万民众请愿二次公决，一些伦敦公民甚至呼吁要独立入欧。英国政府脱欧程序启动后一波三折，先是上、下议院干预，后是法院介入，待到"三权"刚达成共识，苏格兰又提出要举行"脱英"公决……美国大选中的金钱政治、揭丑政治、分裂政治、利益集团问题等也饱受诟病，大大削弱了美国作为西方民主制度典范的公信力。英美投票选举中出现的问题和矛盾从一个侧面显示了西方民主机制的失灵。

其四，社会失序。分裂与失序成为全球风险，英国那么多人选择脱欧是出于失望和不满而投票，保守党和新旧工党均解决不了民众面临的问题；美国大选中选民也是由于愤怒和抗议而支持特朗普，因为传统精英宁愿花费巨资到处打仗也不愿意在国内投资基础设施、创造就业机会，中下层收入几十年不增反降，不得不转向政治新手。发达国家尚且如此，游离于全球化潮流之外的穷国穷人更深感绝望和愤恨，一些极端分子投身恐怖活动。2016

年堪称动荡之年，恐怖袭击接连不断，枪击爆炸此起彼伏，全球共发生 1665 次恐怖事件，导致 14943 人丧生。恐怖活动频繁，世界陷入失序的恶性循环之中。各种乱象构成了"全球化综合征"，形成失序失常的恶性循环，宣告着西方主导的全球化道路的失败。

（三）全球化是不可阻挡的趋势

西方主导的全球化模式带来了严重问题，给当代国际关系带来了多方面的复杂影响。世界各国在经济、政治、社会、文化等方面的相互渗透、相互依存日益加深，全球性问题日益增多，但是全球化是不以人的意志为转移的社会进程，又是具有内在矛盾性和两面性的动态发展过程。既为很多国家的发展提供了难得的历史机遇，又充满了利益的差异、竞争甚至冲突，从某种意义上说就是"全球化范围的竞争"。因此，逆全球化绝不是解决全球问题的办法。正如《人民日报》文章指出的那样："人类生活在同一个地球村，各国日益相互依存、命运与共，越来越成为你中有我、我中有你的命运共同体。没有哪个国家能够独自应对人类面临的各种挑战，也没有哪个国家能够退回到自我封闭的孤岛。世界各国更需要以负责任的精神同舟共济，共同维护和促进世界和平与发展"，全球化问题的形成和变化本身就是一个全球化的过程，而人们对这些全球化问题的认识与解决，需要全球各国人民共同参与，在人类命运共同体目标的指引之下，用发展的手段才能加以解决，这就是中国解决全球化问题的方案，是中国引领的全球化道路。

## 二 中国实践，全球化的范本

自 1921 年建党直至 1949 年新中国成立，从人民群众中走来的中国共产党人领导全国人民，依靠全国人民推翻了三座大山，建立了人民当家做主的政权，并以一切为了人民、一切依靠人民的群众路线为基础率领全国人民展开建设中国特色社会主义的探索。探索过程中虽然有失误但终究取得了今天的成就，并将继续取得越来越大的成功。总结中国、中国共产党的成功实践，完全可以作为全球化的未来借鉴。中国与中国共产党可资借鉴的成功实践包括以下几点。

第一，充分相信群众，充分依靠群众，多途径、多方式激发群众的主人翁意识，激发人性中追求美好的天性。

虽然受限于生产力水平，当前人们追求的还只是初级自由即财务自由，但是好奇心、追求未知知识与实现对自然力的解放是人的天性，对财务自由的追求如同五六岁小朋友对糖果的喜好，随着人类的成长与生产力发展，这些追求终究会过去，人类会随着生产力的发展而成长，追求对自然力解放的天性终将成为无尽的目标。对美好追求的天性释放，需要各国政府与领导阶层以本国历史与文化为背景，以成体系的哲学社会科学以及社会实践加以开发与引导。

第二，将本国民众视为国家主人，实行民主化教育，激发人的主人翁意识，实施科学精神导向的全民教育，而不是仅仅作为生产要素的"人力资源"乃至"工具人"来进行培养教育，全方位高素质的人才，才是国家的根本财富与未来。

第三，国家的精英阶层应学习中国共产党的理念与初心，把自己视同人民的一分子，既不是人民的牧羊人，更不是人民的导师，而是深入到群众中的一粒种子，在人民群众中，汲取人民群众美好一面的营养生根发芽，再作为群众的"头羊"，带动大家一起奔向社会美好的方向。

第四,"要想富,先修路",基础设施是经济发展生产要素汇聚的条件,社会经济发展之初一定要在基础设施方面加大投入。做基础设施规划时不要视野狭隘、项目核算与利润导向,一定要从国家大战略方向去考虑,坚持宏观视野、以人为本、发展导向、适当超前。持续的基础设施建设过程不仅仅能为经济建设提供物资调配、集聚生产要素的物质条件,更重要的是基建过程本身就是创造就业、发展经济的过程。

第五,实体经济才是解决就业、提升科技水平的王道,发展实体经济搞活生产不仅仅能为探索无穷的自然未知奠定物质基础,更能为高素质人才提供培训机会,因此要限制金融独走趋势,特别是约束本国金融势力与西方发达国家金融集团内外配合的企图,坚定地做到金融服务实体经济。

第六,发挥政府与市场各自的优势,政府掌控经济发展方向,协调社会运行机制,以最大限度促进生产力发展。市场则因应消费者需求,发挥资源配置的基础性作用,最大限度地激发经济活力,扩大总体经济规模,既满足人民群众对美好生活的追求,又为国家提供大量税收。同时政府应由精英分子组成,能发现与引领科技与经济发展方向,结合本国民众的努力,共同推动国家的进步与发展。

以上中国共产党领导中国人民展开的成功实践,可以作为未来全球化进程中各国借鉴的依据。这些成功实践如果能在全球推广,就可能形成统一的普世价值,如人权至上,国家负责捍卫国民与生俱来的生育、生存、安全、免予恐惧、求知、发展、言论表达与思想自由等权利。在此基础之上,全球各国人民就能在保持自己文明与文化习惯的同时,在共同的价值观与共同的道德底线下保持同步协调,上游资源提供方、中游生产方及下游销售消费方公平共享生产成果与科技进步成就,各方均鼓励共同努力探索自然奥秘与社会运行的规律。如此,全球产业链的发展与科技和生产力水平的提升就会自然顺畅,人类实现自由王国的自由与人性的解放,就不再是一个虚无缥缈的梦想。而不会像过去欧美发达国家那样,在所谓"普世价值"的欺骗之下,以掌握上游尖端科技与下游销售市场为倚仗,以发达的金融体系为工具,榨取全球价值,使全球人民沦为资本的奴隶,成为资本的雇佣劳动者奉献剩余价值。

## 三 人类命运共同体,全球化的中国方案与未来

世界多极化与经济全球化规律不可违背,趋势不可逆转,新兴市场国家和广大发展中国家快速崛起,日益改变国际力量对比,也日益重塑国际关系理论和实践。全球化进程以西方为主导、以资本赚取利润为导向的国际经济理论以及以西方价值观为主要取向的"西方中心论"已难以为继,西方的治理理念、体系和模式越来越难以适应新的国际格局和时代潮流,各种弊端积重难返,发达经济体自身都治理失灵、问题成堆。国际社会迫切呼唤新的全球治理理念,构建新的更加公正合理的国际体系和秩序,开辟人类更加美好的发展前景。

### (一)人类命运共同体是解决民族国家理论下全球治理缺陷的指导

当今世界,科技进步日新月异,人类财富快速增长,全球化深入发展,世界日益连接成为一个整体。但地区冲突频发,恐怖主义事件此起彼伏,难民泛滥成灾,国家及劳资之间收入水平日趋扩大,贫困、失业等问题不断加剧。为此,国际社会曾提出一个又一个解决方案,但似乎均收效甚微,全球治理进入了"碎片

化"阶段。这种国际规则体系不能有效管理全球事务从而导致世界秩序失调的现象被称为全球治理失灵。

为什么当今的全球治理会出现失灵呢？原因是在于国家，还是在于体系？部分学者试图从不断变化的时代条件与落后陈旧的全球治理理念之间的矛盾中寻找答案。事实上尽管全球治理失灵有多种表象化原因，但从根本上说还在于，全球化的领导者自利带来的国际社会的无政府性。17世纪《威斯特伐利亚和约》确立了国家间的主权平等原则，民族国家遂成为现代国际政治的基石。由于国家主权的至上性，国际社会本质上是无政府的，在资源稀缺条件下国家会自发追求发展利益与安全利益的最大化。在这样的环境中，国家最大化自身利益的途径有两个：一个是用权力去界定利益，另一个是通过市场交换实现利益增进。与之对应，国际秩序主要通过两个途径实现供给：一个主张霸权治理，即由少数强国尤其是霸权国家充当"稳定器"，制定游戏规则，其他国家则可以选择"搭便车"；另一个新自由制度主义则认为，国际组织部分行使世界政府职能，国家可通过国际机制进行利益协调，从而实现对"囚徒困境"的逃逸。但由于国家在有限理性支配下的机会主义倾向，国际公共物品供给是不足的：前者无法解决霸权国家既"踢球"又"吹哨"的悖论，后者则面临着国际组织权威性和强制性不足的问题。

冷战结束后，民族国家得以存在的历史条件发生了改变，尤其在全球化的冲击下，国家与市场日益分离，新的国际生产关系不断形成，从而造成现代民族国家治理结构的衰落和全球治理的失灵。一方面，随着全球化的深入发展，资本、技术和商品等生产要素在全球范围内加速流动，不断销蚀着民族国家政府的权力；另一方面，发达国家与发展中国家之间收入差距的持续扩大引发大规模的国际移民浪潮，使一些国家饱受经济难民、文化冲突和恐怖主义的折磨。受新自由主义思潮影响，西方国家为发展中国家开出了贸易经济自由化、完全的市场机制和全盘私有化的药方，即"华盛顿共识"，除了方便资本获利之外，在解决全球化问题上基本毫无成效。由于不存在一个全球转移支付系统，自由竞争在实现更高效率的同时也必然会拉大国家之间的发展差距。一言以蔽之，基于民族国家间政治的全球治理模式存在内生性缺陷。尽管如联合国、世界贸易组织和国际货币基金组织等国际组织为国家间的发展与安全合作提供了多种制度化运作平台，但只要发达国家不放弃自我中心主义、不放弃资本驱动下利润导向的全球化，当前全球化存在的问题就有其绝对性与永恒性。治病需从根源上着手，这迫使人类超越传统理论对合作的阐释，将全球治理的视角从国家转变到超国家层面上来。也就是在这个背景之下，才有了中国领导人习近平从人类历史发展的高度，以大国领袖的责任担当，基于对"建设一个什么样的世界、如何建设这个世界"等关乎人类前途命运的重大问题的深入思考，提出了构建人类命运共同体的思想，并在不同场合进行了系列阐述，从而形成了一套科学完整、内涵丰富、意义深远的思想体系。构建人类命运共同体思想是当代中国外交的重大创新成果，受到国际社会的高度评价和热烈响应，是解决全球化问题的中国方案的集中表述，也必将成为全球化的光明未来。

（二）中国适时提出了人类命运共同体的思想体系

世界回荡着谋求改革的声音，而改革需要新思维和新模式。人类命运共同体思想正顺应了当前全球治理失灵的现实困境。以人类命运共同体理念为指导，以"一带一路"倡议为抓手，以2021年新冠肺炎疫苗的全球推广为最佳实践，中国正在走出一条以新理念和新模式解决全球治理问题、更深入更广泛地推进全球化进程以彻底解决全人类共同面对的发展问题的道路。

雄心与能力未必永远匹配,一个国家必须具备特定物质和精神条件才能在引领人类发展中发挥主导性作用。作为一个有着40多年改革开放成功经验和数千年文明历史的世界大国,文化、发展及地理上的多种优势决定了中国是最有可能开启全球治理新模式,从而带领人类彻底摆脱安全困境、实现世界永久和平的国家。一是中国的文化优势。中国是四大文明古国中唯一绵延至今的国家,是千年文明与现代国家的完美统一。中国崛起是一个五千年伟大文明的复兴,是一个古老"文明型国家"的崛起。华夏大地虽历经王朝更迭,但始终不离文明之大系,不管政治制度如何变迁,都有一个恒定持久的价值标准,薪火相传,延绵不绝。儒、释、道三家精神合一的中国文化,入世而不拘泥,出世而不脱俗,在世俗的物质世界与理想的精神王国之间找到了均衡,而这正是西方主导的全球治理体系中所匮乏的。二是中国的发展优势。中国的发展成就有三层意义:其一,如前文所述,独特的发展道路和发展经验可为广大发展中国家提供借鉴与参考;其二,所积累的财富与技术可为对外合作提供物质基础;其三,这些财富和技术赋予中国破除外部阻挠的能力。目前中国已成为世界发展的主要引擎,大约贡献了全球经济增长的30%以上。中国已经建立起世界上最为完整的工业体系,技术实用且价格相对低廉,可以为广大后发国家(包括"一带一路"沿线国家)提供其经济发展所需要的一切资金、技术和设备,这使中国成为这些国家推进工业化和现代化可以倚重的极少数大国之一。三是中国的地理优势。世事多变,唯有地理因素不变。优越的地理条件是中华文明之花盛开的摇篮,是中国成为东亚文明中心和世界政治主角的基本依据。地理是影响国际政治的基础性变量。欧亚大陆历来就是世界政治的中心舞台,而中国是欧亚大陆上人口第一、面积第二大国,仅仅是国家规模就没有其他国家能企及。位于最大陆地和最大海洋之间,兼具海陆优势,这为中国向外辐射政治、经济和文化影响提供了便利;中国占据最大一块温带季风区,加上长江与黄河流域两大冲积平原,创造了辉煌的农业文明。在全球政治经济重心从北大西洋向西太平转移的今天,地理条件所赋予中国和中华民族的力量更为凸显。这些努力的成果与客观现实,既是中国领导人"人类命运共同体"的底气所在,也为中国引领全新的全球化进程理念的实现奠定了现实基础。

(三)人类命运共同体指引下的全球治理新理念新方案

人类命运共同体思想体系包含着丰富的内涵,从政治、经济、安全、文化、生态等多个角度提出了"建设持久和平、普遍安全、共同繁荣、开放包容、清洁美丽的新世界"的战略思想。

1. 政治上要求相互尊重与平等协商

政治角度,人类命运共同体倡导各个国家要相互尊重、平等协商,坚决摒弃冷战思维和强权政治,走对话而不对抗、结伴而不结盟的国与国交往新路。2021年,在中美高层战略对话上杨洁篪以一句"你们没有资格在中国面前说,你们从实力的地位出发同中国谈话",终结了美国一家独大颐指气使的历史,从此不仅是美国不能再一家独尊,而且是任何一个国家也无法接受这种做法了。落实到"一带一路"的指导理念上就是倡导国家平等协商,主张摒弃实力定义一切的西方政治哲学。近代以来西方一直主导着人类社会的演变进程,所谓"普世价值"也是以西方的"启蒙价值观"为基础,相信权力是一切政治的组织基础。现有国际秩序是随着殖民主义特别是帝国主义时代的到来而形成的,以争夺世界霸权、缔结争霸的军事同盟和信奉强权政治为特征,以控制和掠夺为宗旨,深深打着西方意志的烙印,使得历史上战乱频仍,生灵涂炭,教训惨痛而深刻。中国历来主张以和睦、亲善、友好的原则处理邦交关系。人类命运共同体理念认为,建设持久和平的世界,根本要义在于国家之间要构建平等相待、互商互谅的伙伴关系。国际关系中大国往往是决定战争与和平的关键因素,因此,需要对地区与世界和平、发展负有更大责任。大国要尊重彼此核心利益和重大关切,管控矛盾分歧,努力构建不冲突不对抗、相互尊重、合作共赢的新型关系。大国对小国要平等相待,不搞唯我独尊、恃强凌弱的霸道。国家间出现矛盾和分歧,要通过平等协商处理,以最大诚意和耐心,坚持对话解决分歧。只有各国都走和平发展道路,各国才能共同发展,国与国才能和平相处。因此,中国在对外关系中始终秉承"强不执弱""富不侮贫"的精神,主张"君子和而不同",以"共商、共建、共享"为基本原则,强调各国应在合作中通过平等协商达成目标,确定合作领域,找到利益交汇点。中国愿与各国一道,结合自身国情,不分国家大小、不分宗教、不分社会制度、不分发展水平,共同参与全球治理与政治新体系建设,充分践行构建人类命运共同体的思想。

2. 经济上要求开放、包容、普惠、平衡、共赢的共同发展

在道路实践上,"一带一路"坚持从排他封闭走向包容开放,强调各国间的合作共赢。早在第二次世界大战之前,世界上就有少数几个强国凭借自身实力各自把持势力范围,并以自己的货币为武器构建相互排斥的经济集团。由于缺乏国际机制和国际组织的有效协调,随着集团间的经济发展失衡和矛盾激化而导致冲突和战争,给世界人民造成深重灾难。现代交通通信技术和全球生

产贸易网络已经把世界各国紧密地联结在一起，世界已经成为一个不可分割的整体，人类不可能退回到过去孤立主义盛行的封闭时代。但由于历史原因，今日的国际合作多由西方国家发起和主导，所构建的制度框架大多反映这些国家的价值偏好与利益取向。出于全球争霸或维持自身优势的需要，西方大国时常把区域合作当成实现地缘战略目标的工具，利用自身优势对其他国家进行拉拢与分化，从而使本应单纯的区域合作变成某种形式的排他性"俱乐部"。与西方相反，中国文化具有"厚德载物"与"海纳百川"的大度，始终对异质文化保持开放与包容态度，能不断吸纳外部精神成果来充实自己。以"一带一路"为例，其设计充分体现了中华文明开放包容、合作共赢的价值取向。在空间上，"一带一路"虽然建设重点在亚欧非大陆，但它不是一个封闭的体系，没有一个绝对的边界，而是面向世界所有国家。中国不以意识形态和地缘利益来划界，无意建立一个排他性的地区秩序。"一带一路"通过"五大共通模式"和"六廊六路""多国多港"联通彼此，并与相关国家的倡议、战略和政策对接，由此促进生产要素的有序流动、资源的高效配置及市场的深度融合，实现各国的共同发展和繁荣。

3. 安全上要求对话协商，反对霸权与恐怖主义

人类命运共同体的价值目标倡导从国家主义向世界主义升华，强调对人类的终极关怀。"国家主义"是以国家公民身份看待问题的世界观。理性主义的国际关系理论认为，国家是类似于人的具有理性的行为体，市场存在一只"无形之手"引导各方通过博弈均衡实现国际秩序。但国际社会的无政府状态会导致"合成谬误"，即每个国家都从个体理性出发往往会造成集体层面的安全困境、贸易冲突等非理性结果。在当前国际安全形势动荡复

杂，传统安全威胁和非传统安全威胁相互交织的形势下，安全问题的内涵和外延都在进一步拓展，同时人类越来越利益交融、安危与共。在这种新形势下，冷战思维、军事同盟、追求自身绝对安全那一套已经行不通了，各方应树立共同、综合、合作、可持续的新安全观。国家不论大小、强弱、贫富以及历史文化传统、社会制度存在多大差异，都要尊重和照顾其合理安全关切。要恪守尊重主权、独立和领土完整、互不干涉内政等国际关系基本准则，统筹维护传统和非传统安全。各国都有平等参与地区安全事务的权利，也都有维护地区安全的责任，要以对话协商、互利合作的方式解决安全难题，以合作精神和共同体意识消弭民族间差异、误解与冲突，用世界整体论取代国家中心论，其最高理想是追求人类普遍的祥和与富足，而不是单个民族的安全与繁荣。构建人类命运共同体这一全球化终极目标，超越了狭隘的民族国家视角，是中国传统博爱精神的继承与发展，是中华民族在新的历史条件下推动人类共同文明—世界文明建设的新方案。

4. 文化上要求尊重世界文明多样性，以文明交流超越文明隔阂

过去300年来，西欧和北美国家率先崛起为发达国家，在全球经济扩张中占据着主导地位。这一方面让这些西方国家产生了以自我为中心的意识形态和绝对的文化优越感，另一方面在强大压力下也让很多发展中国家产生了文化自卑感。尤其是近几十年来，伴随经济全球化力量越来越强大，在主观和客观因素共同作用下，很多国家的文化独立性变得岌岌可危。好莱坞电影、麦当劳快餐文化、颜色革命等席卷了很多国家和地区，带来了各种各样的文化冲突；这种西方中心论和文化优势论所带来的恶果，非常不利于全球可持续发展。而人类命运共同体思想体系的提出，

认可了人类文明多样性的基本特征,认为人类文明多样性是人类进步的源泉,多样带来交流,交流孕育融合,融合产生进步。不同文明凝聚着不同民族的智慧和贡献,没有高低之别,更无优劣之分。文明差异不应该成为世界冲突的根源,而应该成为人类文明进步的动力。要促进和而不同、兼收并蓄的文明交流对话,在竞争比较中取长补短,在交流互鉴中共同发展,使文明交流互鉴成为增进各国人民友谊的桥梁、推动人类社会进步的动力、维护世界和平的纽带。

## 四 人类命运共同体全球化方案的实践

任何思想理念的提出需要以实际的战略行动加以落实才能使其成为世界人们真心拥护与支持的行动纲领。中国提出并逐步推进实施的"一带一路"倡议就是这样的战略行动,中国于2021年全球援助新冠肺炎疫苗就是这样的战略实践。"一带一路"倡议以及新冠肺炎疫苗援助既从实践角度落实了人类命运共同体的理论,又是人类命运共同体实际构建的具体行动。至本书写作之时止,新冠肺炎疫苗援助行动依然在进行,且疫情发展仍然具有高度的不确定性,在此略过不表,仅以"一带一路"倡议为例。

实践中"一带一路"倡议主要由民间与国际组织落实,比如亚洲基础设施投资银行(以下简称"亚投行")和丝路基金等,这些民间与国际组织内部已经包含了某种融合民族国家的种子,"丝路精神"的实质就是"和",而"和"的结果必然是促进民族交融、构建人类共同身份,最终形成人类共同体。"一带一路"是基于中国理念和情怀的全球治理新实践,是中国主导建立人类命运共同体的新探索,"一带一路"倡议充分实践了构建人类命运共同体的多项指导方针。

第六章
人类命运共同体：全球化的中国方案

从解决全球化负面效应来看，新的全球经济治理模式，需要顾及社会基层的利益，需要让现代化的基础设施延伸至更多的地区，需要让经济增长惠及更多的民众。过去30多年全球化的实践证明，依靠新自由主义全球化机制，很难实现这样的目标。因此，世界既要继承经济全球化有益的一面，也要针对其局限性进行改革，而"一带一路"倡议则提供了一个改革的平台和方向。

从宏观背景看，"一带一路"倡议是全球化深入发展、世界经济格局变化以及中国自身发展模式转变共同作用的结果，其核心因素是中国资本正在走向全球化。根据中国政府公布的《推动共建丝绸之路经济带和21世纪海上丝绸之路的愿景与行动》，共建"一带一路"将秉承开放的区域合作精神，致力于维护全球自由贸易体系和开放型世界经济，旨在促进经济要素有序自由流动、资源高效配置和市场深度融合，推动沿线各国实现经济政策协调，开展更大范围、更深层次的区域合作，共同打造开放、包容、均衡、普惠的区域经济合作架构。中国国家主席习近平曾多次强调，共建"一带一路"就是用"和平合作、开放包容、互学互鉴、互利共赢"的"丝路精神"推动沿线国家的合作，实现互利共赢。① 因此，"一带一路"倡议正是"丝路精神"与经济全球化理念的有机结合，将引领包容性全球化新道路。

包容性全球化是针对过去30多年的新自由主义全球化而言的，两者之间既有联系也有根本性区别。包容性全球化不是全球化"开倒车"或"逆全球化"，而是全球化的发展和改革。就技术驱动的全球化而言，两者是一脉相承的；就资本"空间出路"驱动的全球化而言，两者的基本机制是相同的。两者之间的根本

---

① 习近平：《携手推进"一带一路"建设——在"一带一路"国际合作高峰论坛开幕式上的演讲》，人民出版社2017年版，第2页。

区别在于全球化不能仅仅为资本空间扩张和积累服务，也要照顾到活生生的人的需要。这要求国家发挥好"调节者"的角色、解决资本市场"期限错配"的问题、选择适合国情的发展道路、保障各方平等地参与全球化，以及在经济全球化过程中保护文化多元性；这些便是包容性全球化的核心内涵和主要表现。

（一）发挥好国家"调节者"的作用

无论是全球发展还是国家发展的研究与实践，自由市场与政府干预之间的关系一直是焦点。从20世纪初剑桥学派的经济自由主义到20世纪30年代开始的凯恩斯学派的政府干预主义，再到20世纪80年代占据统治地位的新自由主义，政策实践的着力点犹如"跷跷板"，在完全自由市场与政府干预之间不断轮回。在新自由主义流行时代，国家的主要职能就是为资本的全球扩张提供良好的条件和环境，而解决新自由主义实践所积累的庞杂问题则需要重构国家的权力。当然，这并不意味着必须重回凯恩斯主义，但某种形式的干预主义肯定是必要的。特别是，国家需要从主要服务于资本积累和扩张转向更加重视社会公平，并提高治理能力，核心的要义就是"为人民服务"。首先，各国政府需要加强合作以应对全球挑战，如金融市场的动荡、气候变化等；其次，国家需要强化保护基层民众和贫困人口的能力，如再就业培训、创新创业能力培育、减贫脱贫等；最后，国家需要具备对资本市场的引导能力和资源配置能力，以及提供基本公共服务的能力。"一带一路"倡议非常重视政府的作用，首先强调的就是沿线国家的政策沟通以及发展战略对接、规划对接和项目对接，积极寻找利益契合点。这样的发展并非仅仅满足资本"信马由缰"的空间扩张需要，而是考虑到欠发达地区和基层民众的需要，将让更多的人和更多的地区受益，体现了强大的包容性。

## （二）扭转资本市场完全利润导向的局面

将可靠且可负担的基础设施延伸到欠发达地区。很多研究已经表明，联通性是一个地区从经济全球化中获得发展机遇的前提，并且投资于"瓶颈"制约性基础设施也会刺激经济增长、获得社会和金融回报。而现实却是另一幅图景，尽管现代化基础设施已经将世界上很多地区连接成网络化的"小世界"和发达的市场体系，但全球仍然有很多地区和数十亿人口没有进入这个现代化的体系之中；同时一些发达国家（如美国）的大量基础设施已经老化却没有得到及时更新。这个问题的出现与近30年来全球资本市场的变化有很大关系。传统的储蓄银行和投资银行曾是金融市场的主角，但最近30年这些传统金融机构的地位不断下降，取而代之的是各种新的金融中介机构，如养老金、对冲基金、主权基金、保险公司等。这些新的金融中介机构更倾向于在金融市场进行投机性投资或短期投资，属于典型的"热钱"。而基础设施建设项目具有规模大、周期长、资本密集的特点，回报期长，得不到"热钱"的青睐。因此，全球基础设施融资市场存在着严重的"期限错配"，需要更多的"耐心资本"。中国政府提出的"一带一路"倡议的优先领域之一就是设施互联互通，并将提供大量基础设施建设融资，有助于欠发达国家和地区加快接入现代化基础设施网络的进程，从而获得发展机会。这正是"一带一路"倡议受到很多发展中国家欢迎的重要原因之一。

## （三）放弃推广统一发展模式或最佳实践

换言之，全球化不需要一个统一的发展模式，即便如前文所述中国共产党领导下的中国人民的最佳实践，也只能提供各国作为发展的借鉴而不能生硬推广。伴随经济全球化，美、英等国不断把新自由主义思想输送给其他国家，特别是发展中国家。20世纪90年代中期由国际货币基金组织、世界银行联合美国财政部主导制定的"华盛顿共识"成为标准药方,为全球经济设置了标准和原则。一旦哪个国家需要金融援助,这个国家就必须按照"华盛顿共识"采取新自由主义经济政策,否则就得不到援助并面临崩溃的危险。到2008年国际金融危机之前,世界银行一直向发展中国家兜售其"最佳实践",其中的"精髓"就是私有化、市场化和自由化。20多年的经验表明,被迫采纳"华盛顿共识"的国家几乎都陷入了经济困境,丧失了经济独立自主的地位。而没有采纳这个标准药方的中国,通过"摸着石头过河"的方式探索出了适合自己的发展道路,实现了经济的腾飞。正因如此,不同于新自由主义全球化,中国提出的"一带一路"倡议不认为世界上只有一条最佳发展道路(发达国家走过的路),而是强调每个国家应该根据发展条件和自身基础选择适合自己的发展道路。中国不干涉别国的意识形态,不输出自己的发展模式,着眼于互利共赢,共同做大"蛋糕"、共同分享。

(四)保障各方平等地参与全球化

全球化是世界各国和人民共同的事业。尽管世界强国是全球化的推动者,但各国应该有平等参与的基本权利。历史经验表明,在此前的经济全球扩展过程中,强者总是以霸权的姿态出现。无论是早期以英、法为代表的殖民主义贸易扩张,还是后来以美国为代表的帝国主义资本全球扩张,都是极不平等的国际经贸形式。在近30多年的经济全球化过程中,大型跨国公司成为新的强者,具有某种霸权地位和巨大的权力,让很多国家在与其谈判中处于弱势。大国在全球化中拥有天然的优势地位。在进一步推进全球化过程中,如何照顾到"弱者"无疑是包容性的一个关键问题。"一带一路"倡议坚持"开放包容"和"平等互利"

的理念以及"共商、共建、共享"的原则,把寻找发展的最大公约数放在首位,突出共同发展、共同繁荣;而且,该倡议不画小圈子、不搞"一言堂",秉持开放的态度,欢迎有兴趣的国家或地区以适当的方式平等地参与。《"一带一路"国际合作高峰论坛联合公报》专门强调,要特别关注最不发达国家、内陆发展中国家、小岛屿发展中国家等。这正是"一带一路"倡议强大包容性的体现。

(五)在经济全球化过程中保护文化多元化

古丝绸之路流传下来的"互学互鉴"精神反映出完全不同的文化价值观。基于"丝路精神"的"一带一路"倡议尊崇"和而不同"的文化价值观,强调在维护文化多元性的基础上共谋发展、共求繁荣、共享和平。所谓"和而不同"就是平等对待、互学互鉴,以及多样性与统一性共存。中国国家主席习近平多次强调,人类文明没有高低优劣之分,文明因为平等交流和相互学习而变得丰富多彩,变得更有创新力。①

构建人类命运共同体思想是当代中国外交的重大创新成果,"一带一路"倡议是中国崛起到特定高度的历史产物,它顺应了全球政治经济重心转移的历史趋势。人类命运共同体思想受到国际社会的高度评价和热烈响应,"一带一路"倡议也赢得了国际社会的广泛认同,搭建起中国梦与世界梦息息相通的桥梁。2020年开始中国援助世界各国防疫抗疫物资,以及2021年对多国支援新冠肺炎疫苗的"人类命运共同体"实践,得到了多数国家的高度赞扬。21世纪的中国将继承弘扬《联合国宪章》精神,坚持与不同肤色、不同历史传统、不同文化背景的国家和民族,通

---

① 习近平:《在联合国教科文总部的演讲》,《人民日报》2014年3月28日第3版。

过共同努力,开创"协和万邦""万国咸宁"的人类发展新局面。"天得一以清,地得一以宁",世界依"命运共同体"终将收获和平。作为基于中国理念和情怀的构建人类命运共同体的全球治理新理念与新实践,"一带一路"不仅会成为中华民族走向复兴历程中的一个里程碑,同时亦将成为中国引领全球包容性发展和人类命运共同体建设的一面旗帜,人类命运共同体也必然作为中国全球化方案引领人类共同走向一个光明的未来。

# 参考文献

## 一　著作

《马克思恩格斯选集》第1卷，人民出版社2012年版。

《资本论》第1卷，人民出版社2004年版。

《资本论》第2卷，人民出版社2004年版。

《邓小平文选》第2卷，人民出版社1994年版。

《毛泽东选集》第3卷，人民出版社1991年版。

方福前：《当代西方经济学主要流派》，中国人民大学出版社2004年版。

国家统计局：《辉煌70年——新中国经济社会发展成就（1949—2019）》，中国统计出版社2019年版。

《1844年经济学哲学手稿》，人民出版社2005年版。

《社会主义也可以搞市场经济》，载《邓小平文选》第2卷，人民出版社1994年版。

《自然辩证法》，人民出版社2015年版。

中华人民共和国教育计划财务司：《中国教育成就：统计资料（1949—1983）》，人民教育出版社1984年版。

[美] 保罗·萨缪尔森、威廉·诺德豪斯：《经济学》，人民邮电出版社2004年版。

［美］罗伯特·海尔布罗纳：《几位著名经济思想家的生平、时代和思想》，蔡受百等译，商务印书馆1994年版。

［美］约瑟夫·斯蒂格利茨：《〈经济学〉小品和案例》，王尔山等译，中国人民大学出版社1998年版。

［美］戴维·L. 韦默、艾丹·R. 维宁：《政策分析——理论与实践》，戴星翼等译，上海译文出版社2003年版。

［美］福山：《政治秩序与政治衰败：从工业革命到民主全球化》，毛俊杰译，广西师范大学出版社2015年版。

［美］哈里·布雷弗曼：《劳动与垄断资本——二十世纪中劳动的退化》，商务印书馆1978年版。

［美］塞缪尔·亨廷顿：《变动社会的政治秩序》，张云岱等译，上海译文出版社1989年版。

［美］塞缪尔·亨廷顿等：《现代化：理论与历史经验的再探讨》，罗荣渠主编，上海译文出版社1993年版。

［美］约瑟夫·熊彼得：《资本主义、社会主义和民主》，吴良健译，商务印书馆1999年版。

［英］亚当·斯密：《国富论》（下卷），郭大力、王亚南译，商务印书馆2014年版。

［英］约翰·梅纳德·凯恩斯：《就业、利息和货币通论（重译本）》，商务印书馆2006年版。

## 二 期刊

蔡媛媛、郭继强、费舒澜：《中国收入机会不平等的趋势与成因：1989—2015》，《浙江社会科学》2020年第10期。

程惠芳、陈超：《开放经济下知识资本与全要素生产率——国际经验与中国启示》，《经济研究》2017年第52卷第10期。

丛亮：《前所未有的发展奇迹　经济史册的壮丽篇章——改革开放40年来我国经济社会发展成就》，《宏观经济管理》2018年第11期。

杜伟、杨志江、夏国平：《人力资本推动经济增长的作用机制研究》，《中国软科学》2014年第8期。

桂昭明：《人才资本对经济增长贡献率的理论研究》，《中国人才》2009年第23期。

郭斌、丁鹏、靳雨涵、王真、贾玥：《2019中国上市公司创新指数报告》，浙江大学管理学院、浙江大学全球浙商研究院，2019年。

胡智慧、王溯：《"科技立国"战略与"诺贝尔奖计划"——日本建设世界科技强国之路》，《中国科学院院刊》2018年第33卷第5期。

黄远：《战争规律和主观能动性》，《哲学研究》1959年第Z2期。

贾康：《新基建，既是当务之急，又是长远支撑》，《党政研究》2020年第4期。

廖卫鹏、杨丽珍：《当代科技革命与国际人才竞争》，《社会主义研究》2002年第3期。

马茹、张静、王宏伟：《科技人才促进中国经济高质量发展了吗？——基于科技人才对全要素生产率增长效应的实证检验》，《经济与管理研究》2019年第40卷第5期。

沈满洪、何灵巧：《外部性的分类及外部性理论的演化》，《浙江大学学报》（人文社会科学版）2002年第1期。

王璐、王洪朋：《"琼·罗宾逊的遗产"和经济学的批判与回归》，《政治经济学评论》2014年第5卷第1期。

魏波、吴穹：《马克思批判的民主教育思想研究》，《学习论坛》

2019年第6期。

徐家良：《疫情防控中社会组织的优势与作用——以北京市社会组织为例》，《人民论坛》2020年第23期。

昝馨、朱恒鹏：《美国医疗体制的特征及其对中国的启示》，《比较》2016年第6期。

张建东、高建奕：《西方政府失灵理论综述》，《云南行政学院学报》2006年第5期。

张力：《新中国70年教育事业的辉煌历程》，《中国教育报》2019年9月14日第3版。

周天勇、张弥：《现代化的动力：对外开放推动的经济发展》，《财经问题研究》2009年第5期。

［美］米尔顿·弗里德曼：《市场机制与计划经济》，《科技导报》1981年第3期。

IMD World Competitivenes Scenter, "IMD World Talent Ranking 2019", IMD: Institute for Management Development, 2019.

Richard Hofstadter, *Anti-Intellectualism in American Life*, Vintage Books, 1963.

## 三　研究报告及网络文章

《观察｜政府、市场、社会协同突破中国制造业的疫情壁垒》，澎湃新闻网（https：//m.thepaper.cn/newsDetail_forward_6016038）。

《疫情防控期间全力以赴确保医疗物资保障有序有力》，《求是》（https：//baijiahao.baidu.com/s？id＝1660063881413769285&wfr＝spider&for＝pc）。

《疫情应对彰显政策弹性市场韧性——我国集装箱运输和物流市

场一线调研报告》，中国交通新闻网（http：//www. zgjtb. com/ 2020—03/26/content_ 239587. htm）。

《战疫24小时｜累计向湖北地区运送防疫和生活物资177.58万吨》，中国交通新闻网（http：//www. zgjtb. com/zhuanti/2020—06/06/content_ 244154. htm）。

IMF：《世界经济展望》（https：//blogs. imf. org/2020/04/14/the-great-lockdown-worst-economic-downturn-since-the-great-depression/）。

冯正霖：《在统筹推进疫情防控和经济社会发展中彰显民航担当》，https：//www. sohu. com/a/394324289_ 123427。

港珠澳大桥管理局：项目简介，https：//www. hzmb. org/Home/Enter/Enter/cate_ id/19。

共青团中央：《火神山建设不完全手册》，https：//baijiahao. baidu. com/s? id = 1657965772124116362&wfr = spider&for = pc。

光明日报：《抗击疫情，快递业在行动》，光明网，https：//epaper. gmw. cn/gmrb/html/2020 - 02/04/nw. D110000gmrb. 20200204_ 1 - 10. htm。

光明网：《加快"新基建"对中国经济有长远意义》，https：//guancha. gmw. cn/2020 - 03/13/content_ 33645806. htm。

国务院国有资产监督管理委员会：【抗击疫情　央企行动】系列报道，http：//www. sasac. gov. cn/n2588025/n2588119/c13657861/content. htm。

国务院国有资产监督管理委员会：《火神山雷神山医院建设奇迹背后的力量——独家专访中建三局党委副书记、总经理陈卫国》，http：//www. sasac. gov. cn/n2588025/n2641611/n4518437/c14030501/content. html。

恒大研究院：《泽平宏观——中国新基建研究报告》，http：//

www. china-cer. com. cn/xinjijian/202005265314. html。

交通运输部：《挺身书写武汉保卫战的交通答卷》，http：//www. zgjtb. com/zhuanti/2020 - 03/18/content_ 238905. htm。

交通运输部：《战疫 24 小时｜累计向湖北地区运送防疫和生活物资 177. 58 万吨》，http：//www. zgjtb. com/zhuanti/2020 - 06/06/content_ 244154. htm。

人力资源和社会保障部：《国家中长期人才发展规划纲要（2010—2020 年）》，http：//www. mohrss. gov. cn/SYrlzyhshbzb/zwgk/ghcw/ghjh/201503/t20150313_ 153952. htm，2015 - 03 - 13。

人民日报：《复兴号 唱响创新强音（壮丽 70 年 奋斗新时代）》，http：//politics. people. com. cn/n1/2019/0825/c1001 - 31315046. html。

人民网：《19 省份对口支援湖北 16 市州及县级市》，http：//health. people. com. cn/n1/2020/0211/c14739 - 31580978. html。

《2020 数字中国产业发展报告：信息通信产业引领全球经济创新发展》，2020 年 5 月 22 日，http：//finance. people. com. cn/n1/2020/0522/c1004 - 31719612. html）。

《认真学习贯彻习近平同志关于群众路线的重要论述》，http：//cpc. people. com. cn/n/2014/0922/c87228 - 25704849. html）。

薛庆超：《中国革命、建设、改革与群众路线》，http：//www. sblunwen. com/ckwx/17890. html。

赵竹青：《数读"十三五"新成就：科技创新加快驱动引领高质量发展》，2020 年 10 月 19 日，http：//scitech. people. com. cn/n1/2020/1019/c1007 - 31896908. html。

中共中央统战部：《同心战疫！这四句话彰显民营企业硬核担当！》，http：//www. zytzb. gov. cn/fgjjzxd/330462. jhtml。

中国国家铁路集团有限责任公司：《众志成城！200万铁路人挺起钢铁脊梁》，《人民铁道》报2020年9月19日。

中华人民共和国国务院新闻办公室：《〈抗击新冠肺炎疫情的中国行动〉白皮书（全文）》（2020-06-07），2020-10-21，http://www.scio.gov.cn/zfbps/32832/Document/1681801/1681801.htm。

中华人民共和国国务院新闻办公室：《中共中央关于制定国民经济和社会发展第十四个五年规划和二〇三五年远景目标的建议》，2020年11月3日，http://www.scio.gov.cn/tt/xjp/Document/1691207/1691207.htm。

中华人民共和国国务院新闻办公室：《抗击新冠肺炎疫情的中国行动》，http://www.gov.cn/zhengce/2020-06/07/content_5517737.htm。

Quest Mobile：《2020年中国互联网"战疫"专题报告》，2020年。

浦银国际：《疫情冲击下的十大行业机遇》，2020年。

前瞻产业研究院：《2020年中国新基建产业研究报告》，2020年。

赛迪智库电子信息研究所：《"新基建"发展白皮书》，2020年。

中国银行研究院：《新冠疫情影响下中国"新基建"发展的方向与政策建议》，2020年3月23日。

# 后　　记

  我的专业为精算学，但在教学科研之余注意到，长期以来中国网络上充满了各种对政策的讨论，且一些流行的观点往往与我们的生活感知并不一致，有一些结论总让笔者心生疑虑。比如，曾有经济学者言及"国有经济占比减到10%以下才是市场经济"；这不由让人怀疑，我们发展经济的目的是什么？是为了建设市场经济吗？比如有不少经济学家批判中国的基础设施投资巨大，无法回收成本，会阻碍经济发展，可是20世纪90年代初中国上海杨浦大桥造价13亿元多时也有人作如此批判，上海经济发展后又有谁再提起这个话题？进入21世纪，中国国有企业经济效益大幅提升，在市场经济大潮中攻城略地时，有观点认为这是"国进民退"，不利于市场机制的形成。可是我明明记得不久之前乃至今天，也曾有很多人相信"国有经济产权不明，效率低下"！国有企业竞争力差就是"产权不明、效率低下"，国有企业竞争力强就是"与民争利"，那，国有企业到底怎样才会让某些"经济学家"觉得符合其理论要求呢？

  为了寻求答案，我在本专业教学科研之余，一方面阅读思考，另一方面与大家展开广泛的讨论，逐步形成了一些不成熟的想法。感谢中国人民大学教师发展中心，他们于2019年邀请我

# 后 记

为本科同学做一学期的学术沙龙。为此,我围绕"全球化的中国方案"这个主题设计了7个话题——"以人为本、发展导向的全球化""以人为本,教育先行""基础设施是发展的硬支撑""国内外贸易,生产要素的全球高效组合""政府与市场关系的思考""金融服务实体经济""人类命运共同体,全球化的未来",与选课同学展开讨论。一学期的师生互动,我感觉这个思考是有益的,逻辑上也是自洽的。

2020年新冠肺炎疫情暴发,中国人民大学科研处应国情紧急需要,号召教职工对新冠肺炎疫情的社会经济影响进行研究。笔者发现,用基于上述思考所形成的逻辑推演欧美社会,结果显示欧美社会的发展与推演结果方向上几乎一致。在中国人民大学科研处的资助之下,本人终于敢于怀着忐忑的心情,将自己思考的这些非专业学术体系的结果呈现出来,供读者参考及批评指正。

在讨论中许多朋友启发了我,特别是吴剑对党史、国情、社情的精彩分析给了我很多启示,本书写作中也直接参考了吴剑同志的一些观点。此外,写作过程中孙思源、刘洺赫、曹世祥、董梦楠、吴迪等同学协助搜集整理了大量资料,中国社会科学出版社为文稿修订出版给予了大力支持,在此一并表示感谢。文责自负。

戴稳胜<br>
2021年10月